中国社会科学院学部委员专题文集
ZHONGGUOSHEHUIKEXUEYUAN XUEBUWEIYUAN ZHUANTI WENJI

丰邑行

张长寿◎著

中国社会科学出版社

图书在版编目(CIP)数据

丰邑行/张长寿著.—北京:中国社会科学出版社,2014.10
(中国社会科学院学部委员专题文集)
ISBN 978 – 7 – 5161 – 4887 – 7

Ⅰ.①丰…　Ⅱ.①张…　Ⅲ.①考古学—中国—文集
Ⅳ.①K870.4 – 53

中国版本图书馆 CIP 数据核字(2014)第 228833 号

出 版 人　赵剑英
责任编辑　郭　鹏
责任校对　韩海超
责任印制　戴　宽

出　　　版　中国社会科学出版社
社　　　址　北京鼓楼西大街甲 158 号(邮编 100720)
网　　　址　http://www.csspw.cn
　　　　　　中文域名:中国社科网　　010 – 64070619
发 行 部　010 – 84083685
门 市 部　010 – 84029450
经　　　销　新华书店及其他书店

印刷装订　环球印刷(北京)有限公司
版　　　次　2014 年 10 月第 1 版
印　　　次　2014 年 10 月第 1 次印刷

开　　　本　710×1000　1/16
印　　　张　19.25
字　　　数　309 千字
定　　　价　68.00 元

前　言

　　哲学社会科学是人们认识世界、改造世界的重要工具，是推动历史发展和社会进步的重要力量。哲学社会科学的研究能力和成果是综合国力的重要组成部分。在全面建设小康社会、开创中国特色社会主义事业新局面、实现中华民族伟大复兴的历史进程中，哲学社会科学具有不可替代的作用。繁荣发展哲学社会科学事关党和国家事业发展的全局，对建设和形成有中国特色、中国风格、中国气派的哲学社会科学事业，具有重大的现实意义和深远的历史意义。

　　中国社会科学院在贯彻落实党中央《关于进一步繁荣发展哲学社会科学的意见》的进程中，根据党中央关于把中国社会科学院建设成为马克思主义的坚强阵地、中国哲学社会科学最高殿堂、党中央和国务院重要的思想库和智囊团的职能定位，努力推进学术研究制度、科研管理体制的改革和创新，2006 年建立的中国社会科学院学部即是践行"三个定位"、改革创新的产物。

　　中国社会科学院学部是一项学术制度，是在中国社会科学院党组领导下依据《中国社会科学院学部章程》运行的高端学术组织，常设领导机构为学部主席团，设立文哲、历史、经济、国际研究、社会政法、马克思主义研究学部。学部委员是中国社会科学院的最高学术称号，为终生荣誉。2010 年中国社会科学院学部主席团主持进行了学部委员增选、荣誉学部委员增补，现有学部委员 57 名（含已故）、荣誉学部委员 133 名（含已故），均为中国社会科学院学养深厚、贡献突出、成就卓著的学者。编辑出版《中国社会科学院学部委员专题文集》，即是从一个侧面展示这些学者治学之道的重要举措。

　　《中国社会科学院学部委员专题文集》（下称《专题文集》），是中国社会科学院学部主席团主持编辑的学术论著汇集，作者均为中国社会科学院学部委员、荣誉学部委员，内容集中反映学部委员、荣誉学部委员在相关学科、专业方向中的专题性研究成果。《专题文集》体现了著作者在科学研究实践中长期关注的某一专业方向或研究主题，历时动态地展现了著作者在这一专题中不断深化的研究路径和学术心得，从中不难体味治学道路之铢积寸累、循序渐进、与时俱进、未有穷期的孜孜以求，感知学问有道之修养理论、注重实证、坚持真理、服务社会的学者责任。

2011年，中国社会科学院启动了哲学社会科学创新工程，中国社会科学院学部作为实施创新工程的重要学术平台，需要在聚集高端人才、发挥精英才智、推出优质成果、引领学术风尚等方面起到强化创新意识、激发创新动力、推进创新实践的作用。因此，中国社会科学院学部主席团编辑出版这套《专题文集》，不仅在于展示"过去"，更重要的是面对现实和展望未来。

这套《专题文集》列为中国社会科学院创新工程学术出版资助项目，体现了中国社会科学院对学部工作的高度重视和对这套《专题文集》给予的学术评价。在这套《专题文集》付梓之际，我们感谢各位学部委员、荣誉学部委员对《专题文集》征集给予的支持，感谢学部工作局及相关同志为此所做的组织协调工作，特别要感谢中国社会科学出版社为这套《专题文集》的面世做出的努力。

《中国社会科学院学部委员专题文集》编辑委员会
2012年8月

目　　录

自　　述

我于 1929 年 5 月出生在上海市。男，汉族，现为无党派群众。

我自幼就读于教会学校。1945 年入上海圣约翰高中，1948 年考入上海圣约翰大学，初入数学系，学了半年，不成，遂转入历史系，从罗伯茨教授夫妇习西洋史。1949 年，外籍教授离沪回国，由孙王国秀教授出任系主任。1950 年，我以转学生考入北京燕京大学，改习中国史。时齐思和先生任文学院院长，我选读了张锡彤、孙楷第、王钟翰、于省吾诸先生的课程，也聆听了邓之诚老先生的清史讲座。1951 年冬，由学校派去江西东乡县参加土地改革运动，历时半年。1952 年夏毕业于燕京大学历史系。

1952 年秋，我被分配到清华大学工农速成中学任教，直到 1956 年夏。

1956 年 7 月，我被调到中国科学院考古研究所（1977 年改属中国社会科学院）工作，历任研究实习员、助理研究员。1979 年晋升副研究员。1986 年任研究员、博士生导师。1985 年 7 月任考古研究所副所长，任期至 1988 年 5 月。1989 年退休。1991 年享受国务院颁发的政府特殊津贴。2006 年被推举为中国社会科学院荣誉学部委员。

我的专业是商周考古，在所内长期从事田野考古发掘。我曾工作过的发掘工地有河北邢台、河南洛阳、陕西长安、河南安阳、山东日照、陕西扶风、云南元谋、黑龙江绥滨、山西石楼、河南商丘等，而工作时间最长的则是陕西长安的沣西工地。从 1957 年初到沣西，至 1988 年离开工地，断断续续地工作了 30 年。

沣西是西周都城丰镐遗址的所在地，是第一批公布的全国重点文物保护单位。沣西的客省庄、马王村、张家坡、大原村、冯村、新旺村一带，西周遗址分布密集。自 20 世纪 50 年代以来，经数十年的考古发掘，收获非常丰富，现在对于西周物质文化史的认识，绝大部分得之于沣西遗址的发掘。我在这个遗址的长期工作中，既发掘过一般的居住址，也发掘过大型夯土建筑基址；既发掘过墓葬，也发掘过车马坑，历经磨炼，所得益者，终身不忘。

首先是对于西周文化面貌的认识。我们在对考古学文化分期研究时，通常应用地层学和器物类型学的方法，需要强调的是，地层学方法是第一位的，这是田野考古的基础。我以为在文化分期中应以整个器物群的演变为标准，而不宜局限于个别器物的细部变化。在此基础上我认为沣西的周文化分期可以区分为三期：第一期为先周期，即西周建国以前，它的典型陶器是高领袋足鬲；第二期是西周前期，它的典型陶器是簋；第三期是西周后期，它的典型陶器是盂。当然，各期的其他器物也各有变化。现在对于西周文化分期的序列学界已有共识，但在细节上仍存歧见。不过，我的意见的确是建立在长年的田野考古和综合探索的基础之上的。

沣西遗址中有大量的西周墓葬，多年来经考古发掘的墓葬数已逾千，包括带有墓道的大型井叔家族墓葬，积累了丰富的丧葬仪礼资料。《墙柳与荒帷》（《文物》1992 年第 4 期）一文即是其研究成果之一。1985 年在发掘井叔家族大型墓葬时，发现在外棺周围有成串的贝饰，联系到其他墓葬中发现的铜鱼和蚌饰，我意识到在棺外必有软质的棺罩，于是从文献中搜集有关的资料，论述其形制及结构，为西周的丧葬制度提供资料。这种现象在后来发掘的山西绛县和陕西韩城的西周大型墓葬中都得到了证实。

在沣西的西周墓葬群中有不少车马坑，有的是随主墓整车另穴埋葬，有的则是将轮舆拆散后埋入主墓，而将马匹另穴埋葬。早在 20 世纪的 30 年代，在安阳和浚县就发掘过商代和西周的车马坑，但都未能清理出木质的轮舆痕迹，也未能复原车子的结构。直到 1951 年夏鼐先生在辉县琉璃阁才第一次发掘出完整的战国时期的车子痕迹。我于 1957 年到沣西工地，目睹了西周车马坑的发掘，学习了发掘车马坑的方法和技术，之后又有机会多次实践，有成功的，也有不成功的，遂对轮舆结构略有了解。我深知发掘技术和文献资料对了解轮舆结构的局限，所以特别注意附着轮舆上的各类青铜车器，以为可以由此判定它们在轮舆上的确切位置和相关部位的准确尺度。我和张孝光先生合写的《说伏兔与画辖》（《考古》1980 年第 4期）就是最初的尝试。我们根据青铜轴饰在发掘中的出土位置，及其自身的形制特点，探讨伏兔的形制和结构，为解惑提供了实证。以后，又由毂饰复原了轮毂的结构和辐数，由衡饰复原了直衡和曲衡的形制，又由轪饰和踵饰复原了辕的形制等，均见《井叔墓地所见西周轮舆》（《考古学报》1994年第2期）。我认为，从准确复原车子的各个部件入手，进而装配出一辆完整的车子，在目前没有发现实例的情况下，仍不失为复原商周车制的一种可行的方法。

我在做考古发掘之余，也曾尝试对商周青铜器做些搜集资料和研究工作。我在青铜器的研究上得益于陈梦家先生的最多。我缺乏文字学基础，不擅长铜器铭文的考释，所以我着重于从考古学方面去探讨，以考古发掘的资料为主，从器形、纹饰、组合等方面进行综合研究。研究涉及的范围包括分期和年代、器形和组合、花纹和断代、族徽铭记、铜器窖藏、流传与收藏等。我曾根据山东益都苏埠屯大型墓葬的发现，搜集整理传世的"亚醜"铭记的青铜器，写了《山东益都苏埠屯墓地和"亚醜"铜器》一文（《考古学报》1977年第2期），探讨该器群的特征、年代，并推测其族属，为综合研究相同族徽铭记的铜器群提供了一个范例。关于青铜器的纹饰，我和陈公柔先生合写了《殷周青铜容器上鸟纹的断代研究》（《考古学报》1984年第3期）和《殷周青铜容器上兽面纹的断代研究》（《考古学报》1990年第2期）两文，试图从花纹的型式探索其发展演变的规律，从而为青铜器的断代提供参证。中原地区的商周青铜器发现较早，研究有素，已自成体系；南方地区的研究，起步较晚，深度不够。前者，我曾写了《殷商时代的青铜容器》（《考古学报》1979年第3期），后者则有《论宁乡黄材的青铜文化》（《湖南省博物馆馆刊》第五辑，2009年）。所有这些习作都是从陈梦家先生研究青铜器的方法中得到的启发而做的工作，但是，遗憾的是这些习作都无缘面请陈先生教诲。

我接触玉器是很晚近的事。1983—1986年，我主持发掘张家坡西周墓地，出土了很多玉器，其中颇有很精致的，我这才开始注意商周玉器。我学习玉器的启蒙书是夏鼐先生有关商代玉器的论著，我对玉器的定名及其用途的认识，都是以夏先生的意见为准则，我个人没有任何创见。我曾因香港发现的牙璋写过一篇《论神木出土的刀形端刃玉器》（《南中国及邻近地区古文化研究》，香港中文大学出版社1994年版），就是按夏先生的意见定名的。不过，我是确实到神木实地调查过这种玉器的出土情况，还征集到几件标本，为神木玉器增添了新资料。我还因张家坡墓地发现的一件兽面玉饰写了《记沣西新发现的兽面玉饰》（《考古》1987年第5期），广泛联系国外收藏的同类玉饰，并讨论其年代。或以为这件兽面玉饰属石家河文化，这个问题当然还可以讨论。前几年，我又重新整理了张家坡墓地出土玉器的资料，详细说明玉器的分类及其出土情况。补充了插图，增加了所有玉器的彩色图版，于2007年出版了《张家坡西周玉器》，把张家坡西周墓地出土的玉器资料更完整地、更形象地呈现给广大读者。

考古学是一门日新月异的科学，新的发现层出不穷，年年都评该年度考古十大发现。作为从业人员也要有与时俱进的精神，要吐故纳新，接受正确的，修正错误的。就我个人而言，我在沣西工作了30年，也算是勤勤恳恳的了，遗憾的是我至今未能找到丰京的线索。当然，这项工作也不是一代人的事，何况，除了勤奋也还要有机遇，更要有一点运气，我希望后来者能有好运。

这些年来，我也写了一些东西，列一简目以备参考。

1. 中国社会科学院考古研究所：《1967年长安张家坡西周墓葬的发掘》，《考古学报》1980年第4期。

2. 中国社会科学院考古研究所：《张家坡西周墓地》（主编），中国大百科全书出版社1999年版（第四届中国社会科学院优秀科研成果一等奖，2002年）。

3. 《西周青铜器分期断代研究》（王世民、陈公柔、张长寿合著），文物出版社1997年版（第二届郭沫若中国历史学奖二等奖，2003年）。

4. 中国社会科学院考古研究所：《中国考古学·两周卷》（主编），中国社会科学出版社2004年版（第三届郭沫若中国历史学奖一等奖，2007年）。

5. 中国社会科学院考古研究所：《张家坡西周玉器》（主编），文物出版社2007年版。

6. 《闻宥落照堂藏青铜器拓本》（闻广、张长寿合编），文物出版社2010年版。

7. 《商周考古论集》，文物出版社2007年版（收2000年前论文35

篇）。

8. 《金文历谱和西周王年》，《考古》2002 年第 9 期。

9. 《论宁乡黄材的青铜文化》，《湖南省博物馆馆刊》第五辑，岳麓书社 2009 年版。

10. 《前掌大墓地解读》，《安志敏先生纪念文集》，文物出版社 2011年版。

2012 年 5 月 1 日

山东益都苏埠屯墓地和"亚醜"铜器

1965—1966 年，山东省博物馆在益都苏埠屯发掘了四座殷代墓葬和一座殷代车马坑。① 在其中的第一号奴隶殉葬墓中，发现两件大铜钺。这两件铜钺体形巨大，一件长 31.7 厘米、宽 35.7 厘米，另一件长 32.5 厘米、宽 34.5 厘米。器身有透雕的人面形纹饰，作双目圆睁，张口露齿状。这后一件，在正背两面的人面形口部的两侧，各有一个"亚醜"铭记。②

苏埠屯第一号奴隶殉葬墓是一座有四个墓道的大墓。墓室长 15 米、宽 10.7 米、深 8.25 米，南墓道底长 26.1 米。墓室中央有"亚"字形的木椁。墓内有殉葬奴隶 48 人。两件铜钺就出在墓室北壁靠近北墓道的填土中。这座墓曾被盗掘过，随葬品除两件铜钺外，只发现鼎、斝、爵、卣等青铜容器的残片，戈、矛等兵器以及陶器、玉器等。其中的一件铜爵残片和一件铜锛残片，也都有"亚醜"铭记。③

益都苏埠屯发现"亚醜"铜器已经不止一次了。早在 1931 年，就曾出土过两组铜器，一组出在村东的洼地，另一组出在第一号奴隶殉葬墓所在土岭的断崖上。后一组铜器有鼎、爵、觚、觯、斗 5 件容器，而铜觯的圈足内就有一个"亚醜"铭记。④

《山东金文集存》辑录了苏埠屯出土的 6 件铜矛，都有"亚醜"铭记，同出的还有鼎、盉、觚、觯等器。⑤

在著录的传世青铜器中，不少是有"亚醜"铭记的，但绝大多数没有

---

① 齐文涛：《概述近年来山东出土的商周青铜器》，《文物》1972 年第 5 期。
② 《文化大革命期间出土文物》（第一辑）图版一二三，文物出版社 1972 年版。
③ 山东省博物馆：《山东益都苏埠屯第一号奴隶殉葬墓》，《文物》1972 年第 8 期。
④ 祁延霈：《山东益都苏埠屯出土铜器调查记》，《中国考古学报》第二册，1947 年。
⑤ 曾毅公：《山东金文集存》先秦编下，第 13 页。

确切的出土地点。铭记相同的铜器往往由于各种不同的原因而散见各地，但是苏埠屯屡次发现"亚醜"铜器，情况应有所不同。可以设想，传世"亚醜"铜器的大部分有可能是苏埠屯出土的，有的或许就出自第一号奴隶殉葬墓和附近别的被盗掘过的墓葬。因此，将这些铜器和苏埠屯的发现联系起来，对于进一步认识苏埠屯墓地和"亚醜"铜器都是有意义的。

下面，我们选录了若干有图像的"亚醜"铜器，并从中剔除了被认为是伪器和可疑者①，连同发掘所得，共有鼎、甗、簋、爵、斝、尊、卣、觯、罍、觥、盉、彝、铙、钺、矛共 15 类 56 器。

表一　　　　　　　　　若干有图像的"亚醜"铜器列表

	器名	著录	主要器形特征与纹饰	备注
1	亚醜父乙鼎	《西清古鉴》一·五；《三代吉金文存》二·二十	深腹，柱足；圆涡纹，四瓣花纹	
2	亚醜鼎	《怀米山房吉金图》上，第五图；《三代》二·九	分档；饕餮兽面纹	
3	亚醜父辛鼎	《西清》一·一四；《三代》二·二八	分档；饕餮兽面纹	图一：1；此器"醜"字作"𩰚"，仅此一见
4	亚醜方鼎	《岩窟吉金图录》上，第四图	长方形，八棱，四柱足；饕餮兽面纹，夔纹	《岩窟》称：此器传安阳出土
5	亚醜方鼎	《武英殿彝器图录》第六图；《商周彝器通考》下，第一三〇图；《三代》二·九	长方形，八棱，四柱足；饕餮兽面纹，夔纹	图一：4
6	亚醜方鼎	《武英》第四图；《商周》下，第一二八图；《三代》二·九	长方形，四棱；鸟纹，乳钉纹，云雷纹	
7	亚醜父丙方鼎	《西清彝器拾遗》第二图；《商周》下，第一二九图	长方形，四棱，双尾龙纹，乳钉纹	图一：7，图三

① 《西清古鉴》、《西清续编》甲编、乙编、《宁寿鉴古》四书共收"亚醜"器 45 件。本文根据容庚《西清金文真伪存佚表》（《燕京学报》第五期），选录被认为是真者 10 件，疑者 1 件，共 11 件。又《欧米蒐储支那古铜精华》第九四图亚醜父丁方鼎、《善斋彝器图录》第一〇六图亚醜罍，两器铭记容庚均以为后刻，本文剔除不收。

续表

	器名	著录	主要器形特征与纹饰	备注
8	亚醜父丁方鼎	《善斋彝器图录》第四十图；《善斋吉金录》二·三；《商周》下，第一二三图；《三代》二·二三	长方形，四棱；饕餮纹	
9	亚醜季甗*	《西清》三十·十四	带状雷纹，饕餮兽面纹	器铭："亚醜，季作蹲彝"
10	亚醜者女甗	《陶斋吉金续录》二·二；《三代》五·八，《周金文存》卷二	带状云雷纹，饕餮兽面纹	器铭："亚醜，者女以太子蹲彝"
11	亚醜簋	《善斋吉金录》七·十五；《三代》六·六	双耳无珥；带状饕餮纹	
12	亚醜簋	《武英》第四十图；《商周》下，第二○三图；《三代》六·六	双耳有珥；饕餮兽面纹	
13	亚醜父辛簋	《尊古斋所见吉金图》一·四七；《三代》六·十七	双耳有珥；饕餮兽面纹、夔纹	图一：5
14	亚醜父辛簋盖	《梦郼草堂吉金图续编》；《西清》二八·十六；《三代》六·十七	饕餮兽面纹	此盖与上器铭文相同，纹饰也相同，可能原是一器。《西清》误将此盖置于瞩簋上
15	亚醜方簋**	《西清续编·甲编》七·十八；《故宫周刊》第一一六期；《商周》下，第二五一图	长方形、斗状，双耳有珥，八棱；饕餮兽面纹，夔纹	图九
16	亚醜爵	《善斋吉金录》五·十九	卵状腹，双柱菌形顶；弦纹	
17	亚醜方爵	《陶续》二·十一；《三代》十五·十七	方形，平底，四足，八棱，双柱四坡形顶，鋬有兽头；饕餮纹	
18	亚醜方爵	《三代》十五·四十	器形与上器相同，而鋬无兽头；饕餮纹，雷纹	"亚醜"铭记在尾上，鋬内另有一"㢨"字

续表

	器名	著录	主要器形特征与纹饰	备注
19	亚醜方爵	《三代》十五·四十	器形、纹饰与上器完全相同	"亚醜"铭记在尾上，鋬内另有一"⊠"字
20	亚醜者女方爵	《欧米蒐储支那古铜精华》第六三图，《商周》下，第四三八图；《河南吉金图滕稿》第四二图，《周金文存》五·百廿二；《三代》十六·四十	器形、纹饰与《陶续》方爵全同	图一二。铭文"亚醜，者婞以太子障彝"在尾上。《滕稿》称此器出于河南
21	亚醜父丙爵	《尊古斋》三·一；《西清》二六·四七，《善斋吉金录》六·六十；《商周》下，第四三一图；《三代》十八·二十	似爵无柱，有盖若觥，饕餮纹	图一：2，图二。《西清》、《善斋》称"角"，《三代》称"觥"
22	亚醜觚	《西清》二四·二四	饕餮纹	
23	亚醜觚	《宁寿鉴古》十·十九	蕉叶纹，饕餮纹	
24	亚醜父丁觚	《怀米》上，第十五图；《三代》十四·二五	饕餮兽面纹	
25	亚醜方觚	《武英》第一三三图，《商周》下，第五六八图；《三代》十一·四	方形，八棱；蕉叶纹，饕餮纹，四瓣花纹	图一三
26	亚醜父乙尊	《宝蕴楼彝器图录》第一〇三，《西续·乙》五·十八；《三代》十一·七	饕餮兽面纹、蕉叶纹、夒纹	《西续·乙》失摹"父乙"二字
27	亚醜季尊	《双剑誃古器物图录》上，十四；《善斋吉金录》三·八十；《三代》十一·二十	饕餮兽面纹	图一：8；图四
28	亚醜方尊	《故宫》第四六〇期，《商周》下，第五四九图	体方，侈口，广肩，高足；肩上四角有象首，中央有双角兽头，通体饰饕餮纹、夒纹	图七。《故宫》记此器高一尺四寸一分，口长、宽约一尺零六分，重六百三十二两。在"亚醜"诸器中，此为第一重器
29	亚醜者女方尊	《西清》八·三五；《故宫》第一〇〇期；《故宫博物院院刊》1958年1期；《三代》十一·二八	器形、纹饰与上器完全相同	此器与上一器形状、纹饰相同，大小、重量又相若，很可能是一时所铸

续表

	器名	著录	主要器形特征与纹饰	备注
30	亚醜卣	《西续·乙》八·三九，《宝蕴》第八四；《商周》下，第六四三图，《三代》十二·一	小口，体高，似壶，两侧有耳；带状饕餮纹	器盖及提梁均佚
31	亚醜卣盖	《善斋吉金录》三·五；《三代》十二·四十	椭圆形；无纹饰	
32	亚醜杞妇卣	《故宫》第四二〇期；《商周》下，第六二四图；《三代》十二·六十	椭圆形，两侧有耳，盖顶为圆纽；饕餮兽面纹，夔纹	图一：3；图八。铭文"亚醜，杞妇"。器失提梁
33	亚醜觯	《中国考古学报》第二册	椭圆形，弦纹	1931年苏埠屯出土
34	亚醜觯	《贞松堂吉金图》中·二；《三代》十四·三五	带状雷纹	
35	亚醜罍	《澂秋馆吉金图》第二九图；《美帝国主义劫掠的我国殷周铜器集录》A.七七八；《三代》十一·三九	小口，有肩，深腹，平底，双耳一鼻，有盖；鸟纹、圆涡纹、夔纹	
36	亚醜方罍	《日本蒐储支那古铜精华》第十九图；《商周金文录遗》二〇八	方形，有肩，深腹，双耳有环，四坡形盖；饕餮纹，夔纹	图一一
37	亚醜方罍	《怀米》上，第八图；《三代》十一·四	形制与上器相同。饕餮兽面纹、夔纹	器失盖。《三代》误作尊
38	亚醜者女方罍	《故宫博物院院刊》，1958年第一期；《中国古青铜器选》第十六图；《三代》十一·四二	形制与上两器相同；饕餮兽面纹，夔纹	器高62厘米，重20.8公斤。器盖同铭，作"亚醜，者妇以太子尊彝"
39	亚醜者女方觥	《精华》（日）第二六二图；《三代》十七·二六	体方，前流后鋬。盖作双角兽面状；饕餮兽面纹，夔纹	图一：9，图一〇
40	亚醜者女方觥	《陶斋吉金录》三·三四；《周金文存》五·七三		
41	亚醜者女方觥***	《周金文存》五·七四、七五	以上三器形制相同而纹饰略异	
42	亚醜盉	《善斋吉金录》八·二二	敞口，束颈，前注，后鋬，三足；无纹饰	此器失盖

续表

	器名	著录	主要器形特征与纹饰	备注
43	亚醜父丁方盉	《精华》（日）第二五二图；《三代》十四·四	分裆，四足，注流作鱼形；饕餮纹、圆涡纹、四瓣花纹	图一：6，图五
44	亚醜方彝	《故宫》第四一九期；《商周》下，第五九六图；《三代》六·六	长方形，四棱，足有缺口，四坡形盖，圆纽；饕餮纹、夔纹	
45	亚醜方彝	《弗里尔》（1967）图版三七；《三代》六·六	器形纹饰同上，盖纽四坡形	图六。器盖对铭，盖铭阳识
46	亚醜铙	《武英》第一五一图	饕餮兽面纹	此器柄部残断，铭在腹内
47	亚醜媡铙	《周金文存》卷一补遗	饕餮兽面纹，细长眉	铭在柄上，一面作"亚醜"，另一面作"媡"
48	亚醜钺	《文化大革命期间出土文物》·第一辑，第一二三图	透雕人面形纹	苏埠屯第一号奴隶殉葬墓出土
49	亚醜矛	《三代》二十·二十九；《山东金文集存》卷下·十三；《双剑誃吉金图录》卷下·三八		
50	亚醜矛	《三代》二十·三十·一；《善斋吉金录·古兵录》上·四五；《山东》卷下·十三·二		
51	亚醜矛	《三代》二十·三十·二；《山东》卷下·十三·六	脊部有三角形纹饰	
52	亚醜矛	《三代》二十·三十一·一；《山东》卷下·十三·四		
53	亚醜矛	《三代》二十、三十一·二；《山东》卷下十三·三		以上五矛，均出自苏埠屯
54	亚醜矛	《周金文存》六·八九·下		

续表

	器名	著录	主要器形特征与纹饰	备注
55	亚醜矛	《癡盦藏金续集》第三七图	以上七矛器形相同，两叶有束腰，铭记在箭上	
56	亚醜矛	《周金文存》六·八九·上	矛身柳叶形，长箭，一侧有环	

　　*　与亚醜季甗同铭者，《双剑誃古器物图录》有一尊，《周金文存》卷三有一簋，《三代吉金文存》十四有一卣。后两器未见图像。《三代吉金文存》三·九著录一鼎，铭为"亚醜，季作兄己 隣彝"，这两个名"季"的，很可能是同一人。

　　**　容庚在《西清金文真伪存佚表》中，将此簋列入"疑者"，后又收入《商周彝器通考》，列为商代器。

　　***　"亚醜者女"诸器能见到图像的计甗一、方爵一、方尊一、方罍一、方觚三。此外，《三代吉金文存》十一·四二辑录另一件罍的铭文，《三代吉金文存》十七·二七和《周金文存》有另一件觚的铭文，合计九器。方爵、方尊、两罍和第38器方觚五器，铭文完全相同，"女"多作"婤"。文多正书。其他三件方觚和甗，文多反书。又《善斋吉金录》八·三七著录一件匜，器铭与"亚醜者女"诸器相同，也见于《周金文存》四·三一。此器与所有"亚醜"器绝不相类，当是伪器或伪刻。

　　上述56件"亚醜"器中，容器有12类45件。这些容器的最显著的特征之一，就是方形器占了很大的比重。除去甗、卣、觯以外，其他9类都有方形器，共22件，将近总数的一半。

　　方形青铜器这种形制，很可能是从木器中摄取来的，但因木器不易保存，缺乏这方面的实例。陶器中也有方形器，在偃师二里头的早商遗址中曾经出过陶的方鼎和方杯，[①] 它对于方形青铜器很可能有一定的影响。不过，就青铜器来说，年代最早的方形器当推最近在郑州发现的商代二里岗时期的两件大方鼎。[②] 这两件方鼎，器身近于正方形，这种形制显然源出于二里头时期的陶方鼎。二里岗时期的方形铜器数量很少，迄今只有上述二器。方形铜器的盛行应在殷代的小屯时期。根据以往的发掘资料，安阳出土的方形铜器有：小屯第331号墓的方爵、方卣；第238号墓的方罍和

　　①　中国科学院考古研究所洛阳发掘队：《河南偃师二里头遗址发掘简报》，《考古》1965年第5期。

　　②　河南省博物馆：《郑州新出土的商代前期大铜鼎》，《文物》1975年第6期。

方彝。① 西北岗第 1004 号墓出过牛鼎和鹿鼎；第 1022 号墓出过方斝、方彝；第 1400 号墓出过方斝。② 司母戊大方鼎也出于西北岗。大司空村出过四足鸮卣③和方罍④。直到西周初期，方形器如鼎、尊、觥、彝等仍然比较流行，而方彝延续的时间更长。但是无论是殷代还是周初，在同一铭记的铜器群中，像"亚醜"器那样集中出现方形器的情形还是不多见的。

图一　亚醜铜器铭文

1. 亚醜父辛鼎铭《三代》二・二八　2. 亚醜父丙爵盖铭《三代》十八・二十　3. 亚醜杞妇卣盖铭《三代》十二・六十　4. 亚醜方鼎铭《三代》二・九　5. 亚醜父辛簋铭《三代》六・十七　6. 亚醜父丁方盉铭《三代》十四・四　7. 亚醜父丙方鼎铭《拾遗》图二　8. 亚醜季尊铭《三代》十一・二十　9. 亚醜者女方觥《三代》十七・二六

① 李济：《记小屯出土之青铜器》，《中国考古学报》第三册，1948 年。
② 陈梦家：《殷代铜器》图版壹、贰、拾肆、拾伍、贰拾，《考古学报》第七册，1954 年。
③ 马得志等：《一九五三年安阳大司空村发掘报告》，《考古学报》第九册，1955 年。
④ 河南省文化局文物工作队：《一九五八年春河南安阳市大司空村殷代墓葬发掘简报》，《考古通讯》1958 年第 10 期。

"亚醜者女"一组铜器比较典型地表现出这一特点。现能见到图像的 7 件器物，除去一件甗以外，其余的一件爵、一件尊、一件罍、三件觥都是方形的，未见图像的一件觥和另一件罍也很可能是方的。至于只有"亚醜"铭记的方形器，如第 17 器方爵，第 28 器方尊，第 36 器、37 器方罍，其形制、花纹和"者女"方爵、方尊和方罍完全相同或相近，很可能原本是一组的。这种以若干同铭的方形铜器为一组的现象在西周初期仍有发现，如洛阳出土的令方尊和令方彝，传河南出土的"曲"方尊、方彝、方觥。[①] 1963 年扶风出土的同铭方尊、方彝、方觥三件一组铜器[②]也是如此。也有一人之器而铭文不同的方形器，如麦方尊、方彝、方盉、方鼎[③]。

"亚醜"方形器中，鼎的数量较多，共 5 件。苏埠屯第一号奴隶殉葬墓中发现有方鼎的残片，1931 年苏埠屯出土的两组铜器中也有一件方鼎，可见方鼎之流行。方鼎的形制大多相同，器身均为长方形，器壁有"凹"字形乳钉纹的可以上溯到郑州发现的方鼎，而其下限也似较晚。第 6、7 两器以及 1931 年苏埠屯出土的，第一号奴隶殉葬墓所出残器，均属此种形式。第 7 器"亚醜父丙"方鼎与周初康王时的"作册大"方鼎在形制、花纹上几乎是相同的。

图二　亚醜父丙爵　　　　　图三　亚醜父丙方鼎

　　① 《美帝国主义劫掠的我国殷周铜器集录》A423、A647、A665。《商周彝器通考》下册第五五一、五九九、六八二图也录此 3 器，但断为商器。
　　② 梁星彭、冯孝堂：《陕西长安、扶风出土西周铜器》，《考古》1963 年第 8 期。
　　③ 郭沫若：《两周金文辞大系图录考释》，科学出版社 1958 年版。

图四 亚醜季尊

图五 亚醜父丁方盉

图六 亚醜方彝

图七 亚醜方尊

图八　亚醜杞妇卣

图九　亚醜方簋

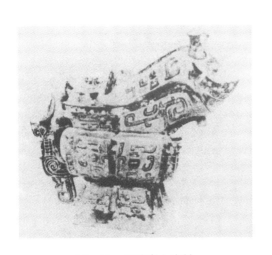

图一〇　亚醜者女方觥

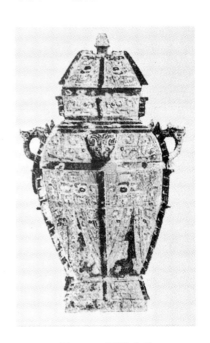

图一一　亚醜方罍

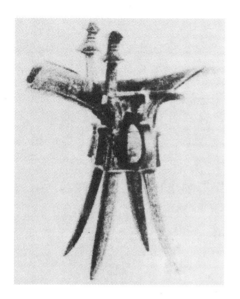

图一二　亚醜者女方爵

图一三　亚醜方觚

"亚醜"爵形器共6件，而方爵占4件。由于传世方爵的数量很少，因而"亚醜"器中盛行方爵这一特点就显得更加突出。"亚醜"诸方爵器壁多扉棱装饰，花纹也较繁缛。方爵这种器形的年代下限由于没有发现过确属西周时期的实例而可以推定。

其他的方形器，如方彝，与殷墟发掘所得的3件方彝形制相同而纹饰略异，它们都是直壁、四壁底部中央都有小缺口。而西周早期的方彝器壁多略呈弧形，四壁底部中央大都没有缺口。方尊与小屯第331号墓所出的尊形器相似，都有一个大侈口，折肩，肩上有兽头装饰，有较高的圈足，所不同的，前者体方，后者体圆。这种形式的尊，小屯中期以后就很少见，而代之以另一种形式的尊，如"亚醜季"尊之类，两者的器形是完全不同的。至于方簋、方觚，都是仅见的例子，没有可供比较的材料。

方形器以外的容器23件（包括两件器盖），其中第21器"亚醜父丙"爵形制比较特殊，其他各器都是殷代铜器中常见的器形。

"亚醜"铜器中大部分花纹繁缛，只有少数几件没有纹饰或只有几道弦纹的简朴形式，而且只限于觯、爵等比较小型的器皿。最主要的纹饰是以雷纹为地纹的饕餮兽面纹，在辅助花纹中，夔纹较多，此外还有鸟纹、双尾龙纹、蝉纹、圆涡纹、乳钉纹等。这和小屯出土殷代青铜器的纹饰主题是完全一致的。"亚醜"器中用扉棱作装饰的情形比较多，部分地是由于方形器比较多的缘故。

"亚醜"器的组合，按同铭同组论，有"者女"和"季"两组，前者至少有甗、爵、尊、觥和罍，后者至少有甗、尊、卣和簋。苏埠屯第一号奴隶殉葬墓发现有鼎、方鼎、爵、卣和斝等器的残片，但不能确定它们是否是同组的。比较完整的组合是1931年苏埠屯出土的两组铜器。第一组只有一件觯有"亚醜"铭记，其他的或不同铭或无铭。虽然如此，它无疑是"亚醜"器组合形式的一个代表。第二组铜器铭文相同而无"亚醜"铭记，但由于出自这个墓地，仍然可以认作是与"亚醜"器同时的组合形式。第一组有鼎、觚、爵、觯、斗，共5件；第二组有方鼎、二觚、二角、觯、盉、卣、盘，共9件。[①] 第二组的两件角显然是爵的替代品。因此，这两组器物表明"亚醜"器或和它同时的铜器组合中的主要器类是鼎（方鼎）、觚、爵（角）和觯。

殷代最常见的铜器组合形式是觚和爵的组合，如有第三器，则大都是鼎[②]。苏埠屯的两组铜器都有觚、爵（角）和鼎（方鼎）。

小屯第188、232、333、388号墓所出铜器代表小屯比较早的组合形式，主要器类有鼎、觚、爵、斝、瓿。[③] 斝和瓿是这种组合中的典型器物。在传世的"亚醜"器中没有斝形器，也没有瓿形器。应该指出，传世的类似小屯所出的斝形器和瓿形器很少是有铭文的，上述小屯各墓所出的斝和瓿也没有铭刻。苏埠屯第一号奴隶殉葬墓中发现有斝的残片，表明除了苏埠屯那两组铜器的组合形式外，"亚醜"器中还可能有相当于小屯比较早的组合形式。

小屯比较晚的铜器组合中没有斝和瓿，而出现了一些新的器类。1958年大司空村第51号墓出土的一组铜器有鼎、簋、觚、爵、尊、

---

① 《山东益都苏埠屯出土铜器调查记》只记录7器，卣、盘流散在外，器形不明。盘铭见《三代吉金文存》十七·二。

② 《殷墟发掘展览目录》，《梁思永考古论文集》，科学出版社1959年版，第155页。

③ 李济：《记小屯出土之青铜器》，《中国考古学报》第三册，1948年。

卣、方罍等。1962年大司空村第53号墓出土两件瓿、两件爵和一件觯，以及一组仿铜器的陶器，有鼎、簋、瓿、爵、尊、卣、斝、壶、盘等器①。随葬仿铜器的陶器，这种例子在安阳的殷墓中发现过不少，它反映了当时通行的铜器组合形式。传世的"亚醜"器中有相当数量的簋、卣、罍、彝等器形，"亚醜季"一组铜器和小屯晚期的铜器在器形上更是接近。苏埠屯所出第二组铜器，其组合形式和小屯晚期也是很相近的。

觯是一种比较晚出的器形。如上述1962年大司空村第53号墓被认为是最晚的殷墓，同期的另一墓出有短胡二穿铜戈。苏埠屯的两组铜器都有觯，第一组的觯有"亚醜"铭记，同出的也有一件短胡二穿铜戈。

容器以外，"亚醜"器中富有特征的器物还有铙。这种乐器三件一组，大小依次相递，只见于殷代。西北岗1083号墓②、1953年大司空村第312号墓、1957年高楼庄第8号墓③、1958年大司空村第51号墓等都曾发现过。1968年河南温县出土的一批殷代铜器中也有一组铜铙。④ 传世的两件"亚醜"铙也应是各自成组的。

《金匮论古初集》中著录有一件大铜钺，⑤ 钺的两面都有人面形纹饰，脸庞扁阔，双目和鼻凸出，两耳及牙齿皆透雕，头上有茂密的头发。自刃至内长约30.5厘米、刃宽约34.2厘米。这件铜钺与苏埠屯第一号奴隶殉葬墓所出的两件铜钺，大小、形制相仿，纹饰主题也相同。器传出浚县辛村，被认为是西周初年卫国的遗物。⑥ 可见此种铜钺通行于殷末周初。

郭沫若同志早在1930年就曾指出，殷代青铜器铭文中的图形文字，

---

① 中国科学院考古研究所安阳发掘队：《一九六二年安阳大司空村发掘简报》，《考古》1964年第8期。

② 西北岗第1083号墓所出一组铜铙，《殷墟发掘展览目录》中说是4件三音，《殷代铜器》中说是3件，两说不同。

③ 周到、刘东亚：《一九五七年秋安阳高楼庄殷代遗址发掘》，《考古》1963年第4期。

④ 《温县出土的商代铜器》，《文物》1975年第2期。

⑤ 陈仁涛：《蚩尤纹透雕大铜钺》，《金匮论古初集》，亚洲石印局承印1952年版，第27页。

⑥ 这件铜钺也见于林巳奈夫所著《中国殷周时代の武器》第169图。著者认为此钺属殷代后期，出土地点不明。

乃是古代国族之名号，为古代氏族图腾之孑遗或转变。① "亚醜" 即是一例。安阳出土甲骨刻辞中有 "醜" 和 "小臣醜"，郭沫若同志根据同一刻辞上的地名，推断 "亚醜" 族当在殷的东南。② 益都苏埠屯多次从墓葬中发现有 "亚醜" 铭记的铜器，绝非偶然，很有可能就是该族的一处墓地。

在苏埠屯没有发现与墓葬相应的居住遗存，而墓地的发掘工作才开始，因此，了解 "亚醜" 族的文化面貌就有一定的局限。不过，从现有的资料已经可以判断，这个族的许多文化因素，从器物特征到埋葬制度，和安阳殷代晚期文化几乎是完全相同的。

苏埠屯墓地出土的青铜器以及传世的 "亚醜" 器，上文已分别从器形、纹饰、组合等几方面讨论过，表明它们和殷代晚期的青铜器基本上是一致的，个别器物的年代可能稍早一些。

陶器的材料比较少，苏埠屯第一号奴隶殉葬墓中出土陶器 40 多件，其中有 30 件是斗笠状的器盖，这类器盖在安阳发现过不少。③ 此外，有盆、罐、瓠、瓶、盘、盂、簋、鬲等，都是安阳殷墓中习见的器物。就它们的器物特点来说，大致相当于殷墟晚期的 "大司空村 Ⅱ 期"。④

在苏埠屯第二号墓中发现有完整的釉陶豆和印纹硬陶罐。⑤ 这种质地的器物在郑州商代遗址中就曾发现过，⑥ 釉陶的器形大都是尊形器而未见有豆形器。殷墟发现的釉陶器有双耳罐、豆和器盖等。⑦ 西周的釉陶器发现更多，器形大都是豆，也有尊，但与郑州的尊形器有别，发现的地点遍及今江苏、安徽、河南、河北、陕西等地。郑州的釉陶和西周的釉陶都曾作过鉴定研究，关于釉陶也有过一些讨论。安阳和苏埠屯出土的釉陶都未经鉴定，因此无从比较，但是仍然可以认为是两者共同的文化因素。

----

① 郭沫若：《殷彝中图形文字之一解》，《殷周青铜器铭文研究》，科学出版社 1961 年版，第 11 页。

② 郭沫若：《卜辞通纂》第 588、589 片。

③ 《殷墟陶器图录》943C. D. F. K 等式。

④ 中国科学院考古研究所安阳发掘队：《1958—1959 年殷墟发掘简报》，《考古》1961 年第 2 期。

⑤ 《文化大革命期间出土文物》（第一辑），图版一二二。

⑥ 《郑州二里岗》，科学出版社 1959 年版，第 30 页。

⑦ 《殷墟陶器图录》209X、295G、952B。1958—1959 年发掘殷墟时，也曾复原过一件大型双耳釉陶罐，见简报。

苏埠屯第一号奴隶殉葬墓还出土了不少玉饰，雕琢成鸟、兽、鱼、蝉等，①神态生动，形象逼真。这类装饰品在安阳的殷墓和陕西的西周早期墓中均有发现。

在埋葬制度方面，苏埠屯第一号墓、第二号墓都是大型墓葬。第一号墓有四个墓道，墓室中有"亚"字形木椁，墓底有"腰坑"和"奠基坑"一类的殉葬坑。这种大型墓葬过去只是在安阳侯家庄西北岗发现过，被认为是殷代帝王的陵墓。苏埠屯第一号墓墓室占地面积为160平方米，其规模虽不及西北岗的同类墓葬，②但形制是完全相同的。

苏埠屯的四座墓葬都用奴隶殉葬。第一号墓共殉葬奴隶48人，大部分集中在南墓道连接椁室的地方，分三层埋葬，第二层的殉葬奴隶仅有头骨，没有肢体，共24个，第三层殉葬13个奴隶，头大都向着椁室，排列比较整齐。第二号墓在墓室的四角各有一个殉葬人的头颅，并随葬一戈一盾，像是充任禁卫的。西北岗殷代大墓的殉人情况也是这样，而残杀的奴隶人数更多，有一墓殉葬奴隶达百数十人的。③在苏埠屯和安阳的殉葬奴隶中都有很多青少年和儿童。苏埠屯第一号墓南墓道第三层的13名殉葬奴隶都是儿童。西北岗殷代大墓殉葬的奴隶"大部发育未成"或"大多数尚未成年"，甚至还有"极幼年"的。安阳后岗杀殉坑中54个奴隶大多数是十四五岁到十八九岁的青少年，还有5个是儿童。④1971年在后岗发掘的殷墓中也有将近三分之一的殉葬奴隶是儿童。⑤这种情形不但表明两者的殉葬制度相同，也反映出两地的奴隶社会正处在相同的发展阶段上。

殷周时期的奴隶主贵族盛行用车马随葬。新中国成立以来，在各地发掘的殷周车马坑为数已很不少。在苏埠屯也发掘了一座车马坑，获得一套比较完整的车马器。在这以前，苏埠屯就曾出过铜軎、辖、轭首、

---

① 《文化大革命期间出土文物》（第一辑），图版一二四。
② 西北岗各殷代大墓墓室占地面积，可参看《殷代铜器》所列简表。
③ 黄展岳：《我国古代的人殉和人牲》，《考古》1974年第3期；胡厚宣：《中国奴隶社会的人殉和人祭》上篇，《文物》1974年第7期。
④ 《1958—1959年殷墟发掘简报》，《考古》1961年第2期。
⑤ 中国科学院考古研究所安阳发掘队：《1971年后岗发掘简报》，《考古》1972年第3期。

踵等车马器物，① 估计那里还会有这类车马坑。在安阳大司空村和孝民屯，解放后都曾发掘到殷代的车马坑，上面提到苏埠屯出土的几件车马器与 1972 年在孝民屯发现的完全相同。②

以苏埠屯墓地为代表的"亚醜"族文化和殷代晚期文化在很多方面完全一致，但是，无论从政治上或地域上说，它终究不同于殷王国。关于这个地区的历史沿革，《左传·昭公二十年》有一段晏婴的话，"昔爽鸠氏始居此地，季萴因之，有逢伯陵因之，蒲姑氏因之，而后太公因之"。《汉书·地理志》指明"少昊之世有爽鸠氏，虞、夏时有季萴，汤时有逢公栢陵，殷末有薄姑氏，皆为诸侯，国此地"。据此，在殷末周初这一带乃是薄姑氏所居，而"亚醜"族文化应该就是薄姑氏的文化遗存。

关于薄姑氏，文献资料语焉不详。当殷之末世，薄姑氏是殷王国在东方的主要盟国之一。武王灭殷，薄姑氏或未臣服。成王初即位，武庚、管、蔡叛周，一时东夷并起。周公东征，三年悉定。西周初年铜器中有关伐东夷的铭刻就是这一段历史的实录，其中的《㝬方鼎》更是指明周公伐"东夷、豐白、尃古"。③ 可见薄姑氏不但参与叛周的活动，而且还是主要成员之一，也因此而被覆灭。正如《汉书·地理志》所说："至周成王时，薄姑氏与四国共作乱，成王灭之，以封师尚父。"

薄姑氏既是殷的东方诸侯国，它和殷王国在政治、文化上自然有很密切的关系，如果说以苏埠屯墓地为代表的"亚醜"族文化就是薄姑氏文化，那么，它和殷文化如此一致就完全可以理解了。薄姑氏的灭国在成王初年，苏埠屯墓地没有发现晚于殷末周初的迹象，而第一号奴隶殉葬墓的形制、规模可以和西北岗殷陵相媲，表明它很可能是薄姑氏国君的陵寝。

苏埠屯墓地既如上述，则与墓地相应的居住址，即薄姑氏的都城，又在哪里？

《汉书·地理志》琅琊郡姑幕下云"或曰薄姑"，语气是不肯定的，

---

① 《山东文物选集——普查部分》图七九—八四，文物出版社 1959 年版。

② 中国科学院考古研究所安阳工作队：《安阳新发现的殷代车马坑》，《考古》1972 年第 4 期。

③ 有关薄姑的文献和铭刻资料，可参看陈梦家《西周铜器断代（一）》，《考古学报》第九册，1955 年。

聊备一说。《左传·昭公九年》"及武王克商，蒲姑、商奄，吾东土也"，杜预注："乐安博昌县北有薄姑城。"《后汉书·郡国志》乐安国下也云："博昌有薄姑城。"《水经注》两说并存，既曰："济水又经薄姑城北。《后汉郡国志》曰'博昌县有薄姑城'。《地理书》曰'吕尚封于齐郡薄姑'，薄姑故城在临淄县西北五十里，近济水。"又曰："（淄水）东北迳姑幕县故城东……故薄姑氏之国也……薛瓒《汉书注》云'博昌有薄姑城'，未知孰是。"

上述两处古城，一在今小清河的博兴县，另一在今潍水上游诸城县的西北，是否即为薄姑故城，均无确证，也未见有发现相当于殷文化遗存的报道，而两处距苏埠屯均较远，尤以姑幕古城为甚。苏埠屯的发现，应是探寻薄姑城的最重要的线索。鉴于薄姑氏和殷王国在政治、文化上的密切关系，有理由相信它的都城和陵寝的布局很可能也是以"殷墟"为蓝本的。苏埠屯靠近淄河，薄姑城不会离苏埠屯太远，更不会远离淄河而去建在别的河流旁。因此，如能在苏埠屯附近的淄河两岸认真地做一些调查和探掘工作，把薄姑城发掘出来，是很有希望的，这对于进一步全面、深入了解苏埠屯墓地也是十分必要的。

新中国成立以来，对于殷商文化的认识已经远远越出了殷墟的局限。无产阶级文化大革命以来，又有了不少新的重要的发现。就其分布而言，殷商文化遗存不仅遍于黄河流域中下游，而且到达了长江以南，包括河南、河北、陕西、山西、山东、安徽、江苏、湖北、湖南、江西、四川、辽宁等地。但是，在殷商文化之前，分布在这个地域内的却是各种不同的文化和不同的文化类型，它们之间即便有这样或那样的共同的文化因素，而在总的文化面貌上，各自的特征仍是很明显的。只是到了殷商时期，才第一次在这样广阔的地域内形成了一个文化共同体。这是我国考古学文化发展上的一个重大的突变。

这个变化是和社会发展相适应的，是在原始社会解体到奴隶制国家确立这一历史进程中逐渐完成的。随着金属工具的出现，奴隶社会生产力的发展，随着奴隶制国家之间为掠夺奴隶、掠夺财富而进行的战争，随着上层建筑各个领域内的相互影响，随着氏族的瓦解和融合，等等，原有的各种不同的文化和文化类型终于消失，新的共同的文化终于产生，并为以后的中华民族统一的文化奠定了最早的基础。

　　苏埠屯墓地是一个例子，它在一定程度上为说明一个地区内的这种文化上的变化提供了重要的实物资料。

　　　　　　　　　　　（本文署名殷之彝，原载《考古学报》1977 年第 2 期）

　　后记："亚醜"铜器在苏埠屯续有发现，参见《青州市苏埠屯商代墓发掘报告》，《海岱考古》第一辑，1989 年。

前掌大墓地解读

前掌大墓地位于山东省滕州市官桥镇前掌大村，北距滕州市约 22.5 公里。1964 年，中国科学院考古研究所山东工作队在文物普查中发现该遗址。1981 年秋，中国社会科学院考古研究所山东工作队对墓地进行首次发掘，此后，又于 1985 年春、1987 年春、1991 年春、1994 年秋、1995 年春、1995 年秋、1998 年秋多次连续发掘。前掌大墓地分为南北两区，北区在前掌大村北，南区在前掌大村南，两区相距约 1000 米。北区共发掘墓葬 35 座，南区共发掘墓葬 76 座、车马坑 5 座，两区共发掘墓葬（包括车马坑）116 座。2005 年，中国社会科学院考古研究所编写了《滕州前掌大墓地》（下称《报告》），由文物出版社出版。该报告分上下两册，详细介绍了墓葬的全部资料和研究的成果。本文就是在发掘报告的基础上所做的探讨。

一　前掌大墓地的分析

（一）北区墓地

1. 前掌大北区墓地是以大型墓为主体的若干墓组构成的。北区墓地共发掘墓葬 35 座，其中双墓道大墓 3 座、单墓道大墓 9 座，其余 23 座都是中小型长方形竖穴墓（图一）。大型墓共 12 座，占全部墓葬的 1/3。这些大型墓往往两两成对，和附近的中小型墓组成一个个墓组，最明显的例子是北区东北角的一组。BM4 是一座双墓道大墓，BM3 是一座单墓道大墓，后者打破了前者的南墓道。在这两座墓的东侧，有两座小型的儿童葬 BM5、BM6，另有两座竖穴墓 BM7 和 BM8，推测它们是大型墓的陪葬墓和祭祀坑。两座大型墓的关系由于墓主人的尸骨没有保存无从推测，也许是

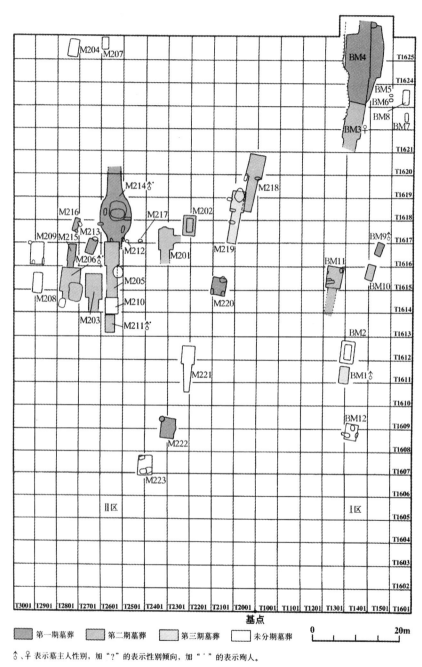

第一期墓葬　　第二期墓葬　　第三期墓葬　　未分期墓葬　　0　　　　　20m

♂、♀表示墓主人性别，加"?"的表示性别倾向，加"·"的表示殉人。

图一　北区墓地墓葬分布图（采自《报告》图三）

同一家族的。类似的情况还有，M214 是一座双墓道大墓，M205 是一座单墓道大墓，后者打破了前者的南墓道，在其东侧也有两座儿童葬 M212 和 M217，这几座墓也组成一个墓组。单墓道大墓之间也有同样的情况，M218、M219 是两座单墓道大墓，后者打破前者。M215、M206 也是两座单墓道大墓，M206 打破 M215。由于 M214、M205 墓组和 M215、M206 墓组之间界线不清，也许这是一个较大的墓组。总之，这种情况表明北区墓地是几个大型墓家族组成的族墓地。

2. 北区墓地的墓葬形制及其所反映的葬俗是统一的。双墓道的大型墓，墓道都在墓室的南北两端，只有 M201 例外，一在南端，一在东侧。单墓道的大型墓，墓道都在墓室的南端。大型墓都有木质棺椁，但因盗扰和朽毁，棺椁的结构不明。但从遗痕观察，椁底有枕木，椁底板纵向平铺，椁四壁由方木叠筑，椁盖板横向平铺，东西两端搭在二层台上。椁内置棺，棺或有内外两重。墓底都有腰坑，坑内埋狗，也有埋一人一狗的。大型墓都埋殉人，但因盗扰，确切的数字不明。M201 发现的殉人最多，有 7 人。从大型墓的墓葬形制及其葬俗和随葬器物特征考虑，北区墓地的大型墓和殷墟时期的大型墓极为相似。

3. 北区墓地是以商代晚期墓和西周早期早段墓为主的墓地。根据《报告》的研究，北区墓地有商代晚期墓 8 座、西周早期早段墓 10 座、西周早期晚段墓 2 座，其余 15 座墓未能分期。分期断代的依据有三：一是地层关系，二是打破关系，三是随葬器物的特征。

（1）所谓地层关系是指墓葬开口的层位。根据《报告》附录一〇、一一的墓葬登记表，北区墓地所有墓葬都出于第②层下或第③层下，只有 BM11 一座墓出于第①层下。在第③层下开口的墓一般都被推定为商代晚期墓，有 BM4、BM9、M213、M215、M220、M222 6 座，只有 M209、M223 两墓未定。至于在第②层下开口的墓葬情况多有不同，BM3、BM10、M201、M202、M203、M205、M206、M211、M218 9 座被推定为西周早期早段墓，M214、M216 两墓被推定为商代晚期墓，BM1、M219 两墓则被推定为西周早期晚段墓，其余的 13 座墓未能分期。这种情况大概除了地层关系外还考虑到其他原因而做了相应的调整。至于开口在第①层下的 BM11 则被直接推定为西周早期早段墓。

（2）北区墓地有四组打破关系，都发生在大型墓的墓组之间，即双墓道大墓 BM4 被单墓道大墓 BM3 打破，双墓道大墓 M214 被单墓道大墓 M205 打破，同为单墓道大墓的 M215 被 M206 打破、M218 被 M219 打破。BM4、M215 两墓都开口在第③层下，BM3、M206 两墓都开口在第②层下，前两墓被推定为商代晚期墓，后两墓被推定为西周早期早段墓。M214、M205 墓组都出在第②层下，前者被推定为商代晚期墓，后者被推定为西周早期早段墓。M218、M219 墓组也都出在第②层下，前者被推定为西周早期早段墓，后者则被推定为西周早期晚段墓。相同的地层关系竟推出了三种不同的分期，根据打破关系确立相对早晚年代关系是完全正确的，但是否可以据以分期则是另外一个问题。在相同的地层关系情况下打破关系对分期的作用需要进一步研究，而同一墓组之间的打破关系是否具有某种特殊含义也还可以继续考察。

（3）北区墓地遭到严重的盗扰，几乎所有墓葬都被盗劫一空，已难见其随葬器物的全貌。

BM9 是仅存的保存完整的小型墓葬之一。墓为长方形竖穴，开口在第③层下，葬具有一棺一椁，墓底有腰坑，坑内埋一犬。墓主人仰身直肢，头向北，男性，年约 40—45 岁。随葬有铜瓿、铜爵各一，瓿有"雁父丁"铭文，兵器有戈 5、矛 6、镞 7，工具有斧、锛、刀、凿以及马衔、铜铃等（图二）。没有随葬陶器。从随葬瓿爵一套酒器和曲内戈的特征来判断，应是商代晚期墓。另外，从墓葬坑位图来看，它和 BM10、BM11 可能是以单墓道大型墓 BM11 为主的一组家族墓。

M213 是一座中型墓，它夹在 M214、M205、M215、M206、M203 五座大型墓之间，无法分辨它究竟属于哪一个墓组。M213 也开口在第③层下，葬具有椁而棺痕不清，墓底有腰坑，坑内及二层台上有殉犬。墓主人骨架保存不好，性别、年龄不辨。此墓被盗扰，残存的青铜礼器有瓿、爵（有"史"铭）、甗、斝、铙以及鼎、簋、罍等器的残片，此外，还有陶豆、铜兵器、铜车马器及玉器等（图三、四）。M213 随葬的青铜礼器可能是包括酒器和食器的复合组合，铜铙、陶豆等器的商代晚期的器物特征，加上它的地层关系，被《报告》推定为商代晚期墓。

铙是富于时代特征的器物之一，在殷墟商代晚期墓中常成组随葬。在

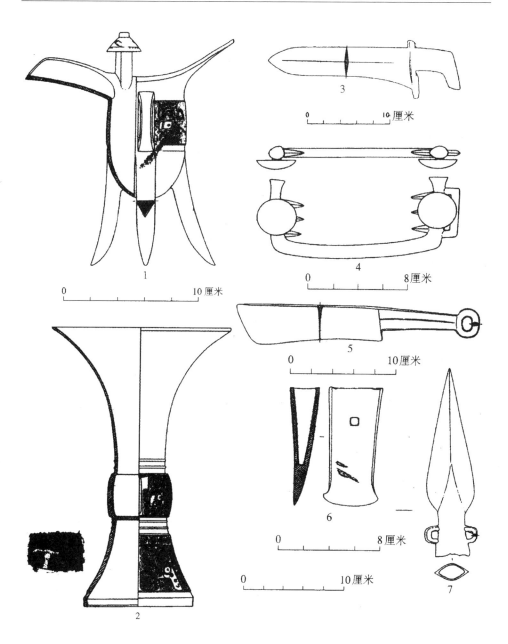

图二 BM9 随葬器物图（采自《报告》）

1. 铜爵（12）　 2. 铜觚（13）　 3. 铜戈（7）　 4. 铜衔（10）　 5. 铜刀（15）　 6. 铜锛（14）　 7. 铜矛（8）

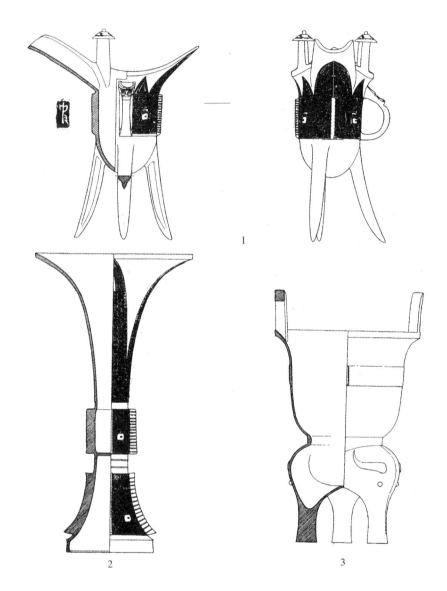

图三 M213 随葬器物图（一）（采自《报告》）

1. 铜爵（77） 2. 铜觚（82） 3. 铜甗（49）

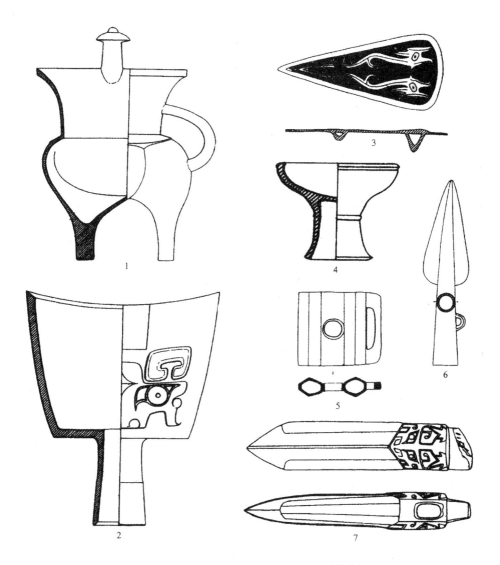

图四　M213 随葬器物图（二）（采自《报告》）

1. 铜斝（69）　　2. 铜铙（65）　　3. 铜衡末饰（75）　　4. 陶豆（45）　　5. 铜镳（42）　　6. 铜矛
（78）　　7. 玉戈（58）

北区墓地中有三座墓出铙，共四件，均因被盗而不成组。除 M213 出一件外，M222 出一件，M206 出二件。M222 开口在第③层下，残存的陶器有罐，还有原始瓷器和硬陶器，铜器有胄，此墓被推定为商代晚期墓。M206 是一座单墓道的大型墓，开口在第②层下，又打破了另一座单墓道大型墓 M215，所以被推定为西周早期早段墓。但是，此墓所出 2 件铜铙与 M213、M222 所出形制相同。另外，墓中所出 8 件皮胄上的铜兽面与 M222 所出的形制相同，玉龙（M206：18）的造型和龙角的形态都具有商代晚期的特征。总之，从残存的器物特点来看，M206 似乎具有较多的商代晚期的因素。

BM4 和 BM3 是一组大型墓的家族墓组。BM3 打破 BM4，前者开口于第②层下，后者开口于第③层下，BM4 被推定为商代晚期墓，BM3 被推定为西周早期早段墓。两墓均被盗扰，随葬品的组合情况不得而知。但从两墓残存的随葬器物来看，还是有一些相同的因素（图五）。例如，BM4 出原始瓷豆、硬陶罍，BM3 出相似的原始瓷豆和原始瓷罍，两墓出土的铜舌和铜辖饰器形完全相同。两墓出土的玉器具有相同的特征。BM3 还出土一件高领陶鬲，同类的陶鬲也出于 M214，而 M214 是开口于第③层下被推定为商代晚期双墓道大型墓的。由此可见 BM4 和 BM3 两墓有很多共同之处，它们的年代可能是很相近的。

M203 是一座单墓道的大型墓，夹在 M214、M205 墓组和 M215、M206 墓组之间，开口在第②层下，无打破关系，被《报告》推定为西周早期早段墓。此墓也被盗扰，但残存的陶器还较多，计有 B 型 I 式鬲、B 型 III 式鬲、C 型 I 式鬲、Ab 型 I 式簋、C 型 I 式簋、E 型 II 式簋、A 型 I 式瓿和硬陶罐、硬陶瓿等（图六）。根据《报告》对陶器的型式演变规律的研究，B 型 I 式鬲（M203：25）"其形态与商代晚期的疙瘩鬲很近似，是 B 型袋足鬲较早的型式"（《报告》第 483 页）。C 型 I 式鬲（M203：27）"是柱足鬲中最早的型式……与这种鬲同出的陶器较多地都具有商代晚期风格"（《报告》第 484 页）。C 型 I 式簋"为商代晚期流行之器"（《报告》第 488 页）。A 型 I 式瓿（M203：6）"与殷墟西区的 C 型 II 式罍相似，估计出现的年代应在商代晚期"（《报告》第 494 页）。由此看来，《报告》虽然把 M203 推定在西周早期早段，但实际上把 M203 出土的陶器都排在

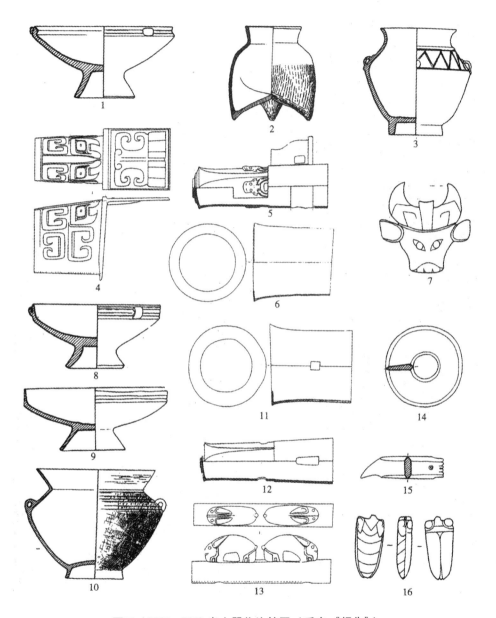

图五　BM4、BM3 出土器物比较图（采自《报告》）

BM3：1. 原始瓷豆（6）　2. 陶鬲（16）　3. 原始瓷罍（3）　4. 铜轴饰（35）　5. 铜軎辖
（10—1、2）　6. 铜辖饰（36）　7. 玉牛（57）

BM4：8、9. 原始瓷豆（25、10）　10. 硬陶罍（11）　11. 铜辖饰（12）　12. 铜軎（15）
13. 铜轪（7）　14. 玉璧（34）　15. 玉戈（2）　16. 玉蝉（1）

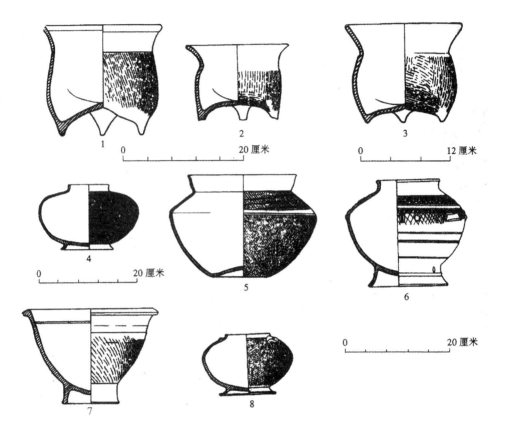

图六 M203 随葬陶器图（采自《报告》）

1—3. 陶鬲（B 型Ⅲ式，19；C 型Ⅰ式，27；B 型Ⅰ式，25）   4、8. 硬陶瓿（2Ⅰ、42）   5. 硬陶罐（A 型，18）   6. 陶瓿（A 型Ⅰ式，6）   7. 陶簋（Ab 型Ⅰ式，23）

商代晚期的一期，见《报告》图三四〇的陶器分期图。所以，M203 的年代还是可以做进一步推敲的。

北区墓地中被推定为西周早期晚段墓的只有 BM1 和 M219 两座。M219 为单墓道大墓，开口在第②层下，打破单墓道大墓 M218。M219 被盗扰，无陶器和青铜器可资比较。BM1 是保存完整的一座小型墓，开口在第②层下，墓主人为男性，俯身葬，随葬 2 件绳纹鬲，其中 B 型Ⅰ式绳纹鬲（BM1∶1）据《报告》表四陶鬲型式组合表，一、二、三期墓葬都有发现。C 型Ⅲ式绳纹鬲（BM1∶2）据同表，二、三期墓均有出土。根据这两件陶器而推定为西周早期晚段墓,似乎证据不够充分。

(二) 南区墓地

1. 南区墓地的概况 在南区没有发现大型墓葬,所有墓葬都是长方形土坑竖穴的中小型墓。墓地保存基本完好,墓葬之间很少有打破关系,只有三组打破关系,M20 打破 M17、M38 打破 M39、M116 打破 M117,另有两座车马坑被打破,M43 打破车马坑 M41、M130 打破车马坑 M132。被盗扰的只有 M19、M30、M107、M109、M125、M126、M128、M129 等八座墓。

墓葬大都开口在第②层下,个别的开口在第③层下。根据《报告》的分期研究,属于第一期商代晚期墓有 19 座,属于第二期西周早期早段墓有 24 座,属于第三期西周早期晚段墓有 10 座,另有 23 座墓因无典型器物未能分期。五座车马坑均属西周早期早段。

根据南区的墓葬坑位图可以发现有多处双墓聚葬的现象,如 M14、M15,M107、M108,M119、M120,M124、M125,M126、M127、M128、M129 等,这些墓大都是左右并列,墓葬形制和葬俗相同,如有棺椁,底部有腰坑,坑内殉狗等,随葬品的组合和数量大体相同等。这些成对的墓葬很可能是家族墓。由此可以推想南区墓地是由若干的家族墓组构成的。

由墓葬的随葬品也可以证实这种推想。南区墓地有 22 座墓随葬青铜礼器,其中有 13 座墓的青铜礼器中有"史"字族徽铭记,其他 9 座墓的青铜礼器上或有别的铭文或无铭文。如 M14、M15 两墓东西并列,M14 出一爵、一觯,M15 出一爵,三器均无铭。M49 出一瓿、二爵、一卣,一件爵上有"鼻"字铭文,卣因锈重,盖不能启,不知有无铭文。M126、M127、M128、M129 四墓东西排成一列,其中三墓被盗,而 M127 出瓿爵一套,其上均有"曾舁爨"三字铭文,或即是墓主。可见南区墓地是包含着"史"氏家族墓地和别的家族墓地,而不是一个单一的家族墓地。

2. "史"氏家族墓地 南区墓地中出"史"铭青铜器的共 13 座墓,它们是 M11、M13、M17、M18、M21、M30、M34、M38、M110、M119、M120、M121、M129。另外 M41 车马坑也出"史"铭铜礼器,M40、M45 两座车马坑出"史"铭铜兵器,共计 16 座。它们的分布范围(图七),北

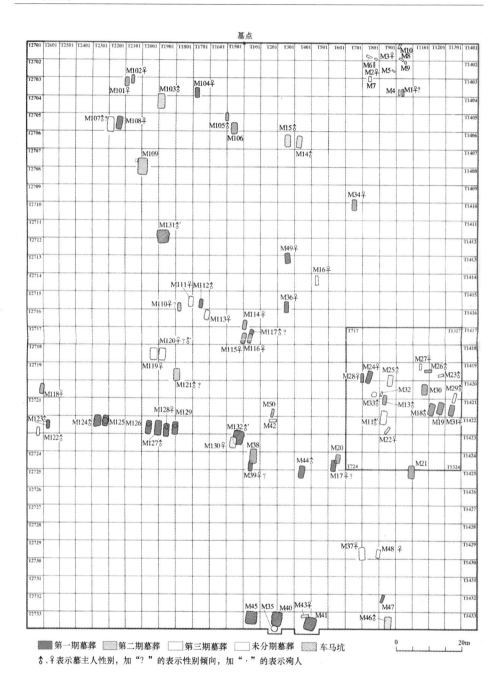

图七 "史"氏家族墓地坑位图（采自《报告》）

至 M34、南到 M41 车马坑，长 120 米，东自 M18、西到 M119，宽 80 米。在这 1 万平方米的范围内，最南边是 M41、M40、M45 三座车马坑自东向西一字排开，犹似殷墟小屯乙七基址前面的"车阵"。由车马坑往北约 40 米，M21、M17、M38 由东向西排成一列，各相距约 20 米。在 M21 的北面约 15 米，有左右两个墓组，左面的为 M11、M13，右面的为 M18、M30。在 M38 之西约 20 米，有 M129，它和 M126、M127、M128 四墓并列。在它们北面约 15 米，有 M119、M120、M121 墓组。在该墓组之北 10 米，有 M110，它和 M111、M112、M113 成一墓组。在 M11 的北面约 60 米，有 M34，这是"史"氏家族墓地的最北端。在此范围以内的其他墓葬，如 M16、M20、M36、M37、M39、M42、M43、M44、M46、M47、M48、M49、M50、M114、M115、M116、M117、M130 以及 M131、M132 两座车马坑，它们和"史"氏家族墓地是什么关系还不清楚。

"史"氏家族墓地中有六座是中型墓，它们的墓室比较大，长宽都在 3 米和 2 米以上，随葬品比较丰富，青铜礼器都在 10 件以上，它们是 M11、M18、M21、M38、M119、M120。其中，M119、M120 两墓并列，居西缘中部，其他各墓都散居中东部，这种分布也许表示它们是同属于一个家族的几个不同的家庭。

（1）M11 是"史"氏家族墓地中随葬青铜礼器数量最多的墓葬，共有鼎、甗、簋、瓿、爵、角、觯、尊、卣、壶、方罍、斝、盉、盘、斗和铜箍漆壶等 33 件（图八），其中 26 件器上有"史"字铭记。墓主人当是"史"氏族人无疑，但其尸骨已朽，不辨性别、年龄。二层台上有一殉人，这是南区墓地罕见的葬俗。此墓中还随葬有铜构皮胄、铜戈、漆盾等。《报告》专门比较了它和殷墟郭家庄 M160、刘家庄 M1046、青州苏埠屯的商墓以及鹿邑长子口墓、琉璃河西周早期墓的异同，认为前掌大 M11 为西周早期早段墓，墓主人可能是一位地位显赫的武将。

在 M11 之北有另一"史"氏家族墓 M13。此墓属小型墓，墓长 2.67 米，葬具无椁一棺，墓底有腰坑，坑内埋殉狗。墓主人仰身直肢，男性，年约 25—30 岁。随葬品以陶器为主，青铜礼器有鼎、瓿、爵、觯、尊五件。瓿的圈足内有一"史"字铭文，尊的底部有"兄癸□□"铭文。从墓葬规模，随葬青铜器的规格，M13 显然和 M11 不在一个等级上，从坑位

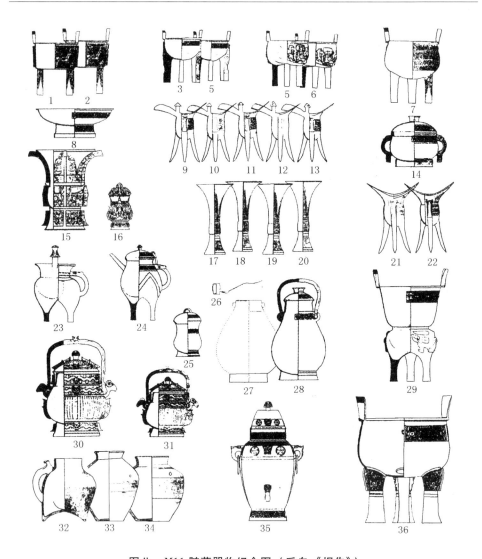

图八　M11 随葬器物组合图（采自《报告》）

1、2. A 型铜方鼎（82、92）　　3、4. A 型铜扁足圆鼎（80、85）　　5、6. A 型Ⅱ式铜分档圆鼎（88、
89）　7. A 型铜深腹圆鼎（93）　　8. 铜盘（71）　　9—13. F 型铜爵（98、113、104、102、108）　14. B
型Ⅲ式铜簋（79）　15. A 型铜尊（76）　16. A 型Ⅰ式铜觯（103）　17—20. A 型铜觚（72、73、105、
100）　21、22. B 型Ⅰ式铜角（114、110）　23. C 型铜斝（95）　24. B 型铜盉（101）　25. A 型Ⅱ式
铜觯（58）　26. B 型铜斗（90）　27. A 型铜箍木壶（75）　28. B 型铜壶（96）　29. B 型铜甗（78）
　30、31. A 型Ⅲ式铜卣（112、111）　32. B 型Ⅰ式陶盉（4）　33. B 型Ⅰ式绳纹陶罐（17）　34. A 型
Ⅰ式绳纹陶罐（18）　35. B 型铜罍（99）　36. B 型Ⅱ式铜深腹圆鼎（94）

上也与 M11 不相配，或是族人的陪葬墓。

在 M13 之北有 M24、M25，两墓东西并列，都开口在第②层下，墓室大小相若，葬具都为一棺，墓底都无腰坑。M24 的墓主人为女性，年龄在 30—35 岁，随葬陶器 8 件。M25 墓主人为男性，年龄约 25—30 岁，随葬陶器 6 件及漆器等。《报告》根据两墓随葬陶器的型式，推定 M24 为商代晚期墓、M25 为西周早期晚段墓。但从层位、墓葬形制、坑位排列等因素来考虑，这两座墓有可能是"史"氏家族的陪葬墓。

此外，还有 M22、M28、M32、M33 四座墓，前两墓墓主人均为女性，各随葬一罐；后两墓，一被扰，一无葬具，为一俯身屈肢男性，或即为祭祀坑。

（2）在 M11 东面，是一组以 M18 为主的墓葬群，包括 M18、M19、M23、M26、M27、M29、M30、M31 八座墓，M18 是其中唯一的中型墓。墓长 3.3 米、宽 2.2—2.4 米，葬具为一椁一棺，墓底有腰坑，坑内殉狗。墓主人男性，年龄在 30—35 岁。此墓与其他墓不同的是墓内随葬车一辆，置于椁盖上，两轮放在东西两侧的二层台上。随葬器物放在头端的椁内，青铜礼器有鼎、甗、簋、瓠、爵、角、觯、壶、尊、盉等 13 件，此外，还有武器、车马器等（图九）。此墓出土的铜器上有铭文三种：一为"史"，见于甗及两件爵上；一为"史父乙"，见于角及一件壶上；一为盉铭，共四行十六字，铭作"萃禽人方滩白夗首毛用乍父乙 隣彝史"（释文依《报告》），是"史"氏家族墓地所见铭文最长的一件，是器主征人方而有斩获，因以为其父乙作器。由此可知 M18 墓主人为"史"氏族人，名萃，其先人称父乙。

M18 的东侧为 M19，两墓并列，相距 0.5 米。M19 的墓室大小与 M18 相仿，葬具也是一椁一棺，墓底也设腰坑，或许与 M18 是一家族墓组，但因被盗，青铜礼器无存，无从探讨。在这两墓的北端有 M30，东侧有 M31。这两墓都是小型墓，墓长都在 3 米，葬具无椁一棺，墓底都无腰坑。M30 北端被盗坑破坏，墓主人屈肢，性别不辨。M31 也被扰坑破坏，墓主人仰身直肢，女性，年约 40 岁，此墓的填土内有一年约六七岁的殉葬儿童。两墓的随葬青铜器都是瓠、爵、觯组合，M30 出土的觯上有"史乙"铭文，应是"史父乙"之省，其他诸器均无铭。这两座墓应是 M18 的族

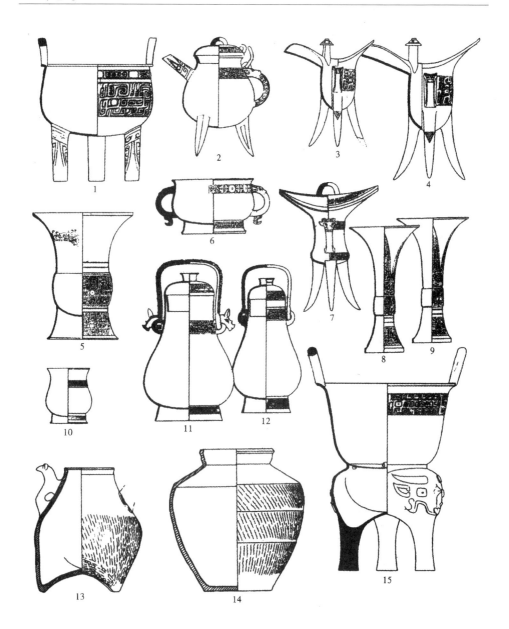

图九　M18 随葬器物组合图（采自《报告》）

1. B 型 Ⅱ 式铜鼎（42）　2. A 型铜盉（46）　3、4. F 型铜爵（35、29）　5. B 型 Ⅰ 式铜尊（47）
6. B 型 Ⅱ 式铜簋（44）　7. A 型铜角（32）　8、9. A 型铜觚（36、49）　10. C 型 Ⅰ 式铜觯（31）
11、12. A 型铜壶（45、48）　13. B 型 Ⅰ 式陶盉（57）　14. B 型 Ⅰ 式陶罐（56）　15. A 型 Ⅱ 式铜
甗（43）

人陪葬墓。这组墓北端的 M23、M26、M27、M29，墓室狭小，或无葬具，或无随葬品，推想它们都是祭祀坑。

（3）M119、M120 是两座中型墓，它们并列在"史"氏家族墓地西侧中部，M119 在西，M120 在东。两墓均开口在第②层下，墓长均在 3.5 米左右，葬具都是一椁一棺，椁室在头端隔出头箱，放置随葬器物，棺痕不清。墓底都设腰坑，坑内埋狗。M120 在南端二层台上有一男性青年殉葬人。M119 墓主人仰身直肢，女性，年龄在 30—35 岁，随葬的青铜礼器有鼎、簋、瓿、角、觯、尊、卣、铜箍漆壶、斗等 14 件，此外还有陶器、原始瓷器、玉器等（图一〇）。M120 墓主人侧身直肢，也是女性，年龄在 14—18 岁，随葬的青铜礼器有鼎、鬲、甗、簋、瓿、爵、角、觯、尊、卣、壶、盉、铜箍漆壶、斗等，此外，还有陶器、原始瓷器和较多的玉器等（图一一）。

在 M119 的随葬铜器中七件有铭文，铭文有两种，一是"史"，见于两件瓿的圈足内，阳识；二是"析子孙，父丁"，见于一件筒形卣的器、盖和四件角的鋬内。该墓的墓主人为成年女性，或是"析子孙"族之女嫁入"史"族者。M120 的随葬铜器中有铭者凡 10 件，铭文有五种，一是"史"，见于方鼎、甗及两件爵的鋬内；二是"史，子日癸"，见于壶的器盖和两件角的鋬内；三是"史，父乙"，见于尊内；四是"举"，见于觯内；五是"婞"，见于壶腹内。其中"史"为族称，"史，子日癸"三见，或即是墓主，但似与遗骸的性别不合。

在 M119、M120 两墓之东南，有 M121。这是一座小型墓，开口在第②层下，墓长 3 米余，葬具有一椁一棺，墓底有腰坑，坑内埋一犬。墓主人仰身直肢，男性，年龄在 55—60 岁。随葬器物以陶器为主，青铜礼器有两套瓿爵、一觯、一尊。其中两件爵和尊有铭文，均为"史，父乙"。该铭文既见于 M120 的器上，也见于 M18 的器上，由此可见这些墓的关系。M18 和 M121 的墓主人可能是兄弟，他们都是"父乙"的子辈，而 M120 的"子日癸"则是"父乙"的孙辈。

（4）M21 和 M38 是两座单独的中型墓，M21 在墓地的东部，M38 在中部，两墓相距约 50 米。M21 在 M11 的东南约 10 余米，孤居一处，周围没有其他墓葬。墓口开在第③层下，长 3.28 米，葬具一椁一棺，墓底有腰

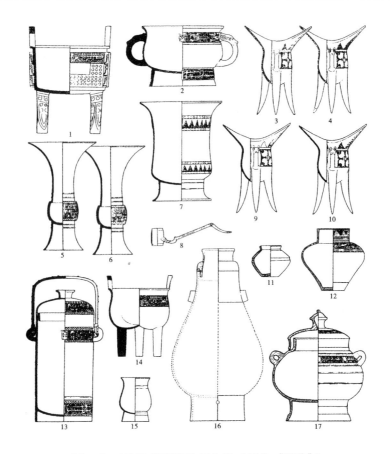

图一〇 M119 随葬器物组合图（采自《报告》）

1. B 型铜鼎（33）　2. B 型 Ⅱ 式铜簋（41）　3、4、9、10. B 型 Ⅱ 式铜角（38、35、43、39）
5、6. E 型 Ⅰ 式铜瓯（34、42）　7. C 型铜尊（36）　8. A 型铜斗（67）　11. Bb 型 Ⅳ 式旋纹陶罐
（58）　12. D 型陶壶（24）　13. C 型铜卣（37）　14. B 型 Ⅰ 式铜鼎（32）　15. C 型 Ⅱ 式铜觯（40）
16. A 型铜箍木壶（31、46）　17. E 型陶瓿（23）

坑，坑内埋一殉狗。墓主人尸骨朽殁，不辨性别和年龄。随葬的青铜礼器
有鼎、簋、瓯、爵、角、觯、尊、卣、斝和铜箍漆壶等 15 件，此外还有
陶器、原始瓷器、漆器、方形漆案、玉器、铜兵器和工具等（图一二）。
随葬铜器上的铭文有五种，一为"史"字，见于簋及两件瓯上；一为"父
乙"，见于卣盖内，此应是"史父乙"之省；一为"戈"字，见于鼎内；
一为"□丁"，见于弦纹爵斝内；一为"亚□□"，见于雷纹觯上。从铭

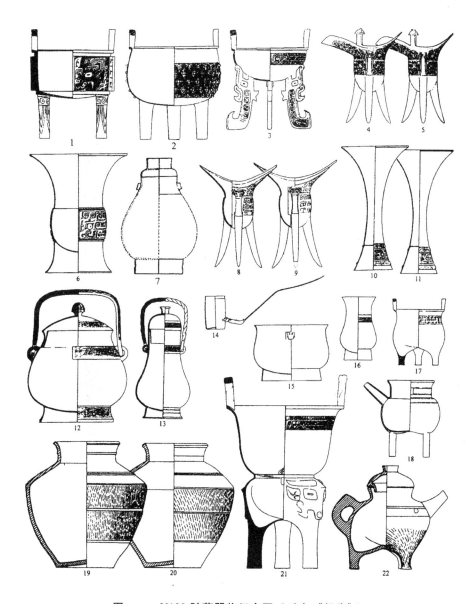

图一一　M120 随葬器物组合图（采自《报告》）

1. A 型铜鼎（25）　2. B 型 I 式铜鼎（9）　3. B 型铜鼎（8）　4、5. E 型铜爵（15、17）　6. B 型 I 式铜尊（21）　7. A 型铜箍木壶（10、11）　8、9. B 型 I 式铜角（14、16）　10、11. F 型铜觚（13、22）　12. A 型 II 式铜卣（18）　13. A 型铜壶（23）　14. B 型铜斗（19）　15. A 型铜簋（24）　16. B 型 I 式铜觯（20）　17. B 型铜鬲（26）　18. C 型铜盉（12）　19、20. B 型 II 式陶罐（81、82）　21. A 型 II 式铜甗（7）　22. B 型 III 式陶盉（83）

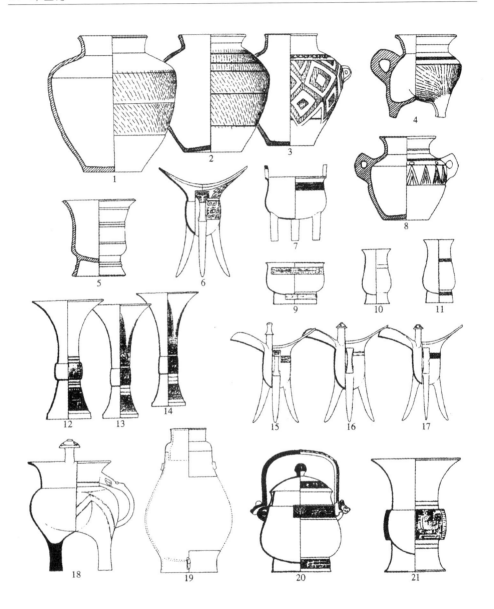

图一二　M21 随葬器物组合图（采自《报告》）

1. B 型 I 式陶罐（59）　　2. B 型 II 式陶罐（19）　　3. A 型 I 式陶罍（53）　　4. A 型陶斝（58）

5. A 型 II 式陶尊（72）　　6. B 型 I 式铜角（39）　　7. B 型 IV 式铜鼎（35）　　8. B 型 I 式陶罍（52）

9. A 型铜簋（34）　　10. B 型 II 式铜觯（21）　　11. B 型 I 式铜觯（3）　　12. C 型 I 式铜觚（4）

13、14. A 型铜觚（36、38）　　15、16. C 型 II 式铜爵（2、41）　　17. D 型 I 式铜爵（42）　　18. B 型铜斝（43）　　19. B 型铜箍木壶（55—57）　　20. A 型 II 式铜卣（40）　　21. B 型 III 式铜尊（37）

文中不能确知墓主人为谁。如卣铭确为"史，父乙"之省，则可与 M18、M121 联系，则三墓主人均为"父乙"之子辈。

M38 开口在第②层下，墓长 3.85 米，葬具为一椁一棺，墓底有腰坑，坑内埋一狗。墓主人尸骨无存，不知性别和年龄。随葬的青铜礼器有鼎、鬲、簋、瓿、爵、觯、尊、卣、罍、斝、斗和器盖共 22 件，此外，还有玉器、漆器、长方形漆案等（图一三）。铜器上的铭文有四种，一为"史"字，最多，见于圆鼎、一分裆鼎、一鬲、一瓿、二爵、二卣之上，凡八器；一为"未"，见于斝的鋬上；一为"王□"，见于鬲的口内；一在觯上，盖内作"朕保棟"，器内作"朕保妓鸟，母丁"。根据铭文只能确认墓主人为"史"氏族人，不知其名。

（5）"史"氏家族墓地南端的三座车马坑东西并列，每坑葬车一乘，车头向南，马两匹，侧卧于车辕两侧。M40、M45 在车后各有一殉葬人，M41 在车的前后各有一殉葬人。M41 的车后殉葬人，腿侧有一套铜瓿爵，瓿上有"史午"铭文，爵上也有两字铭文。M40 的一件铜戈上有"史"字铭文，M45 的一件鋬内戈上也有"史"字铭文。可知这三座车马坑都是"史"氏家族墓地的随葬坑。三坑的车子结构相同，都是单辕曲衡车。车上的各种铜车马器，如舌、辖、轭、衡、軏、踵等形制相同，特别是軏和踵，与殷墟时期车马坑发现的同类器物完全相同，表明"史"氏家族具有很深的殷文化传统。

（6）在"史"氏家族的中型墓中，随葬青铜礼器的规格显然是有等级差异的。随葬青铜礼器最多的是 M11，它有四套以上的瓿、爵，配置四种型式的八件鼎，以及尊、卣、盘、盉、壶、斝等，这是"史"氏家族墓地所见最高级别的随葬铜器组合。其次是 M38，以四套瓿、爵配置三鼎以及尊、卣、罍、斝等。依次为 M21，以三套瓿、爵配置鼎、尊、卣、壶、斝等。M120、M119、M18 均为两套瓿、爵，M120 配置三鼎、尊、卣、壶、盉等，M119 以角替爵，配置二鼎、尊、卣等，M18 配置鼎、尊、卣、壶、盉等。可见中型墓都是随葬两套瓿、爵以上，再配置鼎和其他器类组成较完整的酒器加食器的组合形式。小型墓中也有随葬两套瓿、爵的，如 M121，其他器类只有尊和觯，而绝大多数的小型墓只随葬一套瓿、爵，如 M13、M30、M110、M17、M129、M34。M13 加鼎、觯、尊，M30、M110 加觯，

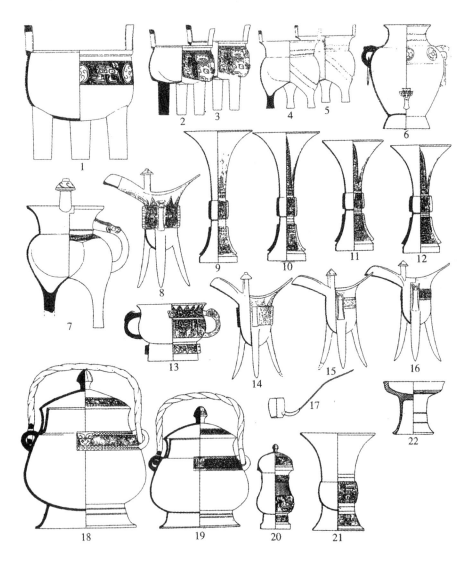

图一三　M38 随葬器物组合图（采自《报告》）

　　1. B 型Ⅲ式铜鼎（48）　　2、3. A 型Ⅰ式铜鼎（53、76）　　4、5. A 型铜鬲（51、54）　　6. A 型铜罍（49）　　7. B 型铜斝（52）　　8. A 型 H 式铜爵（63）　　9、10. B 型Ⅱ式铜觚（64、68）　　11、12. B 型Ⅰ式铜觚（59、67）　　13. B 型Ⅰ式铜簋（50）　　14. A 型Ⅱ式铜爵（65）　　15、16. C 型Ⅰ式铜爵（58、62）　　17. B 型铜斗（57）　　18、19. A 型Ⅰ式铜卣（66、61）　　20. A 型Ⅲ式铜觯（60）　　21. B 型Ⅰ式铜尊（30）　　22. V 式陶豆（2）

M34 则以觯代瓠。可见，"史"氏家族在随葬青铜礼器上是以瓠、爵的数量为标准分等级的，这一点和殷墟墓葬的礼俗是相同的。依此标准，"史"氏家族诸墓中等级最高的是 M11，其次是 M38，其下依次是 M21、M18、M119、M120 和 M121。

在随葬铜器的铭文中，"史，父乙"出现于多座墓葬中，如 M18 见于一件有盖角和一件壶上，M121 见于两件爵上和一件尊上，M120 见于一件尊上。M21 的卣盖上的"父乙"很可能是"史，父乙"之省。由此可知，"父乙"乃是他们共同的先辈。M11 是"史"氏家族墓地中随葬品等级最高的，出土 33 件铜器中 26 件有铭文，而都只有"史"一字，墓主人很可能是"史"氏族人中地位最高的先辈"父乙"。M38 随葬器物的等级和M11 几乎相等，辈分或相近。根据这种推想，试排列"史"氏家族墓地诸墓的谱系。

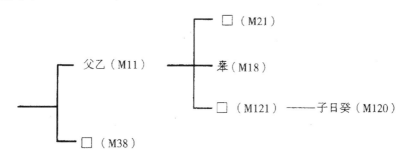

（三）南北两区墓地的比较

1. 北区墓地和南区墓地是不同时期、不同等级的两个墓地。北区墓地是以大型墓葬为主体的墓组组成的，墓地的级别较高，墓葬的年代应在商代晚期至殷周之际。南区墓地没有大型墓，都是中小型墓。南区的南半部应是"史"氏家族墓地，其共同的先辈"父乙"，可能是 M11 的墓主人。墓葬的年代应在西周早期。

2. 需要讨论的是北区墓地的 M213。上文提到 M213 的随葬铜器中有一件爵，其上有"史"字铭文。这座墓是不是"史"氏家族墓。如果是，那么北区墓地是否为另一处"史"氏家族墓地。如果不是，那么墓内的"史"铭铜器又从何而来。

M213 是一座长方形土坑竖穴的中型墓，和南区墓地"史"氏家族的中型墓形制相同，它和北区墓地以大型墓为主体的墓组不是一个等级的，可知北区墓地不是"史"氏家族墓地。M213 的地层关系在第③层下，随葬器物中又有铜铙，时代特征明确，故被推断为商代晚期墓。而南区的"史"氏家族墓为西周早期墓，两者的年代不同，所以 M213 不可能是"史"氏家族墓。

从北区墓地坑位图上看，M213 夹在五座大型墓之间，它很可能是大型墓 M214、M205 墓组或 M215、M206 墓组的陪葬墓。其墓主人此前或与"史"氏族人有所交往，遂得以"史"铭铜器随葬。而"史"族后人在征人方获胜后就把当地选为自己家族的茔地。

二 前掌大墓地和苏埠屯墓地

在山东境内，像前掌大北区墓地那样的以大型墓葬为主体的商周之际的墓地，现知的还有益都苏埠屯墓地。因此，把前掌大墓地和苏埠屯墓地联系起来，对于山东地区商末周初的地缘政治或许会有较全面的了解。

（一）苏埠屯墓地的概况

苏埠屯墓地在山东益都县（今青州市）东北 20 公里苏埠屯村东的土岭上。1931 年该地曾先后两次发现商代青铜器，祁延霈曾去当地进行调查[①]，在土岭上未发现文化层，耕土下即为生土，应是一处墓地，两次所出铜器，乃出自两座墓葬。1965 年秋至 1966 年春，山东省博物馆在土岭的中部发掘了 4 座商代墓葬和 1 座车马坑。1972 年发表了简报[②]，但只报道了其中的第一号奴隶殉葬墓，即四条墓道的大型墓 M1。1986 年，山东省文物考古研究所对苏埠屯村东的土岭进行全面勘查，又发掘清理了 6 座商代墓葬[③]，墓号依序续编（图一四）。截至目前，在苏埠屯墓地清理发掘的商代墓葬（包括

---

① 祁延霈：《山东益都苏埠屯出土铜器调查记》，《中国考古学报》第二册，1947 年。
② 山东省博物馆：《山东益都苏埠屯第一号奴隶殉葬墓》，《文物》1972 年第 8 期。
③ 山东省文物考古研究所、青州市博物馆：《青州市苏埠屯商代墓发掘报告》，《海岱考古》第一辑，1989 年。

1931 年出土的两组铜器）共 12 座，另有一座车马坑。

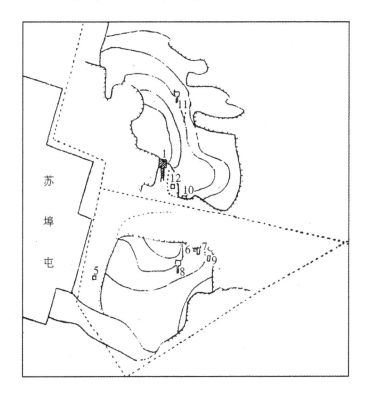

图一四　苏埠屯墓地坑位简图（采自《海岱考古》）

（二）苏埠屯墓地的墓葬等级　从现有的资料可知苏埠屯墓地包含了几乎所有等级的墓葬

　　最高级别的是四个墓道的大型墓，只发现 M1 一座（图一五）。墓室为长方形，四壁都有墓道，南墓道为斜坡道，西墓道、北墓道都有台阶，东墓道未清理。椁室为"亚"字形，棺痕不清。墓底有腰坑和"奠基坑"。墓主人尸骨被扰，葬式、性别、年龄都不明。墓内有很多殉葬人，分别放在南墓道和墓室南壁间、东西二层台上以及腰坑和"奠基坑"内，有全尸的，也有砍头的，共 45 人（图一六）。墓被盗扰，随葬铜礼器仅存残片，器形有鼎、方鼎、爵、卣、斝等，武器和工具有钺、戈、矛、斧、锛，还有陶器和大量的贝。在北端二层台上出土的两件大型兽面纹钺，其

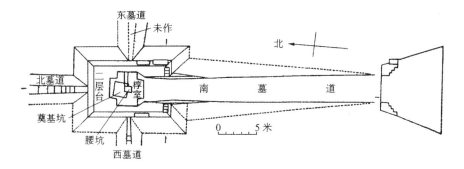

图一五　苏埠屯墓地 M1 平面图（采自《文物》）

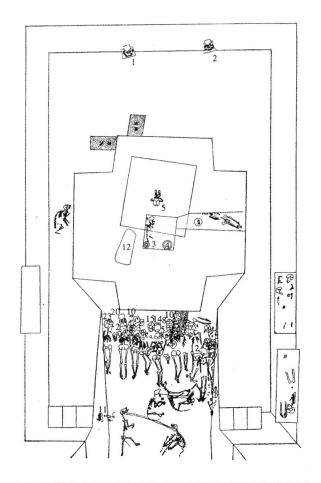

图一六　苏埠屯墓地 M1 殉葬人分布示意图（采自《文物》）

中一件在正反两面兽面纹的两侧各有一个"亚醜"族徽铭记（图一七）。这种铭记也见于同墓出土的一件残爵的鋬内（图一八：1）和一件锛上。

第二等级的是有两条墓道的"中"字型大墓。发掘资料未见报告。

第三等级的是只有一条南墓道的"甲"字型大墓。1986 年发掘的 M8、M11 都是这样的大型墓。墓室为长方形，墓道在南端，或为斜坡，或作台阶状，墓底有腰坑，葬具为一椁一棺，墓主人尸骨无存，葬式、性别、年龄都不明。M8 保存完好（图一九），随葬青铜礼乐器有鼎 5、簋 1、觚

图一七　苏埠屯墓地 M1 出土的"亚醜"铜钺
（采自《文化大革命期间出土文物》）

2、爵 4、尊 1、卣 1、觯 1、斝 1、罍 1、斗 1、铙 3 共 21 件，此外，还有钺、戈、矛、刀、弓形器等武器和工具以及石磬、玉器、陶器等。随葬青铜器中有 15 件有铭文，为"融"（图一八：5、6、9）、"册融"（图一八：10、11），"融"即墓主人的族徽。

第四等级的是长方形土坑竖穴墓。1986 年发掘的 M5、M7、M10、M12 都属此类。1931 年出土的两组铜器大概也是出于此类墓中。其中 M7 保存完整，墓室长 3.65 米、宽 2.6 米，方向 10°。葬具有一椁一棺，墓底有腰坑，坑内有殉犬。墓主人尸骨已朽，仰身直肢，而性别、年龄不辨。墓内有三个殉葬人，分别放在东、南、西三面二层台上。随葬的青铜礼器有鼎 1、簋 1、觚 3、爵 3，共 8 件，此外，还有铜戈、陶器等（图二〇）。随葬青铜器中有一对觚、爵，其上有"亚醜"族徽铭记（图一八：2、3）。

1931 年出土的甲组铜器有鼎 1、残觚 1、爵 1、觯 1、斗 1 等，其中觯的足内有"亚醜"族徽铭记（图一八：4），爵的鋬内有"天"字铭文。1931 年出土的乙组铜器只存方鼎 1、觚 2、角 2、觯 1、盉 1，其余散佚。器上都有"乍祝从彝"铭文（图一八：7、8）。器主祝或即墓主人。

图一八　苏埠屯墓地出土铜器铭文拓本

　　1、3. 爵（M1：18、M7：7）　2、8. 觚（M7：6、1931 年乙组）　4、7. 觯（1931 年甲组、1931 年乙组）　5. 簋（M8：12）　6. 卣（M8：11）　9. 罍（M8：10）　10. 方鼎（M8：15）　11. 圆鼎（M8：17）

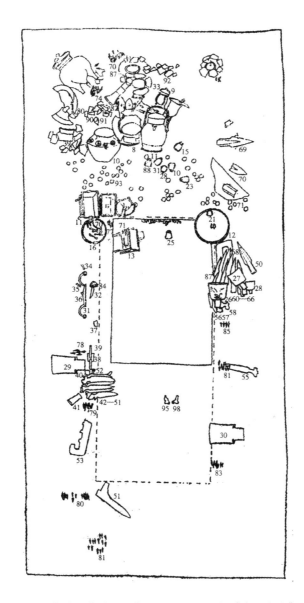

图一九　苏埠屯墓地 M8 墓室平面图（采自《海岱考古》）

1. 铜斝　2、3. 铜觚　4—7. 铜爵　8. 铜尊　9. 铜觯　10，铜罍　11. 铜卣　12. 铜簋　13—15. 铜方鼎　16、17. 铜圆鼎　18—25. 铜铃　26—28. 铜铙　29、30. 铜钺　31. 铜弓形器　32. 铜削　33. 铜斗　34—36. 骨饰　37. 铜凿　38. 铜斧　39. 铜管　40、41. 铜锛　42—51、54—58、61. 铜戈　52，铜环首刀　53、68. 铜刀　59—66、69、70. 铜矛　71. 石磬　72. 铜箍　73. 玉柄形器　74—85. 铜镞　86. 陶簋　87—92. 陶罐　93. 蚌饰　94. 蛤蜊壳

图二○　苏埠屯墓地 M7 平面图（采自《海岱考古》）

　　1. 铜簋　2. 铜鼎　3. 铜铃　4—6. 铜觚　7—9. 铜爵　10—16. 铜戈　17. 陶拍　18. 石铲　19. 陶罐　20. 陶爵　21 陶觚　22. 陶豆　23、26—28. 陶小罐　25. 陶簋　27. 陶罐　30. 陶盘　31. 贝　32. 蛤蜊壳

（三）苏埠屯墓地的墓组与族属

从苏埠屯墓地发现的墓葬坑位来看，四条墓道的大型墓 M1 位于村东土岭的中部，双墓道"中"字型大墓坑位不明。两座单墓道大墓 M8 在土岭南部，北距 M1 约百米；而 M11 则在土岭的北部，南距 M1 约 70 米。这几座墓分布较散，各自为茔。在 M11 附近没有发现其他墓葬，在 M8 附近也没有发现别的墓葬，表明他们没有家属墓并葬。与 M1 同时发掘的另一座大型墓的坑位不明，不能确认是否为其家族墓组。

从出土的铜器铭文可知苏埠屯墓地包含"亚醜"和"融"两个氏族，前者有 M1、M7 和 1931 年的甲组铜器墓，后者有 M8。M8 是一座单墓道大型墓，而 M1 是一座四条墓道的大型墓，且有较多的传世青铜器①，无疑，"亚醜"应是该地的望族。

（四）随葬青铜礼器的组合

M7 是长方形土坑竖穴墓，1931 年出土的两组青铜器推测也出自长方形土坑竖穴墓，但是它们随葬的青铜礼器组合是有差异的。1931 年甲组铜器是一套觚、爵，加上鼎和觯。1931 年乙组铜器是两套觚、爵（以角代爵），再加方鼎、觯、盉等。而 M7 则是随葬三套觚、爵再加鼎和簋。单墓道大型墓，按 M8 的随葬铜器组合，是以四套觚、爵为基础（觚不全，只有两件）再配以五件鼎和簋、尊、卣、觯、斝、罍，另有一组编铙。至于双墓道和四墓道的大型墓的随葬铜器组合情形则不得而知。这种以觚、爵的套数为基础的随葬铜器组合显然是和殷墟晚期墓的埋葬习俗传统相一致的。

（五）两处墓地的比较

对照前掌大北区墓地和苏埠屯墓地可以得知：

1. 两地都是以大型墓葬为主体的墓地，苏埠屯墓地包含有各个等级的大型墓葬，而前掌大北区没有发现四墓道的大型墓，表明两地高层在社会

---

① 殷之彝：《山东益都苏埠屯墓地和"亚醜"铜器》，《考古学报》1977 年第 2 期。

地位上的差别。

前掌大北区墓地多家族墓组，而苏埠屯墓地没有发现这种埋葬现象。

苏埠屯墓地至少包含"亚醜"、"融"两个氏族，而前掌大北区墓地没有发现可以确认为该墓地的族属。

2. 两个墓地所显示的文化内涵是相同的。从其埋葬习俗和随葬器物的类别与组合都和商文化相同，可知其都是接受了商文化的传统。

3. 两个墓地所涵盖的年代基本相同，都相当于商代晚期的殷墟时期，可以说是同时并存的。从地缘政治来说，商代晚期在益都苏埠屯附近有一支集团势力，而在滕县前掌大附近另有一支集团势力。这将为进一步的研究提供有力的背景资料。

三　武庚叛乱和薄姑商奄

在商末周初，对于山东地区的地缘政治影响最大的无疑是三监叛乱、东夷大反和齐、鲁的分封。上述事件，无论在历史文献中还是周初的铜器铭文中都有很多记录，陈梦家先生在《西周铜器断代》中对此有很详细的论述①。

（一）关于武庚叛乱的缘起

据《史记·周本纪》武王克商，"封商纣子禄父殷之余民。武王为殷初定未集，乃使其弟管叔鲜、蔡叔度相禄父治殷"。武王崩，"成王少，周初定天下，周公恐诸侯畔周，公乃摄行政当国。管叔、蔡叔群弟疑周公，与武庚作乱，畔周。周公奉成王命，伐诛武庚、管叔，放蔡叔……三年而毕定"。

武庚叛乱牵动东夷大反。据《逸周书·作雒篇》，"周公立，相天子，三叔及殷、东、徐、奄及熊、盈以略"。《史记·周本纪》、《齐世家》、《鲁世家》都提到"东伐淮夷，残奄"，"管、蔡作乱，淮夷畔周"，"管、蔡、武庚果率淮夷而反"，"管、蔡等反也，淮夷、徐戎亦并兴反"。可见

① 陈梦家：《西周铜器断代》，中华书局2004年版。

叛乱之规模。

关于商奄、薄姑在这次叛乱中的作用，据《诗邶鄘卫谱》、《正义》引《书传》"武王死，成王幼，管、蔡疑周公而流言。奄君、薄姑谓禄父曰，武王既死矣，成王尚幼矣，周公见疑矣，此百世之时也，请举事。然后禄父及三监叛"。或以为武庚之叛乃奄和薄姑所导。

《史记·周本纪》武王克商以后，"于是封功臣谋士，而师尚父为首封。封尚父于营丘，曰齐。封弟周公旦于曲阜，曰鲁"。然而，齐、鲁即是薄姑、商奄之故地，《汉书·地理志》、《续汉书·郡国志》等书都曾言之。所以陈梦家先生认为："周初之分封齐、鲁正是针对了薄姑与商奄，齐监视着薄姑，鲁监视着奄"。"及成王东伐淮夷，残奄，迁其君薄姑"。"因商奄之民，命以伯禽，而封于少皞之虚"。

（二）在西周初年的铜器铭刻中不乏征伐东夷的实录

政令多出自成王，如明公簋"唯王令明公遣三族伐东或（国）"，趩鼎"王令趞歔东反尸（夷）"，雪鼎"隹王伐东尸（夷）"。出动的兵力甚多，小臣谜簋"歔东尸（夷）大反，白懋父以殷八自征东尸"，殷八师是西周驻守东部的主要兵力。班簋"王令毛公以邦冢君、土骏、戋人伐东或（国）痟戎"，又令吴白、吕白各以其师为左右，"三年静东或"。

塑方鼎记录了周公讨伐薄姑的史实。其铭曰"唯周公于征伐东尸（夷），豐白、尃古咸戈"，公归祭于周庙，行饮至之礼，周公赏塑贝百朋。此为布伦戴奇藏器，现存美国旧金山市亚洲美术馆（图二一）。

禽簋铭曰"王伐楚厌"，冈劫尊、卣（图二二）均作"王征楚"。陈梦家先生认为所伐之国，疑即盖侯，即是奄君，奄、盖皆训覆而古音并同。奄在鲁，故禽簋曰王锡伯禽金百寽。冈劫卣器、铭均不易见，亦为布伦戴奇藏器，现存美国旧金山市亚洲美术馆。

明公簋亦称鲁侯尊。器形奇特，素而无纹。原为潘祖荫旧藏，现存器在上海博物馆。铭曰"唯王令明公遣三族伐东或（国），才□，鲁厌□工，用乍旅彝"（图二三）。联系到前掌大南区"史"氏家族墓地 M18 所出的菜盉，因征人方（人方也是东夷）而有斩获，为其父作器，史族或即是明公所遣的三族之一。

图二一　塱方鼎及其铭文（采自《西周铜器断代》）

图二二　冈劫卣及其铭文（采自《西周铜器断代》）

图二三　明公簋及其铭文（采自《西周铜器断代》）

四　结语

根据对前掌大墓地考古遗存的分析，联系苏埠屯墓地的发现，并结合文献和铜器铭文资料，可以得到以下几点认识。

1. 前掌大北区墓地是以大型墓为主体的，前掌大南区的"史"氏家族墓地是以中型墓为主体的，两者在等级上是不同的，年代上也有差异，应分为两个墓地。

2. 前掌大北区墓地和苏埠屯墓地都是以大型墓为主体，等级上相同，年代上也相当，它们都接受商文化的传统，是同时并存的两个地缘政治势力。

3. 根据考古学确认的年代，结合文献资料，苏埠屯墓地靠近临淄，可以确定是薄姑氏的墓地。前掌大北区墓地邻近曲阜，可以推定是奄君的墓地。

4. 前掌大南区墓地的史族或是奉命随征东夷的一支氏族而留驻在商奄的。

2008 年 5 月 30 日于汶川大地震后

（原载《安志敏先生纪念文集》，文物出版社 2011 年版）

殷商时代的青铜容器

一　叙论

殷商时代的青铜容器被著录并识别出来，实始于北宋末年。吕大临在《考古图》一书中著录了 4 件殷代铜器，并分别指明它们出自邺郡亶甲城或洹水之滨亶甲墓旁，[①] 至今已有 1000 年的历史了。

19 世纪末，安阳小屯发现了甲骨卜辞。以后，经过多次的发掘，确定这里乃是殷商晚期的都城，从而使人们认识到：安阳所出的以及传世的若干可以确定为殷代铜器的，大体上说应是盘庚迁殷以后的遗物。

但是，安阳殷墟所出的铜器，在工艺制作上已经达到相当完善的地步，在此之前必定有一个较长的发展过程。郭沫若同志认为："则其滥觞必尚在远古，或者在夏殷之际亦未可知。"[②]

我国究竟是在什么时候由石器时代进入青铜器时代，从现有的考古资料还不能确切地指明，只能说，现已发现的最早的青铜器是属于殷商早期的。[③] 因此，通过对殷商青铜器的分期研究，辨别出那些年代最早的器物，将为探讨青铜器时代的上限提供线索，进而有助于探索青铜文化的起源。

新中国成立以来，考古工作有了飞跃的发展。殷商时代的考古发现，

---

① 《考古图》一·二二鼎、四·五卣、四·四四罍、五·十二瓶。

② 郭沫若：《两周金文辞大系图编序说——彝器形象学试探》，《两周金文辞大系图录考释》，科学出版社 1958 年版。

③ 夏家店下层文化的墓葬中已发现有青铜的杖饰。辽宁敖汉旗大甸子第 454 号墓的木质葬具，经 ^{14}C 测定的年代为公元前 1695 年（经树轮校正），见《考古》1978 年第 4 期，与殷商早期的二里头遗址晚期约略同时，山东胶县三里河遗址在龙山文化中发现两件铜锥形器，见《考古》1977 年第 4 期，第 266 页，因情况不明，暂不论。齐家文化中也已发现有青铜器，但多为小型工具。

提供了许多重要的学术资料，特别是殷商早期和中期文化遗址的发现和确定。安阳殷墟的发掘和殷墟文化分期的研究也有很大的进展。所有这些使我们对殷商青铜器的研究有了可靠的依据，而且在时间上和空间上都加深了认识。

偃师二里头、郑州二里岗等地殷商早期和中期文化遗址的发现和发掘是殷商考古的重要工作。由于它们有清楚的地层关系，因而与安阳小屯组成了殷商文化完整的发展序列。辉县琉璃阁，郑州白家庄、铭功路等地的殷商中期墓葬中都发现有青铜容器，这些铜器有明确的坑位，有一定的组合形式，有的还有可供比较的共存陶器，因此，在考订青铜器的年代和青铜器的分期上，更有重要意义。一方面，它显示出殷商中期青铜器在组合、形制、花纹等方面的特征；另一方面，也为小屯殷墟所出的青铜器提供了一些可以依据的分期标准。

青铜器的分期断代和考古学上的其他实物资料一样，需要根据层位和共存关系，结合器物自身的形制、花纹、铭文、组合形式等进行考察。

我们特别提到组合形式，是因为它在断代上有着仅次于地层关系的重要地位。成组的随葬铜器和陶器，在一定程度上反映了当时的社会关系和社会生活。我们若是掌握某个时期某些主要器类组合上的特点，而不是孤立地或有所取舍地排比，则在断代上将有很多可以依据的地方。

青铜器和其他器物在器形和花纹上的比较研究，是青铜器分期断代的一个重要方面。青铜器的具有时代特征的器形和花纹往往和它同时代的陶器、木器、骨角器、玉器等有密切的关系并互为影响。同一时期的青铜器在器形和花纹上虽然也会有这样或那样的变化，但其主要特征总是很突出的。因此，器形上的局部演变，花纹的细部繁简，一般说来是不足以构成分期的主要依据的。

青铜器的铸造技术直接影响于铜器的器形和花纹，也是青铜器研究的一个重要方面。可以设想，青铜器的出现应该先有简单的、单范所铸的器物，尔后才有多范合铸的容器，并逐渐达到高度的工艺水平。因此，青铜器的铸造技艺对于确定器物的年代等有一定的意义。但是，当人们一旦掌握了铸造技术，由于有陶器、木器等作为样板，是可以比较快地铸出较大较好的器物来，而后期的若干青铜器，尤其是明器，仍然可以采用比较简陋的方法铸造。所以在这一点上也不能绝对化。

青铜器断代问题固然需要从多方面加以考察，但是在一般情况下，尤其是在缺乏说明自身年代的铭刻的情况下，地层关系总是起决定性作用的。

以殷人为中心的高度繁荣的青铜器文化对于邻近地区其他部族的影响，是殷商青铜器研究中需要探讨的一个重要问题。解放以来，在河北、山西、陕西、湖北、湖南、江西、安徽、山东、辽宁、四川等地，陆续发现不少殷商铜器，其中，湖北黄陂盘龙城、山东益都苏埠屯、山西石楼等地的发现尤为重要。这些地区大都属于当时的方国。因此，这些发现不但使我们对当时的方国地理及其文化面貌的认识得到很多启发，而且通过青铜器的比较研究，可以看到以殷商王国为核心的文化上的统一局面的形成。

殷商青铜器文化的继承和发展问题，是需要努力探讨的问题。在陕西关中地区曾发现过很多青铜器，其器形和花纹都和殷商晚期青铜器相类似，因此，被认为是殷代的或殷式的。这些铜器究竟是殷人所铸，还是周人所铸？如果把它们一概看作是由于被赏赐或"分殷之彝器"而得来的，那就从根本上否定了周人在灭殷以前自己能够铸造青铜容器的可能性。

西周直接承袭了殷商的青铜器文化。但是，西周初期的青铜器有些什么发展，有些什么特色，如何区分西周初期和殷代末期的青铜器？我们认为，根据调查发掘西周遗址和墓葬累积的经验，我们已经能够辨认西周初期的陶器，而那些与之共存的青铜器也在很大程度上获得断代的依据。利用那些确定了的西周初期的青铜器，从组合、器形、花纹等方面，与殷末青铜器作比较研究，就能够逐渐认识它们各自的特色，从而把它们区分开来。由于这个缘故，我们最后也讨论到西周初期青铜容器的若干特点，作为殷商青铜器下限的一些标准。

二　殷商早期的青铜容器

殷商文化可以分为三个发展阶段，即以偃师二里头遗址为代表的殷商早期文化，以郑州二里岗遗址为代表的殷商中期文化和以安阳殷墟为代表的殷商晚期文化。这个文化发展的顺序，经过解放以来大量的考古发掘工作，已经是确定无疑的了。这就为殷商青铜器的分期研究奠定了坚实的基础。

殷商早期文化遗址在河南省的伊、洛流域一带发现较多，其中以偃师二里头最为重要。这个遗址从 1959 年开始发掘以来，已经取得了很多重要的收获。① 在遗址的中部发掘出一处大型的夯土台基，面积约一万平方米，台基的中部偏北有一座殿址，长约 30 米、宽约 11 米，台基的四周有墙基和廊庑，南面中央有门址，组成了一个完整的宫殿建筑。② 这个发现表明这里很可能就是成汤时期的西亳。

偃师二里头遗址的文化堆积，根据它们的层位关系，被分为四期或早、中、晚三期。宫殿建筑基址则属于第三期或晚期。因此，以二里头遗址为典型的殷商早期文化，它的内涵应以宫殿建筑基址和第三期，也即是晚期堆积为限。

在这个遗址的晚期堆积中，曾经发现过青铜小刀、铜凿、铜锥、铜镞、铜鱼钩、铜铃等小件器物，这表明殷商早期文化已经进入了青铜时代，并且已经具备了铸造青铜容器的物质和技术基础。另外，在传世的铜器中又确有一些器物其形制和遗址晚期堆积中出土的同类陶器非常相似，因此有可能是属于殷商早期文化的。但是这类铜器出土数量少，胎质很薄，花纹简素，又没有铭文，所以很少引起人们的注意，况且在相当长一段时间的发掘工作中也没有发现可以确证的实例。

1973 年，在二里头遗址的第三期堆积层中出土了一件铜爵。③ 这是一个重要的发现，它是第一件有明确出土地点和层位的殷商早期的青铜容器。同时，由于它的发现，若干传世的殷商早期青铜器的年代也得以确认。因此，根据这些青铜器来探讨殷商早期青铜器的特点，也就有了可靠

① 中国科学院考古研究所洛阳发掘队：《1959 年河南偃师二里头试掘简报》，《考古》1961 年第 2 期；中国科学院考古研究所洛阳发掘队：《河南偃师二里头遗址发掘简报》，《考古》1965 年第 5 期。

② 中国科学院考古研究所二里头工作队：《河南偃师二里头早商宫殿遗址发掘简报》，《考古》1974 年第 4 期。

③ 中国科学院考古研究所二里头工作队：《河南偃师二里头遗址三、八区发掘简报》，《考古》1975 年第 5 期，第 305 页图四：3。

的基础。

关于这类青铜容器，现在可以举出下列一些例子。

1. 铜爵，1973 年偃师二里头遗址出土。器高约 12 厘米、胎厚 0.1 厘米。前流后尾，细腰平底，无柱，有鋬，三足短小作圆柱形。无纹饰，也无铭文（图一：2）。

2. 铜爵，1974 年在偃师二里头宫殿遗址南面采集。[①] 器已残破，经修复完整。器形与上一器相似，但在流的后端两侧有一对很小的"柱"。

3. 铜爵，1975 年偃师二里头遗址 K3 出土。[②] 器高 13.3 厘米、胎厚 0.1 厘米。器形与第一件铜爵相同而三足细高成弯曲的尖锥状，鋬上有三个镂孔。同出的有陶盉、铜戈、铜戚等。

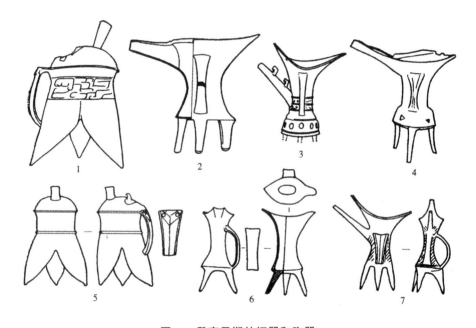

图一　殷商早期的铜器和陶器

1. 铜盉　2. 铜爵　3. 铜角　4. 铜爵　5. 陶盉　6. 陶爵　7. 陶角

① 《考古》1975 年第 5 期，第 304 页；器形见《考古》1976 年第 4 期，第 260 页图四：1。

② 中国科学院考古研究所二里头工作队：《偃师二里头遗址新发现的铜器和玉器》，《考古》1976 年第 4 期，第 260 页图四：2。

4. 铜爵，天津市文化局收藏。① 器高 19.7 厘米。流前端作椭圆形管状，细腰，平底，腰部以下外折并沿器底延伸略似圈足，其上有四个圆形穿孔，鋬分两股，无柱，三足细小作长锥形。胎薄。无纹饰，也无铭文（图一：4）。传由河南商丘地区运津。

5. 铜角，上海博物馆收藏。② 原是上海文管会由废铜中捡出予以修复。侈口双尾，细腰平底，腰以下外折并有一周圆孔，形制与天津收藏的铜爵相同。前尾下腰际有一斜出的管状长流，其上有两个曲尺形附饰，宽鋬，三足残断，但据残痕推测，也应是短小的。器残高 20.6 厘米。腰部有三道弦纹，其间填两周圆点纹。无铭文（图一：3）。

天津藏爵和上海藏角虽是传世品，但是，它们的形制与二里头出土的铜爵极其相似，而且在二里头遗址所出的陶器中，也有与上述铜器器形相同的陶爵和陶角（图一：6、7），因此，这两件传世铜器可以确认是殷商早期文化的遗物。

与二里头 K3 铜爵同出的有一件陶盉。这种陶盉是二里头殷商早期文化中富有特点的典型器物（图一：5），无论是早于或晚于二里头的其他遗址，都还没有发现过同类器形，因此，它的年代是肯定的。

在传世的铜器中，有一些和上述陶盉器形完全相同的，可以举例如下。

1. 铜盉，天津市文化局收藏。③ 圆拱形顶，顶部一侧有器口，一侧有斜耸的筒状流，口下有宽鋬，三足为袋状空足。腹上部有一周素地饕餮纹。器高 23 厘米（图一：1）。此盉传由安阳运津。

2. 铜盉，故宫博物院收藏。④ 器形与上器相同。腹上部有两道弦纹。器高 21 厘米，重为 750 克。

3. 铜盉，河南省博物馆收藏。郑州地区发现。⑤

① 天津市文化局文物组：《天津市新收集的商周青铜器》，《文物》1964 年第 9 期，第 33 页图一。

② 蒋大沂：《说早期青铜器中的"角"》，《文物》1960 年第 7 期，第 49 页。

③ 《文物》1964 年第 9 期，图版五：1。

④ 《中国古青铜器选》图版七，文物出版社 1976 年版。

⑤ 河南省博物馆资料，见《新中国考古の旅》第 69 页。

4. 铜盉，原藏安阳古物保存会。器形、纹饰与天津市文化局收藏者相同。传出安阳洹水附近。[①]

5. 铜盉，器已流散国外。三袋足瘦而高，腹上饰一周单线饕餮纹，上下夹以小圆圈纹。器高约 39 厘米。或以为河南出土。[②]

6. 铜盉，器形与天津藏器相同。腹上饰单线饕餮纹，上下夹小圆点纹。拱顶上在流两侧各有一乳钉。器高约 22.8 厘米。[③]

7. 铜盉，器形、花纹与天津藏器相同，唯拱顶上有双目及鼻形，俯视顶部，宛如人面。器高约 24.4 厘米。[④]

8. 铜盉，《博古图》著录，称为"虎斝"。器形与上述诸盉相似，唯纹饰繁缛，遍及器物周身。[⑤]

以上 8 件传世铜盉，如果根据陶盉的年代把它们视作殷商早期铜器，似也不无理由。然而，1974 年，在湖北黄陂盘龙城李家嘴第 2 号墓中发现了一件铜盉，[⑥] 其器形、花纹与天津藏器相同，而这座墓是属于殷商中期的二里岗期的。其后，1976 年在安阳殷墟的第 5 号墓[⑦]、1977 年在北京平谷的殷墓[⑧]中也都发现了相似的铜盉。这就证明，在殷商中期和晚期虽然没有发现陶盉这种器皿，但铜盉却是确实存在的。这种现象应该如何理解？割断铜盉和陶盉之间的联系，把它们看作孤立的现象是不妥当的。可以设想，铜盉在器形上来源于陶盉，开始出现于殷商早期，其延续的时间则较长，在陶盉这种器形被淘汰之后，铜盉继续沿用，至殷商晚期更发展为方盉，如传出安阳西北岗第 1001 号墓的一组三件饕餮纹方盉。[⑨] 当然，

---

① 《河南吉金图志賸稿》图二三；《商周彝器通考》图版四八七。

② 《欧米蒐储支那古铜精华》第一四二图；《河南吉金图志賸稿》图二二；《商周彝器通考》图版四八六。

③ Rena - Yvon Lefebvra d'Arganca, *Chinese Treasures from the Avery Brundage Collection*，图版 1，1968 年。

④ M. Loehr, *Ritual Vessels of Bronze Age China*，图版 7 及 176 页俯视图，1968 年。

⑤ 《博古图》卷一五·二一。又《续考古图》卷四·二二，或是另一器。

⑥ 湖北省博物馆：《盘龙城商代二里岗期的青铜器》，《文物》1976 年第 2 期，图版肆，3。

⑦ 《殷墟考古的新发现》，《人民画报》1978 年第 1 期。

⑧ 北京市文物管理处：《北京市平谷县发现商代墓葬》，《文物》1977 年第 11 期。

⑨ 《日本蒐储支那古铜精华》第一、二图；《河南安阳遗宝》图版第四四、四五、四六；《商周彝器通考》图版四八五。

这只是一种推测，需要在今后的发掘工作中验证。

在二里头殷商早期文化的陶器中，还有一些器形如方鼎、瓿、斝，以及陶片上的双身龙纹、夔纹和扉棱装饰等，都和青铜器有密切的关系，但在上述的铜器标本中却找不出任何痕迹。方鼎和斝以及扉棱装饰等只是到殷商中期以后才出现。这种差别可能是由于陶器的发展和变化比较快，而青铜容器的铸造正处在初级阶段，当时的工艺技术还未能达到表现这些因素的水平。至于瓿，在二里头的墓葬中已经有陶爵、陶瓿成组共出的现象，推测当时很可能已有铜瓿。在传世品中也可能有殷商早期的铜瓿，只是由于特征不太明显，暂时还难以辨认出来。

现在可以提供研究的殷商早期青铜容器的资料还很少，能够指出的器类只有二三种，但将来一定会有更多的发现。就已发现的少数几件标本来说，也可以看到殷商早期青铜容器的若干特征。第一，胎质都很薄；第二，铸作都比较粗糙；第三，多无花纹，有花纹的也都很简单，单线的饕餮纹，没有地纹；第四，没有铭文，也没有族徽记号；第五，多为酒器，也许就是殷商早期青铜容器中最主要的器类。

与二里头 K3 铜爵同出的有铜戈、铜戚，另外在 K4 还发现有镶嵌绿松石的圆形铜器。[①] 或以为它们反映出殷商早期的青铜铸造业已经相当发达，铸造工艺已经达到较高的水平。但是，就二里头发现的三件铜爵而论，制作是粗疏的，应是早期青铜时代的产品。

殷商早期的青铜容器是否就是我国最早的青铜容器，还是另有更早的起源，这是需要以此为基础继续深入探索的。

三　殷商中期的青铜容器

以二里岗为代表的殷商中期文化是 1952 年在郑州二里岗首先发现的。[②] 它包含上下两层堆积。早在 1950 年于辉县琉璃阁的殷墓中就发现有

---

① 《考古》1976 年第 4 期，第 261 页图五。
② 安志敏：《一九五二年秋季郑州二里岗发掘记》，《考古学报》第八册，1954 年。

殷商中期的青铜容器。① 这些铜器在当时就被指出是早于小屯时期的，但并没有地层上的证据。1955 年在郑州白家庄发掘了两座殷墓，它们都随葬有成组的青铜容器。② 这些铜器从器形、纹饰到组合都和琉璃阁所出的铜器很相似，可以断定是同一时期的遗物。而这两座墓是有明确的地层关系的，它们打破了二里岗下层，又被二里岗上层所覆盖，这就证实了这些铜器确属殷商中期。此后，1965 年在郑州铭功路又发掘了两座同期的铜器墓。③ 1974 年又在郑州张寨发现两件大型铜方鼎和一件铜鬲。④ 现在，经发掘累积的殷商中期的青铜容器已有 8 组 34 件。列表如下。

表一　　　　　　　　　　　　　　殷商中期青铜容器列表

出土地点		鼎	方鼎	鬲	斝	爵	觚	罍	盘	备注
琉	110 号墓	1			1	1				图二：1—4
琉	148 号墓	1				1	1			
琉	203 号墓				1					陶鬲一，陶觚一
白	2 号墓	1			1	1		1	1	象牙觚一。图二：5—9
白	3 号墓	3			2	2	2	1		
铭	2 号墓	1			2	2	1			釉陶尊一，陶盆一
铭	4 号墓					1	1			
郑　州　张　寨			2	1						图二：10、11

以上除张寨一组外，其他各组都是完整的墓葬。张寨一组的情况还不清楚，但铜器埋得较深，不像是窖藏，两件方鼎同出的情形很容易使人联想到牛鼎和鹿鼎。如果是随葬器物，那么很可能还有别的青铜容器（图二）。

关于殷商中期青铜容器的特点，从上述标本中可以获得以下几点认识。

---

① 中国科学院考古研究所：《辉县发掘报告》，科学出版社 1956 年版，第 24 页。
② 河南文物工作队第一队：《郑州市白家庄商代墓葬发掘简报》，《文物参考资料》1955 年第 10 期。
③ 郑州市博物馆：《郑州市铭功路西侧的两座商代墓》，《考古》1965 年第 10 期。
④ 河南省博物馆：《郑州新出土的商代前期大铜鼎》，《文物》1975 年第 6 期。

图二　殷商中期的铜器

1—4. 辉县琉璃阁第110号墓出土　5—9. 郑州白家庄第2号墓出土　10、11. 郑州张寨出土

第一，器类比较丰富，鼎、鬲、斝、罍等都是早期所没有的。如果考虑到盘龙城的情形，估计将来还会有更多新的发现。第二，在器形上，爵和斝大都是折腹平底。爵的外形与早期有所不同，没有明显的束腰，而且在流的两侧普遍附缀细小的柱，鼎有圆腹和分裆两种形式，但器足都是尖锥状空足。鼎的双耳，其一与一足相应，另一在另外两足之间。鬲也如此。方鼎的形式很可能是仿自木器的，表明殷商中期的青铜器已从更多的方面吸取新的器形。觚的中腰较粗而不分节。第三，花纹仍然是单层的，饕餮纹也很简单，并常常辅以圆圈纹，这是早期铜器花纹的延续。新的纹饰有圆涡纹、乳钉纹等。第四，基本的组合形式是鼎、斝、爵、觚，而爵和觚是它的核心，试看短缺铜觚的组必以象牙觚或陶觚补缺即可明白。这种情形很可能从殷商早期就开始了，并贯穿于整个殷商时期。但是，鼎、斝、爵、觚这种组合形式是既不同于早期，也有别于晚期的。第五，胎质仍然较薄，制作也不精细。两件大方鼎可以算是重器了，但在整个造型上，器身和鼎足也不够匀称。殷商中期青铜器器类的增多和数量的增加，在一定程度上反映了铸造技术的发展，然而从工艺上来看，如薄胎，缺乏凹凸层次的花纹等，仍和早期相似，缺少改革和创新。在这方面的发展，只有从小屯时期的铜器中才获得极其深刻的印象。第六，没有发现铭文。[①]白家庄 2 号墓出土的罍，在颈部有三个动物形戳记（图一二：1），或以为此即族徽文字。[②]

郑州所出的各组铜器，它们的墓坑或者打破了二里岗下层的文化堆积，或者打破了二里岗下层的灰坑，而在填土中又杂有二里岗上层的陶片，因此，它们的年代不会早于二里岗上层。琉璃阁所出的，年代也大致相当，而 148 号墓的爵，可能略晚。总之，它们都相当于二里岗上层，至于二里岗下层时期的青铜容器，由于资料阙如，迄今仍是空白，需要在今后的工作中努力发掘。

---

　　① 中国历史博物馆收藏一件传世的殷商中期的铜鬲，上有一个字的铭文。见《文物》1961 年第1 期，第 42 页。

　　② 唐兰：《从河南郑州出土的商代前期青铜器谈起》，《文物》1973 年第 7 期，第 6 页。

四　殷商晚期的青铜容器

殷商晚期是青铜器文化的极盛时期。安阳殷墟作为殷商晚期的都城，在将近三百年间，始终是殷商奴隶社会政治、经济、文化的中心。因此，研究殷墟出土的青铜器，对于了解殷商晚期的青铜器文化，无疑是有典型意义的。

安阳殷墟出土的青铜器，无论是传世品还是发掘品，数量很多，资料极为丰富。1959 年又在苗圃北地发掘了一处大型铸铜作坊，发现了大量的坩埚碎片和数千块陶范①，这对于了解当时铸造青铜器的规模，以及青铜器的铸造过程等方面，都是非常重要的。

从殷墟的发掘情形来看，出土青铜器的坑位和地层以及其他遗迹呈现出错综复杂的关系，这表明它们并不是同时期的，因此，首先要进行分期。至于传世品，少数有较长铭文的被确认是帝乙、帝辛时的遗物，但是，就绝大部分传出安阳的青铜器来说，仍然需要有一个可靠的分期断代的标准。

新中国成立前，在小屯发掘了 10 座出青铜容器的墓葬。李济曾就这10 座墓分为两种四个序列。甲种墓葬，出鼎、斝、瓿，包含Ⅰ、Ⅱ、Ⅲ三个序列；乙种墓葬，不出上述三种器形，包括Ⅰ—Ⅳ四个序列。② 邹衡同志搜集了更多的资料，分析排比，把殷墟出青铜容器的墓葬分为早晚两段、四期七组。③ 我们从殷墟出土的青铜器中选择了若干典型的、完整的器组，根据它们的层位关系，从组合、器形、花纹等方面加以比较、研究，认为殷商晚期的青铜容器大体上可以分为三期。

殷墟第一期青铜器可以小屯 188、232、331、333、388 号墓为代表，相当于李济所谓的甲种墓葬的三个序列，邹衡同志划分的第一期第一组和

---

① 中国科学院考古研究所安阳发掘队：《1958—1959 年殷墟发掘简报》，《考古》1961 年第 2 期，第 67 页。

② 李济：《记小屯出土之青铜器》上篇，《中国考古学报》第三册第 78 页后，表十三，1948 年。

③ 邹衡：《试论殷墟文化分期》图三，《北京大学学报》1964 年第 4 期，第 58 页后。

第二期第二组。1965 年在河北藁城台西发现的青铜器[①]和 1972 年在同地发现的与铁刃铜钺共出的青铜器[②]大概也是属于这一期的。现将各墓所出的青铜器列表如下。

表二　　　　　　　　　　　殷墟第一期青铜器代表列表

出土地点	鼎	甗	锅	斝	爵	觚	卣	尊	瓿	罍	盉	盘	斗	备注
小屯 188 号墓	1	1		2	1	1			2					一件瓿为敛口，或称"瓯"
小屯 232 号墓	1			2	2	2		1	1			1		图三
小屯 331 号墓	2	1	1	3	3	3	1		1	1			1	二爵一卣为方形
小屯 333 号墓	2			2	2	2			2					
小屯 388 号墓	1			2	2	2	1		1	1				卣无提梁，或称"觯"
藁 1965 年墓	1			1	1	1			1					
藁 1972 年墓	2				1	1			1					此系采集

　　小屯几组铜器的特点可以综合为以下几点。第一，铜器的组合形式为鼎、斝、爵、觚、瓿五种，或以尊、罍代替瓿。这种组合形式和郑州白家庄 2 号墓、3 号墓很相似。第二，各组的主要器类多为两件，331 号墓则每种有三件。鼎数不足者代之以甗，瓿数不足者代之以尊、罍。凡是出两件斝的，必有一件是透底空足，一件是剖面呈"T"形的实足；凡是出两件觚的，必有一件是比较粗的，另一件则较细；凡出两件鼎的，其形式也不相同。这种情形似乎表明它们是两套或三套器物。第三，主要器类的形制和殷商中期没有大的不同，如圆锥形空足鼎、平底或凸底的斝和爵，直口方肩的罍等。第四，出现了很多新的器类和器形，如甗，有提梁或无提梁的卣，矮体圆肩的瓿，大侈口方肩的尊等，而瓿和尊是本期的典型器物。第五，木器的样板被应用于更多的器形

　　① 河北省博物馆、文物管理处：《河北藁城县商代遗址和墓葬的调查》，《考古》1973 年第 1 期。按，该文第 28 页图八的 5 件铜器据说为一墓所出。
　　② 河北省博物馆、文物管理处：《河北藁城台西村的商代遗址》，《考古》1973 年第 5 期。

上，出现了提梁方卣和方爵。第六，在某些器物上出现了凸起的牺首和
扉棱装饰，如尊的肩上有牺首，方卣上有扉饰。这种做法突破了以前那
种器物表面平整的传统，使铸造出来的器物更富于立体感，这是青铜铸
造工艺上一个新的发展阶段的标志。第七，在纹饰上也一反殷商中期的
以带状单线饕餮纹为主的作风，出现了由雷纹填补起来的所谓满花的饕
餮纹和夔纹（图三）。

　　上述七点可以看作是殷墟第一期青铜器的主要特征。其中的前三点和
殷商中期铜器，特别是和白家庄两座墓的铜器非常接近，表明在器物形制
和组合形式上，殷墟第一期是直接承袭了二里岗时期的。至于后面的四
点，在二里岗时期的铜器上是完全看不到的，而这几点却是从各方面反映
出青铜铸造工艺上新的变化和发展，而这种变化是如此明显，因此，应该
把它们和殷商中期的铜器区分开来，作为单独的一期。

　　小屯 333 号墓，李济把它列为甲种墓葬第 III 序列，认为在器形的发展
上，它是上述小屯五墓中最晚的。但是，只要稍加对比，就不难发现它是
五墓中最接近郑州白家庄的殷商中期墓葬的。小屯 333 号墓的铜器组合形
式与白家庄 3 号墓完全相同，都是鼎、斝、爵、觚、罍，而且都是出两
套，只是后者多出一件鼎，少出一件罍。两组铜器在器形和纹饰上也多雷
同。小屯 333 号墓的两件鼎虽与殷商中期常见的分裆袋足鼎和圆锥状空足
鼎有所不同，但扁形足的鼎在黄陂盘龙城李家嘴 2 号墓中也曾发现。[1] 另
外，小屯 333 号墓也不出殷墟第一期的典型器物瓿和尊。从地层关系来
看，小屯 372 号灰坑打破了 388 号墓和 306 号灰坑，而 306 号灰坑又压住
了 333 号墓。[2] 333 号墓虽然和 388 号墓没有直接的叠压、打破关系，但一
般地说也可能早一点。从墓葬的平面分布来看，333 号墓和 388 号墓东西
并列，相距不及 5 米。在它们北边不远，331 号墓和另一被盗掘的 362 号
墓亦是东西并列。加以各墓的随葬器物相同，所以这几座墓很可能是同一
家族的，时间上应是相近的。

　　关于殷墟第一期青铜容器的年代，由于它们和殷商中期很相似，又和

---

① 《文物》1976 年第 2 期，第 27 页图二。
② 《北京大学学报》1964 年第 4 期，第 39 页。

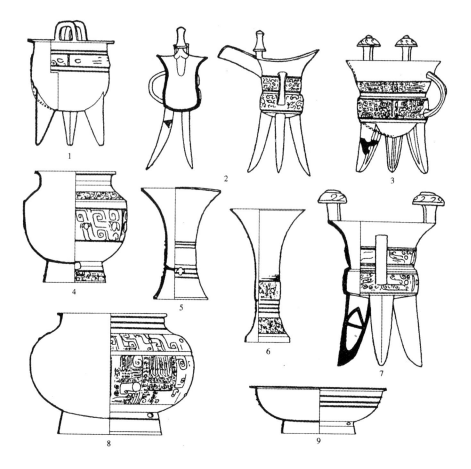

图三 殷商晚期殷墟第一期的铜器

（小屯第 232 号墓出土）

武丁以后的青铜容器有明显的区别，因此，它们很可能是盘庚迁殷以后到武丁时期的遗存。①

---

① 小屯 331 号墓出土了一片字骨，见《殷墟文字乙编》下辑 9099。有人认为这片卜骨是第四期的，因此，331 号墓连同 333 号、388 号是第四期晚期或第五期的遗存。从这几个墓的青铜器来看，上述意见是不正确的。至于那片字骨，出土的情况不清楚，它的分期也可能是有问题的。

　　殷墟第二期的青铜容器，可以小屯 5 号墓[①]、238 号墓[②]，西北岗 1022 号墓、1400 号墓[③]，武官村大墓[④]等为代表。1968 年河南温县出土的一组铜器[⑤]也属于这一期。各墓所出青铜容器列表如下。

表三　　　　　　　　　殷墟第二期青铜器代表列表

出土地点	鼎	方鼎	甗	簋	斝	爵	觚	觯	角	卣	尊	瓿	罍	彝	壶	盂	盉	觥	盘	斗	备注
小屯 5 号墓	√	√	√	√	√	√	√				√	√	√	√		√	√			√	以"妇好"组铜器为例。件数暂不清，图一二：2
小屯 238 号墓				1	3	3			1		1	2	1								图四。一爵有铭文，图一二：3
西北岗 1022 号墓				2	2	1	2	1	1					1							方彝有铭文，图一二：4
西北岗 1400 号墓南墓道					1	4	3	1			1										尊、觚、爵有铭文，图一二：12
西北岗 1400 号墓东墓道															1	1			1	1	另有铜人面具一。盂有铭文"寝小室盂"四字
武官村大墓 E9				1		1	1		1												有铭文，图一二：5；图五
武官村大墓 W8	1					2	2														鼎、爵有铭文
温县墓	1		1	1	1	3	2														鼎、簋、斝、爵有铭文，图一二：7

　　① 中国社会科学院考古研究所安阳工作队：《安阳殷墟五号墓的发掘》，《考古学报》1977 年第 2 期。
　　② 《中国考古学报》第三册第 78 页后，表十三，此墓被列入乙种墓葬序列 Ⅳ，为小屯诸墓中年代最晚者。
　　③ 西北岗诸墓所出青铜容器的说明，见梁思永《殷墟发掘展览目录》，《梁思永考古论文集》，科学出版社 1959 年版，第 154—157 页；器物图像见陈梦家《殷代铜器》，《考古学报》第七册，1954 年。
　　④ 郭宝钧：《一九五〇年春殷墟发掘报告》，《中国考古学报》第五册，1951 年。
　　⑤ 《温县出土的商代铜器》，《文物》1975 年第 2 期，第 88 页。

　　以上各组，西北岗1400号墓和小屯5号墓是殷王陵墓和王室成员的墓葬，武官村大墓的E9和W8是大墓的殉葬人，而小屯238号墓则和殷墟第一期的188号墓一样，是奠基坑或祭祀坑之类的遗存，情况各个不同。总的说来，本期青铜容器的特征可以指出以下各点。第一，在组合形式上，小屯238号墓和西北岗的各组是以斝、爵、觚为核心的整套酒器的组合，武官村大墓的殉葬人的铜器是以爵、觚为核心的简单组合形式。温县的一组是包括了食器和酒器的组合。小屯5号墓的"妇好"铜器则包含了更多的器类。殷墟第一期组合中的大侈口的尊和瓿极少见了，而出现了带盖的瓿。第二，出现了很多新的器类，方彝、壶、盂都是本期富有特征的器物，鸮卣、兕觥等也大都是这个时期的。还出现了仿造角器的铜"角"。第三，方形器有很大的发展，除了方彝、方斝以外，壶也是椭圆形的。方鼎也是这个时期的代表性器物。殷商中期的方鼎是略呈正方形的，定型的长方槽式的方鼎大概是本期的产物。小屯5号墓、温县的一组中都有方鼎，另外，如西北岗1004号墓所出的牛鼎、鹿鼎两件大方鼎也很可能是这一期的。第四，在器形上也有显著的变化。此期的斝，均为圆腹、圜底，与第一期的折腹、平底或凸底的斝显然不同。爵的腹部除少数仍保存平底外，普遍作长卵形。觚的形状多为腹部鼓出，整体分为明显的三节。卣的形式一般都作长颈壶式的提梁卣，这种卣和第一期的388号墓所出的无提梁的卣，在形制上显然有密切的联系。第五，铜器的胎质都比较厚重，很少有薄胎的。第六，花纹都比较繁缛，出现了所谓的三层花纹。动物形纹饰很流行，有蝉纹、虎纹、象纹、鸮纹等，饕餮纹也出现了大的饕餮兽面的样式。三角纹、蕉叶纹更为普遍。扉棱装饰普遍应用于方彝、方鼎、爵、觚等器形上。第七，不少铜器上出现了族徽或比较短的铭文（图四、图五）。

　　上述七点表明，殷墟第二期青铜容器的特征是很鲜明的，它代表了殷商青铜器文化的极盛时期，殷商青铜容器中的重器大都是这个时期的作品。

　　小屯5号墓的年代大致在祖庚、祖甲时期，墓中所出的大侈口的尊和带盖的瓿和殷墟第一期比较接近，而不见于同期的其他各组，应是比较早

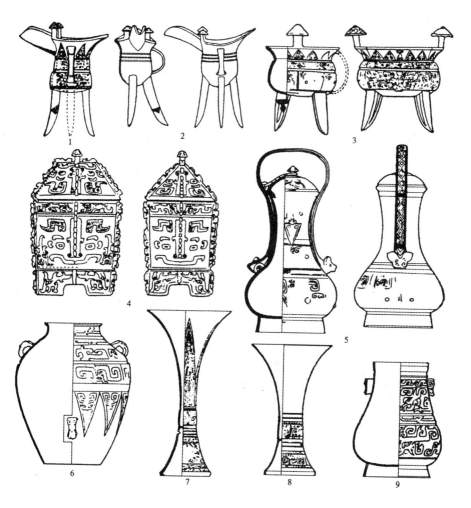

图四　殷商晚期殷墟第二期铜器

（小屯第 238 号墓出土）

的。因此，本期青铜容器的年代大致相当于甲骨文的第二期、第三期，即祖庚、祖甲、廪辛、康丁时期。

　　殷墟第三期的铜器可以安阳大司空村 1958 年 51 号墓①、1962 年 53 号墓②、高楼庄 8 号墓③、后岗杀殉坑④所出的为代表。磁县下七垣⑤出土的，也属于这一期。现将各组铜器列表如下，磁县出土的只发表了部分器物，故暂不列入。

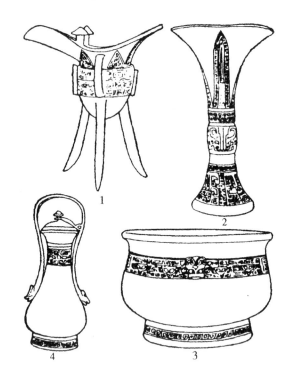

图五　殷商晚期殷墟第二期的铜器

（武官村大墓 E9 出土）

　　① 河南省文化局文物工作队：《1958 年春河南安阳市大司空村殷代墓葬发掘简报》，《考古通讯》1958 年第 10 期。

　　② 中国科学院考古研究所安阳发掘队：《1962 年安阳大司空村发掘简报》，《考古》1964 年第 8 期。

　　③ 赵霞光：《安阳市西郊的殷代文化遗址》，《文物参考资料》1958 年第 12 期；周到、刘东亚：《1957 年秋安阳高楼庄殷代遗址发掘》，《考古》1963 年第 4 期。

　　④ 郭沫若：《安阳圆坑墓中鼎铭考释》，《考古学报》1960 年第 1 期。

　　⑤ 《河北磁县下七垣出土殷代青铜器》，《文物》1974 年第 11 期，第 90 页。按，文中发表的为部分器物，也不知是否同墓所出。

表四										殷墟第三期青铜器代表列表
出土地点	鼎	簋	爵	觚	斝	觯	卣	壶	尊	罍	备注
大司空村 51 号墓	2	1	2	2			2		1	1	图六
大司空村 53 号墓			2	2		1					觯有铭文,图一二:15
高楼庄 8 号墓	2	1	1	2	1		1	1			原报告无鼎、簋,据《北京大学学报》1964 年第 4 期,第 50、52 页补入
后岗杀殉坑	1		1								鼎有长铭

关于本期青铜容器的特点,第一,在组合形式上,大司空村 51 号墓和高楼庄 8 号墓都是包括食器和酒器的器类较多的组合形式。这种组合形式也见于同期的随葬陶器,可见其流行的情形。如大司空村 53 号墓的铜器是以爵、觚为主的简单的组合形式,但是另外还出了一套仿铜陶器,其组合形式与铜器的包括食器和酒器的组合形式相同。至于后岗的杀殉坑,由于这个坑的特殊情况,它所出的 3 件铜器并不代表一种组合形式。第二,在器形上,鼎多作圆腹,圆柱形实足,杀殉坑的鼎,双耳略向外撇,足根部饰饕餮纹,是本期年代最晚的形式。卣的形制比较固定,普遍作椭圆形,有绹索状的提梁。簋有两种,一种是侈口斜腹的百乳簋;另一种是两侧有耳的,这是殷墟较晚兴起的器形。第三,新出现的器类较少,本期的尊和第一期的大侈口方肩的尊是完全不同的,它的外形更接近于第一期的粗体式的觚,两者很可能有承袭、演变的关系。本期的罍也不同于殷商中期的罍,它和殷墟第二期的双耳一鼻式的罍都是新兴起的器类。第四,花纹和殷墟第二期没有显著的不同。第五,出现较长的铭文,杀殉坑的鼎铭即是一例,其他传世的有较长铭文的殷代铜器,大都是这个时期的(图六)。

上述各组铜器中,根据地层关系和陶器的形式,可以确定大司空村 53 号墓和杀殉坑是最晚的。高楼庄 8 号墓比较接近于殷墟第二期。因此,本期青铜容器的年代大约相当于甲骨文的第四期、第五期,即武乙、文丁、帝乙、帝辛时期。

以上我们对殷墟出土的若干组铜器分了期,并指出了各期铜器的特

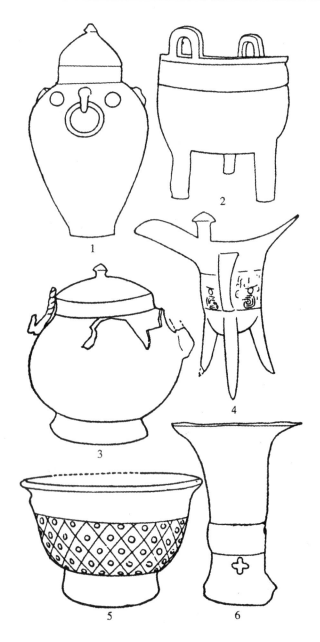

图六　殷商晚期殷墟第三期的铜器

（1958 年大司空村第 51 号墓出土）

点。从青铜器的发展来看，殷墟第一期、第二期的进展是比较突出的，殷墟第一期开始突破二里岗时期的铸造技术水平，而殷墟第二期则是在此基础上出现的极盛时期。殷墟第三期似乎处于停滞状态，这种情形一直持续到西周早期，直到西周中期才又出现了一些明显的变化。

五　殷代诸侯和方国的青铜容器

在殷商帝国邦畿千里的边界内外，分布着许多诸侯和方国，即所谓的"殷边侯甸"和"侯甸男卫邦伯"。卜辞中提到武丁时期的方国有几十个，其中最主要的有舌方、土方、羌方等。这些方国常常侵扰边鄙，和殷商帝国经常处于敌对的状态。所以，武丁时期的卜辞有很多关于征伐方国的记录，《易·既济》也有"高宗伐鬼方，三年克之"。卜辞中的那些方国在什么地方，或以为在今山西省北部，甚至在河套附近，或以为多在晋南。《诗·商颂·殷武》有"挞彼殷武，奋伐荆楚"，也许武丁时还有征伐南方方国之举。降至殷代末年，帝乙、帝辛全力经略东南，连年征伐人方、盂方，《左传·昭公十一年》也说"纣克东夷而殒其身"。卜辞征人方途经各地，据考证多在今淮水流域，或以为曾达今山东省临淄一带。也有一些诸侯、方国和殷帝国的关系比较密切，或为附庸，或为盟国。前者如武丁时期位于舌方和土方之间的沚，后者如殷末之薄姑和奄。《左传·昭公九年》"及武王克商，薄姑、商奄，吾东土也……肃慎、燕亳，吾北土也"，表明山东的齐、鲁、河北北部乃至辽西、辽东，以及山西等地，在周人势力到达之前，都是殷商方国之地。

新中国成立以来，在山西、陕西、湖北、湖南、安徽、山东等地不断发现殷商时期的青铜器。由于这些地方离殷帝国的政治中心较远，属于方国的范围，因此，可以设想这些青铜器是方国之器。正是由于这个缘故，使这些青铜器增添了研究价值。第一，它们都有明确的出土地点，有确定的坑位，而且大多是成组的。第二，通过对器物的分期，确定它们的时代，进而判定它们是哪些方国之器。第三，把这些铜器和殷商帝国的同期器物加以对比，指出两者的异同，从而对殷商帝国和各方国之间的物质文化关系作出判断。

　　湖北黄陂盘龙城殷商遗址和墓葬的发掘是这方面最重要的工作之一。盘龙城遗址是 1954 年发现的，后来陆续发现铜器。1963 年在楼子湾清理了 5 座墓葬，发现有二里岗时期的殷商中期的成组青铜器。[①] 1974 年又在盘龙城进行了较大规模的发掘，确定了盘龙城古城的年代，发现了殷商中期的宫殿基址，发掘了一些同期的墓葬。[②] 至此，在盘龙城清理发掘的墓葬计 12 座，出土青铜容器 69 件（图七）。现将各墓出土的成组铜器列表如下。

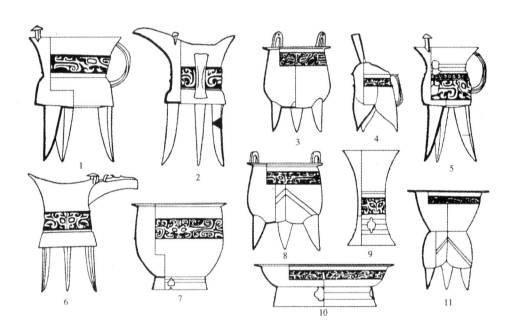

图七　黄陂盘龙城出土的殷商中期的铜器

（李家嘴第 2 号墓）

---

　　① 湖北省博物馆：《一九六三年湖北黄陂盘龙城商代遗址的发掘》，《文物》1976 年第 1 期；《湖北黄陂盘龙城商代遗址和墓葬》，《考古》1964 年第 8 期。
　　② 湖北省博物馆、北京大学考古专业盘龙城发掘队：《盘龙城一九七四年度田野考古纪要》，《文物》1976 年第 2 期。

表五　　　　　　　　　　　　湖北黄陂盘龙城成组青铜器列表

出土地点	鼎	甗	簋	斝	爵	觚	罍	盉	卣	盘	备注
楼子湾 1 号墓	1			1	1						同出釉陶尊等
楼子湾 3 号墓	1			1	1	1					同出釉陶尊、瓮等
楼子湾 4 号墓	2			1	1						
楼子湾 5 号墓				1	1	1					
南垣外 1 号墓	1			1	2	2					
李家嘴 1 号墓	4		1	5	5	3	2		1	1	同出釉陶尊
李家嘴 2 号墓	5	1	1	3	4	1	1	1		6	图七；同出釉陶瓮等

　　上述 7 座墓葬，按照湖北省博物馆的分析，可以分为两组，第一组包括楼子湾 1、4、5 号墓和李家嘴 2 号墓，其时代相当于二里岗上层偏早；第二组包括楼子湾 3 号墓、李家嘴 1 号墓和南垣外 1 号墓，其时代相当于二里岗上层偏晚，有的可能延至殷墟文化第一期。[①]

　　从地层的情况来看，楼子湾 1、4、5 号墓都被压在第二层下，而 3 号墓打破了第二层。但从随葬的器物来看，两者没有多少区别。楼子湾 4 座墓的铜器组合情况和琉璃阁、铭功路的几座墓更为相似，基本上是鼎、斝、爵、觚组合。南垣外 1 号墓的铜器组合情况和白家庄的两座墓相同，和小屯 333 号墓也相符，因此，有可能是略晚的。李家嘴两座墓的情形和其他几座墓显然不同，它们可能是盘龙古城中统治阶级最上层人物的墓葬。从随葬器物来说，两墓未必有早晚的差别。这两墓中所出的甗、簋和卣都是郑州二里岗期各墓所未见的。甗的上半为宽沿深腹，没有双耳。簋的双耳似是另外铆接上去的。卣有一个长颈。凡此，都和殷墟所出的同类器物既有联系又有区别。这也表明李家嘴的两座墓在年代上可能是偏晚的。

　　湖南宁乡黄材一带曾多次发现殷商青铜器，是一个很值得注意的地点。1970 年当地农民在附近的一个小山丘上发现 1 件提梁卣。卣身椭圆形，周身饰夔纹、凤纹和直棱纹，由盖顶到圈足有四条扉棱装饰。器底和

---

①　湖北省博物馆：《盘龙城商代二里岗期的青铜器》，《文物》1976 年第 2 期。

盖内有戈状铭文（图一二：6）。卣内满贮玦、环、管等各类玉器320多件。① 类似的发现已经有过几次。1963年在沩水及其支流塅溪河汇合处附近的河中也曾发现1件铜卣，卣内盛满玉珠、玉管1100多件。② 卣的器形和上器相同而提梁断缺。器身饰饕餮兽面纹、夔纹和三角纹。器底和盖内有铭文（图一二：9）。在这以前，还发现过1件兽面纹带盖铜瓿，器内贮藏224件铜斧。③ 另外，1959年曾在一个窖坑内发现5件大铜铙，两件饰象纹，两件饰虎纹，另一件饰兽面纹。④ 1962年又发现两件铜鼎⑤，其中一件为分裆、柱足，腹饰饕餮兽面纹，口内有铭文（图一二：10）。上述五起发现，均出自窖藏。此外，有"大禾"铭文的人面方鼎据传也出于宁乡。⑥

在宁乡黄材以西的沩水岸上曾调查到一处遗址⑦，所出陶片有夹砂陶、泥质陶，纹饰以方格纹、绳纹、篮纹为主，还有少量印纹硬陶。由于上述铜器均属偶然发现，它们和遗址的关系一时还难以说明，不过，这个问题应该引起注意。

宁乡黄材发现的青铜器从器形和纹饰来判断，大致是殷墟第二期或第三期的器物。它们和殷墟出土的同期器物完全没有区别。这些青铜器只在长江以南的宁乡被窖藏，可能是由殷商奴隶主由北方带来而在殷帝国覆灭前埋藏下来的，⑧ 或是在黄陂盘龙城这类南方二里岗期殷商文化的基础上发展起来的遗存，由于别的什么原因而埋入地下也未可知。所出的一件铜卣和一件分裆鼎上有相同的族徽记号，而这是殷末周初铜器中最常见的图像记号之一。人面方鼎以人面为纹饰比较特殊，和殷墟所出的铜面具等在造型上虽稍有不同，但主题是相同的。人面的双耳，耳上下的花纹，大概原是由饕餮兽面纹的双角和夔纹变化而成的。

---

① 《中国古青铜器选》图版21，文物出版社1976年版。
② 高至喜：《湖南宁乡黄材发现商代铜器和遗址》，《考古》1963年第12期，第646页。
③ 《考古》1963年第12期，第646页。又1961年5月13日《人民日报》
④ 湖南省博物馆：《湖南省博物馆新发现的几件铜器》，《文物》1966年第4期。
⑤ 《考古》1963年第12期，第646页。
⑥ 高至喜：《商代人面方鼎》，《文物》1960年第10期。
⑦ 《考古》1963年第12期，第646页。
⑧ 夏鼐：《无产阶级文化大革命中的考古新发现》，《考古》1972年第1期。

在安徽省的淮河流域曾多次发现殷商时期的青铜容器。1953 年在嘉山县发现一组铜器，斝、爵、觚、罍各 1 件。① 1957 年在阜南又发现一组铜器，计斝 2、爵 2、觚 2、尊 2，共 8 件。② 另外，在肥西县也发现过殷商时期的铜斝和铜爵。③

阜南和嘉山的两组铜器，组合相同，从器形、纹饰上都可以确认是殷墟第一期的遗物。肥西出土的两件也是属于这个时期的。应该特别提出的是阜南所出的龙虎尊，此尊的肩部有三条蜿蜒的龙，龙的头角均突出肩外，类似他器的牺首，腹上有三组双身虎纹，虎头也突出器表，虎口之下有一人作张臂蹲踞之状。以这种题材为主的纹饰在殷墟第一期、第二期的青铜器上颇不少见，例如司母戊方鼎，鼎耳上的纹饰就是两虎相向，正中为人面形。④ 传出宁乡的虎食人卣更以这种题材铸成器形。⑤ 这种花纹很可能就是当时戕害奴隶的真实写照。

江西清江吴城发现的殷商遗址是现下所知的最南端的殷商文化遗址。1973 年发掘的一座属于吴城二期的墓葬中发现有平底铜斝。⑥ 但是现在的材料还很少，要了解这个地区殷商青铜器的特点，有待于更多的发现。

在安阳殷墟以西，越过太行、吕梁，以山西石楼县为中心的地区很可能是殷商时期某个方国的所在地。在石楼县的很多地点都曾发现过随葬青铜器的墓葬，如下庄邬⑦、二郎坡⑧、后兰家沟⑨、桃花庄⑩、义牒⑪等地的

① 葛治功：《安徽嘉山县泊岗引河出土的四件商代铜器》，《文物》1965 年第 7 期，第 23 页。

② 《安徽阜南发现殷商时代的青铜器》，《文物》1959 年第 1 期封里。

③ 《中华人民共和国出土文物展览展品选集》第 40 图，文物出版社 1973 年版；《新中国出土文物》第 40 图，外文出版社 1972 年版。

④ 于省吾：《司母戊鼎的铸造和年代问题》，《文物精华》第三集，1964 年。

⑤ 《泉屋清赏》第 68 图。

⑥ 江西省博物馆、北京大学历史系考古专业、清江县博物馆：《江西清江吴城商代遗址发掘简报》，《文物》1975 年第 7 期。

⑦ 《石楼县发现古代铜器》，《文物》1959 年第 3 期，第 72 页。

⑧ 山西省文物管理委员会保管组：《山西石楼县二郎坡出土商周铜器》，《文物参考资料》1958 年第 1 期，第 36 页。

⑨ 郭勇：《石楼后兰家沟发现商代青铜器简报》，《文物》1962 年第 4、5 期，第 33 页。

⑩ 谢青山、杨绍舜：《山西吕梁县石楼镇又发现铜器》，《文物》1960 年第 7 期，第 51 页。

⑪ 石楼县人民文化馆：《山西石楼义牒发现商代铜器》，《考古》1972 年第 4 期，第 29 页。

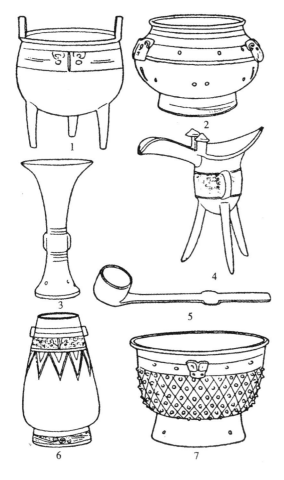

图八 陕西绥德出土的殷商晚期的铜器

发现。和石楼毗邻的永和县下辛角村也有发现。[1] 在黄河对岸的陕西省绥德县，于 1965 年也发现一组殷商时期的青铜器[2]（图八）。这些地点相距不远，所出的器物颇为一致，可以作为一个铜器群来分析。从这里沿河溯流而上，在山西保德县，1971 年也发现了一座随葬殷商青铜器的墓葬。[3] 这个地点已经邻近河套，离安阳殷墟以直线距离计算已近千里。隔河的神木县境，也发现有可能是殷商时期的玉器。[4] 另外在太原以北的忻县也发现过两起铜器。[5] 不过，这些大都是偶然的发现，它们的地层关系，附近有无同时期的遗址，遗址的文化面貌如何等等，都不太清楚，需要在以后的工作中加以注意。下面，我们将各个地点发现的青铜容器列成简表，然后分别加以讨论。

① 石楼县文化馆：《山西永和发现殷代铜器》，《考古》1977 年第 5 期。

② 《陕西绥德墕头村发现一批窖藏商代铜器》，《文物》1975 年第 2 期，第 82 页。按，在此以前的报道，如 1971 年 11 月 12 日《陕西日报》，陕西省博物馆、文管会编的《文化大革命期间陕西出土文物》，均作出自田庄公社的殷代墓中。

③ 吴振录：《保德县新发现的殷代青铜器》，《文物》1972 年第 4 期，第 62 页。

④ 戴应新：《陕西神木县石峁龙山文化遗址调查》，《考古》1977 年第 3 期，第 154 页。又据传榆林地区以前出过很多玉器，还出过青铜的车马饰物。

⑤ 沈振中：《忻县连寺沟出土的青铜器》，《文物》1972 年第 4 期，第 67 页。

表六													殷墟以西地区重要青铜器发现列表
出土地点	鼎	甗	簋	斝	爵	觚	卣	瓿	壶	觥	盘	豆	斗	备注
石楼下庄峁	1			1	1	1		1					1	
石楼后兰家沟				1	1	1		1					1	同出"弓形饰"、蛇首匕等
石楼二郎坡	2	1		1		4	1							
石楼桃花庄	2	1	1		1	2	2		1	2			1	同出"弓形饰"、金饰等
石楼义牒					1	3								一觚有铭文，图一二：8
永和下辛角				1	1	1								同出金饰等
绥德墕头村	1		1		1	1		1	1				1	图八；同出蛇首匕等。鼎铭文图一二：18
保德林遮峪	2					1	2					2		同出金"弓形饰"等。卣有铭文
忻县羊圈坡	3			1	1									同出一"盉"已损坏
忻县牛子坪	1			1		1		1						

　　石楼下庄峁和后兰家沟出土的两组铜器，从组合和形制、花纹来看，似属殷墟第一期。忻县所出的两组铜器，都有圆锥形实足的鼎，有凸底的斝和瓿，很可能也是殷墟第一期的遗存。

　　石楼桃花庄一组铜器有容器 15 件，数量最多。这个墓有两具人骨架，可能是一座有殉葬奴隶的墓。出土的容器中颇有一些是别具特点的。一件铜觚中腰极细而口径较大，没有纹饰，圈足内系一小铃。一件铜盘，在浅盘下有三个扁形足。两件铜卣，一件细颈，无提梁，与小屯 388 号墓的卣形制相同；而另一件铜卣的器形比较特殊，其所以特殊是由于它原本是壶而另加了提梁，而这种形式的壶在殷墟第二期才开始出现。特别应该提到的是那件觥。此觥的前端作带角兽头状，长盖有纽，腹两侧各有两个小系，下有长方形器座。周身有精细的花纹，盖上为夔龙纹，腹上更有鼍纹。器全长 44 厘米。这组铜器的组合情形和小屯 331 号墓相似，而壶状的提梁卣、觥，还有高圈足的簋等，都是殷墟第一期所没有的。因此，桃花庄的铜器可能略晚于殷墟第一期，或属于殷墟第二期。石楼二郎坡一组铜器有 4 件觚而没有爵，桃花庄、义牒所出的也是觚多于爵，这和觚、爵相随的情形有所不同。二郎坡所出的鸮卣是殷墟第二期常见的器形，因此，这组铜器大致也属于殷墟第二期。

陕西绥德墕头村的一组铜器很可能是随葬品，其中有壶和簋。壶的形状比较特殊，作圆筒状，敛口斜腹，簋是殷末常见的那种白乳纹簋。因此，这组铜器应是殷墟第三期的遗存。

保德林遮峪所出的一组铜器没有殷商墓葬中最常见的爵和觚，这是上述十组铜器中仅有的例子。两件铜豆和殷墟晚期所出的陶豆形状完全相同，而座内有铃丸。这座墓中还随葬了很多带铃的车马饰，而其形制又和殷墟所出的车马饰不同，显示出一种独特的风格。所出的一件卣，形制和大司空村51号墓所出的相同。因此，这座墓的时代相当于殷墟第三期，而其中的两件瓿年代可能稍早。

在上述墓葬内，除了青铜容器以外，还有一些富有特点的器物，为殷墟所未见。例如，有一种弓形的铜装饰品，石楼桃花庄、后兰家沟均有发现，保德林遮峪所出的两件是赤金质的。这种器物高约11—17厘米、宽约24—29.1厘米不等。保德的两件出土时叠放在死者的胸部，可能是项圈之类的装饰品。桃花庄的那件据说出于死者的头部，或有所移动。桃花庄的墓中还发现1件金片饰，全长57.6厘米、宽4.8厘米，出土时在人骨头部，很可能是额带上的装饰。安阳殷墟5号墓出土的玉人和石人，头上也有此种束发的额带。[①] 后兰家沟还出土金的耳饰。另外，还有一种蛇首铜匕，长约25—26厘米，柄部镂空作蛇首形状，蛇舌可以转动。石楼后兰家沟、绥德墕头村均有发现，石楼义碟也曾出土过。[②] 石楼还发现一件蛇首带环铜勺。[③] 值得注意的是河北藁城台西村也发现了一件铜匕，形状相同而柄首作羊头形。[④]

上面提到的表现在容器和其他器物上的特点，也许就是本地区的殷商时期青铜文化的地方性的反映。

1977年8月，在北京平谷发现了一批殷代青铜容器，共16件。[⑤] 器形有鼎、方鼎、甗、鬲、斝、爵、卣、瓿、尊、壶、盉、盘等。尊的肩部有

①　《考古学报》1977年第2期，第81—82页，图一〇、一二。

②　《考古》1972年第4期，第30页。

③　《山西石楼新征集到的几件商代青铜器》，《文物》1976年第2期，第94页。

④　《考古》1973年第5期，图版贰：1。

⑤　《文物》1977年第11期。

三个突出的羊头。盉是那种流在器顶的早期形式。比较特殊的是提梁卣，下有三个柱状足，腹一侧有流，类似小屯 331 号墓的盉。这组铜器的年代相当于殷墟第一期。

和上述铜器共出的还有 1 件铁刃铜兵和若干金器。有两件金项圈，联系到保德的两件赤金弓形饰，有助于说明弓形饰的用途。所出的 1 件金耳圈和石楼后兰家沟出土的形状完全相同。

在河北省的青龙县曾发现过一批以弯刀为特征的青铜兵器，① 其中的兽头弯刀、曲尺形铜戚以及把刀首做成响铃等，在绥德墕头村和保德林遮峪的铜器中，也都曾发现过。

上述情形表明，北京地区的殷商青铜器文化很可能和石楼、保德一带的殷商青铜器文化有更密切的关系。至于它和夏家店下层文化有什么样的关系，现在还没有资料可以说明。

新中国成立以来，在辽宁省喀左县曾多次发现窖藏的殷周青铜器。1955 年在凌源马厂沟发现了包括匽侯盂在内的十多件铜器。② 1973 年在北洞又先后发现两批铜器，其一出 1 件瓿、5 件罍，其中一件罍有铭文（图一二：14）③，另一批计 1 件方鼎、2 件圆鼎、1 件簋、1 件罍和 1 件带流的钵形器，④ 其中三件有铭文（图一二：13）。1974 年在山湾子又发现 22 件铜器。⑤

从喀左的几次发现中可以获知：第一，它们都是由于某种原因而埋入的窖藏。第二，铜器中既有殷商晚期的，也有西周早期的器物，因此，这些铜器的入藏年代绝不早于西周早期，北洞的两个窖坑相距仅 3.5 米，很可能是同时的。第三，马厂沟出土的铜器中有匽侯盂，联系到北京琉璃河

---

① 河北省文化局文物工作队：《河北青龙县抄道沟发现一批青铜器》，《考古》1962 年第 12 期，第 644 页，图版伍。

② 热河省博物馆筹备组：《热河凌源县海岛营子村发现的古代青铜器》，《文物参考资料》1955 年第 8 期；《五省出土重要文物展览图录》图版二〇一二七，文物出版社 1958 年版。

③ 辽宁省博物馆、朝阳地区博物馆：《辽宁喀左县北洞村发现殷代青铜器》，《考古》1973 年第 4 期，第 225 页。

④ 喀左县文化馆、朝阳地区博物馆、辽宁省博物馆北洞文物发掘小组：《辽宁喀左县北洞村出土的殷周青铜器》，《考古》1974 年第 6 期，第 364 页。

⑤ 1975 年 1 月 15 日《辽宁日报》。

的发现①，可以推想西周初期燕的势力已经推进到辽西一带，而喀左应是一个重要的据点。第四，北洞的铜器上有多种铭记，表明这些铜器原来分属于不同的族，它们之被埋入窖内并不表示所属的族的活动。第五，这些窖坑都打破了夏家店下层文化，但是，没有证据说明这些铜器中的某些器物和夏家店下层文化有必然的联系。

殷商时期的遗址，在山东几乎遍布各地，发现青铜器的地点也较多。但是，最重要的乃是益都苏埠屯奴隶殉葬墓的发掘。苏埠屯的第一号奴隶殉葬墓是一座四个墓道的大墓，墓内殉葬奴隶48人。墓虽被盗掘，仍残存"亚醜"大铜钺等。② 这座墓的形制和安阳西北岗的大墓相似，所出器物也和殷商晚期的相同，应是当时在东方的诸侯或方伯一类人物的墓葬。或以为即殷末周初的薄姑。③ 苏埠屯过去就曾出过两组铜器，④ 根据它们的组合、器形和花纹来判断，应属殷墟第三期。

1957年在长清兴复河发现一批铜器，计鼎2、爵5、觚3、觯3、卣2、斗1、共16件。以后，又收集到2件方鼎、1件卣、1件罍和1件豆。⑤ 由于这些铜器并非发掘所得，它们的组合情形无从考察。但这两起铜器中的部分器物有相同的族徽记号（图一二：11、19），也许不是偶然的。从这两批铜器来看，和殷墟第三期的完全没有区别。

在山东，另一个发现殷商铜器比较多的地点是滕县、邹县一带。滕县井亭煤矿发现的一批铜器有容器18件，⑥ 其中的尊、卣、觯和一觚一爵有相同的族徽记号（图一二：16）⑦，应是同墓所出。在邹县，1971年和1973年先后发现过两座墓葬，前者出爵、觚、觯三种容器⑧，后者出一

---

① 中国科学院考古研究所、北京市文物管理处、房山县文教局琉璃河考古工作队：《北京附近发现的西周奴隶殉葬墓》，《考古》1974年第5期，第309页。

② 山东省博物馆：《山东益都苏埠屯第一号奴隶殉葬墓》，《文物》1972年第8期，第17页。

③ 殷之彝：《山东益都苏埠屯墓地和"亚醜"铜器》，《考古学报》1977年第2期。

④ 祁延霈：《山东益都苏埠屯出土铜器调查记》，《中国考古学报》第二册，1947年。

⑤ 山东省博物馆：《山东长清出土的青铜器》，《文物》1964年第4期，第41页。

⑥ 《山东滕县井亭煤矿等地发现铜器及古遗址墓葬》，《文物》1959年第12期，第67页。

⑦ 山东省文物管理处、山东省博物馆：《山东文物选集》普查部分，图七四至图七八，文物出版社1959年版。

⑧ 齐文涛：《概述近年来山东出土的商周青铜器》，《文物》1972年第5期，第3页。

爵、一觯①。上述各组铜器中有爵、觚、觯三种容器的颇不少，和 1962 年安阳大司空村 53 号墓类同，是殷墟第三期的特点之一。至于只出爵和觯者，其年代或许更晚。

1963 年在苍山也发现过一组铜器，有 1 甗、1 簋、1 尊、1 觯、2 爵、2 觚共 8 件，② 大多有相同的族徽记号（图一二：17）。这组铜器从组合、器形、花纹来考察，也是殷墟第三期的遗存。

以上列举了殷商时期诸侯、方国地区发现的青铜器。从这些资料中可以看出，属于殷商中期的只有黄陂盘龙城一处，其他都是殷商晚期的。这些铜器，无论是殷商中期，或是殷商晚期的，它们大多和郑州、安阳发现的相同，很少有地方性的差异。由此可知，至迟在殷商晚期，一个以殷帝国为核心的青铜文化的统一局面已经形成，它包括了辽阔的地域，北抵燕、幽，南逾江、汉，东至齐、鲁，西达沂、渭。这个文化统一体的出现，一方面反映了殷帝国和诸侯、方国之间长期的政治、经济联系和相互交融的必然结果，另一方面也反映了殷帝国的高度发展的青铜文化对于诸侯、方国地区的强有力的影响。

六　西周早期的青铜容器

在陕西关中地区，曾经发现过很多类似殷商晚期的青铜器，一般都认为是殷代的，或因其出于周人故地而称之为殷式的。在其他地区发现的殷末周初的铜器，也往往由于器形、花纹的类似而不易区分。因此，探讨西周初期青铜器的特点，指出它们与殷末铜器的不同，既可以提供探索早周青铜器的线索，也有助于判断殷末青铜器的界限。

在考古发掘的资料中，除了个别的例子，绝大多数的西周早期的铜器缺乏标明自身绝对年代的铭刻，因此，首要的问题是如何确定西周早期的铜器。

新中国成立以后，陕西地区的西周考古工作有了很大的开展，积累了

---

① 《山东省邹县又发现商代铜器》，《文物》1974 年第 1 期，第 77 页。
② 临沂文物收集组：《山东苍山县出土青铜器》，《文物》1965 年第 7 期，第 27 页。

不少资料，在陶器的分期断代上也取得了一定的成果。这就使我们能够在应用与年代明确的铜器进行对比的方法之外，有可能借助于对西周早期陶器的认识，以确定与之共存的铜器的年代，假定这些铜器确与陶器同时而不是早先传下来的。根据长安、岐山、宝鸡等地发掘的西周墓葬的资料，西周早期墓的随葬陶器，最常见的是鬲、簋、罐，这种组合形式和殷商晚期普遍随葬爵、觚的陶器组合形式是显然不同的。陶鬲的器形多作圆锥形空足或裆上部向里凹入的形式，① 这也不同于殷末的陶鬲。在宝鸡、岐山发现的一种高领袋足鬲，被认为是早于西周的，或称为早周的，它往往单独随葬，或和陶罐同出。② 那么，与之共存的铜器的绝对年代就大致相当于殷商晚期了。前些年，在岐山县京当公社发现了一组铜器，计鼎、斝、爵、觚、戈5件③，容器的形制、花纹和组合与辉县琉璃阁110号墓、郑州铭功路2号墓基本相同。如果这些铜器并非从殷人流入的，则周人自己制作的青铜容器或许要追溯到殷商中期的二里岗时期。

现将陕西长安普渡村④、马王村⑤、张家坡⑥，泾阳高家堡⑦，扶风齐家⑧、庄白⑨、召李⑩、岐山贺家⑪、宝鸡茹家庄⑫、甘肃灵台白草坡⑬等处

---

① 中国科学院考古研究所：《沣西发掘报告》图八六，文物出版社1962年版。

② 苏秉琦：《斗鸡台沟东区墓葬图说》图版肆，中国科学院1954年版。

③ 《陕西省岐山县发现商代铜器》，《文物》1977年第12期，第86页。

④ 石兴邦：《长安普渡村西周墓葬发掘记》，《考古学报》第八册，1954年；陕西省文物管理委员会：《长安普渡村西周墓的发掘》，《考古学报》1957年第1期。

⑤ 梁星彭、冯孝堂：《陕西长安、扶风出土西周铜器》，《考古》1963年第8期。

⑥ 张家坡178号墓见《沣西发掘报告》图版柒壹；101号墓见《1960年秋陕西长安张家坡发掘简报》，《考古》1962年第1期。其他各墓均为考古研究所发掘资料。

⑦ 葛今：《泾阳高家堡早周墓葬发掘记》，《文物》1972年第7期，第5页。

⑧ 陕西省文物管理委员会：《陕西扶风、岐山周代遗址和墓葬调查发掘报告》，《考古》1963年第12期，第656页。

⑨ 《陕西扶风出土西周伯㦰诸器》，《文物》1976年第6期，第51页。

⑩ 《陕西扶风县召李村一号周墓清理简报》，《文物》1976年第6期，第61页。

⑪ 长水：《岐山贺家村出土的西周铜器》，《文物》1972年第6期，第25页；陕西省博物馆、陕西省文物管理委员会：《陕西岐山贺家村西周墓葬》，《考古》1976年第1期，第31页。

⑫ 宝鸡茹家庄西周墓发掘队：《陕西省宝鸡市茹家庄西周墓发掘简报》，《文物》1976年第4期，第34页。

⑬ 甘肃省博物馆文物组：《灵台白草坡西周墓》，《文物》1972年第12期，第2页；甘肃省博物馆文物队：《甘肃灵台白草坡西周墓》，《考古学报》1977年第2期。

发现的西周早期墓葬的随葬铜器，按不同的组合形式列表如下。我们把年代明确的穆王时期的墓葬也列在表内，以资对比。

表七　　　　　　　　　　西周早期青铜器组合列表

出土地点	鼎	方鼎	鬲	甗	簋	盂	爵	角	觚	觯	尊	卣	斝	盉	壶	饮壶	罍	瓿	盘	斗	备注
61 长张 307 号墓							1			1											陶鬲 2、簋 1、罐 1
61 长张 404 号墓							1			1											图九：1、2. 陶鬲 1、簋 1、尊 1
67 长张 16 号墓							1			1											陶鬲 2、簋 1、罐 1
67 长张 28 号墓							1			1											陶鬲 1、方座簋 1、尊 1、罐 1
扶齐 8 号墓							1			1											陶簋 1
57 长张 178 号墓	1				1																图九：3、4. 铜器盖 1、陶鬲 1、簋 1、罐 1
60 长张 101 号墓	1				1																陶鬲 1、簋 1、壶 1、罐 3
67 长张 54 号墓	1				1																陶鬲 1、罐 1
73 岐贺 5 号墓	1				1																陶鬲
73 岐贺 6 号墓			1		1																陶鬲、簋、罐、豆
67 长张 85 号墓					1		1			1											陶鬲 1
扶召李 1 号墓	1									1	2										陶鬲 1、簋 1、罐 1。图一二：25
61 长张 106 号墓	1				1		1		1	1											图一二：20

续表

出土地点	鼎	方鼎	鬲	甗	簋	盂	爵	角	觚	觯	尊	卣	罍	盉	壶	饮壶	罍	瓶	盘	斗	备注
长普 2 号墓	1		2		1		2					1							1		陶簋 2。图一二：22
67 长张 87 号墓	2			1		2		1		1	1								1		陶鬲 1
63 长马 1 号墓	2			1	1		2		1	1		1									图一〇
73 岐贺 1 号墓	1				1						2	1			1	1			1		图一二：24、27
泾高 1 号墓	2			1	2		2		1	1	2		1					1			陶罐 1。图一二：21、23
66 岐贺 1 号墓	2	2			1			1			1				1				1		铜四足五连器 1
67 灵白 1 号墓	5	2		1	2		1	1		1	2	3	1	1					2		图一一；图一二：26、28
扶庄白 1 号墓	1	2		1	1	1	2			1			1	1	2			1			
长普长甶墓	4		2	1	2		2		2		1		1					1	1		铜钟 3
宝茹 1 号墓乙	5	3	2	1	5		2		1	5	1		1	2		1		2	1		铜钟 3、豆 4、陶罐 8

以上 23 组铜器，表现为几种不同的组合形式。第一种是爵和觯的组合（图九：1、2），共 5 例。它们都有共存的随葬陶器，从陶器的组合和器形来判断，它们绝不会晚于西周早期。这种组合形式和殷商晚期的爵和觚的组合虽然都是酒器，却是一则以觯，一则以觚，似有所不同。殷商末期已经出现觯，但在组合形式上从未排斥过觚，仅出爵、觯的只有 1972 年邹县发现的一个例子。然而，在西周初期，存觯去觚的例子颇不少见，除去上表已列的，北京琉璃河发现的几座西周早期墓也都是有爵、觯而没有觚的。① 第二种组合形式是鼎和簋的组合（图九：3、4），共 5 例，其中

---

① 《考古》1974 年第 5 期，第 310 页登记表。

岐山贺家 6 号墓以鬲代鼎。它们大多也有可供判定年代的随葬陶器。这种组合形式不仅见于关中，也见于河南、河北、山西等地的西周早期墓中，可以看作是周初最普遍的基本组合形式。这和殷商晚期的爵、觚组合形式区别是显著的，也是颇为严格的。①

　　上述的两种组合形式是同时并存的，还是先后交替的？是周人、殷遗的不同，抑或葬仪的变化？在西周初期，曾经厉行禁酒，这对于上层的统治阶级当然不会有什么影响的，但是对于随葬一两件铜器的阶层或有相当的约束力也未可知。如果这样，第一种组合形式的下限则在西周初年。

　　第三种组合形式是食器和酒器的复合形式。这种组合的基本器类是鼎、簋、爵、觚、觯、尊、卣等，和殷墟第三期的组合形式相同。1973 年岐山贺家 1 号墓出了瓴和斝，但又有百乳簋，其年代应在灭殷以前，相当于殷墟第三期。长安普渡村 2 号墓出了两件铜鬲，似是仿造早周的陶鬲。

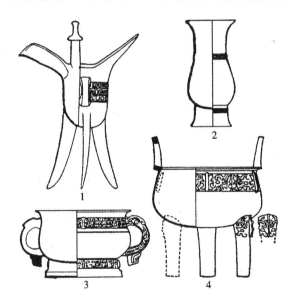

图九　西周早期的铜器

1、2. 第一种组合（61 年长安张家坡第 404 号墓）

3、4. 第二种组合（57 年长安张家坡第 178 号墓）

---

①　据《殷墟发掘展览目录》，安阳西北岗 1601 号墓出鼎、簋各一。簋的图像见《殷代铜器》图28。殷墓而有此种组合形式者很少见。

普渡村的长由墓中也有这种铜鬲，两墓的年代可能相近。其他如长安张家坡 87 号墓、马工村 1 号墓和泾阳高家堡墓都是西周初年或更早一点的遗存（图一〇）。

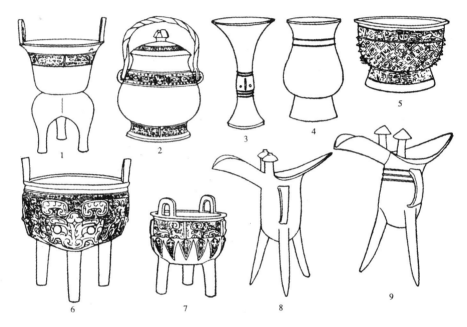

图一〇　西周早期的铜器
第三种组合（63 年长安马王村第 1 号墓）

第四种组合形式都有 3 件以上的鼎，虽然它们不一定形制相同，大小依次相递，也可以借用列鼎的名称，称为列鼎组合形式。在上表内有岐山贺家 1966 年 1 号墓、扶风庄白 1 号墓、长安普渡村长由墓、宝鸡茹家庄 1 号墓和甘肃灵台白草坡墓五例（图一一）。由于这些墓的墓主人的社会地位，如潶伯、弬伯、录伯，随葬的铜器较多。长由墓是穆王时期的，录伯彧墓和弬伯墓是昭穆之际的，贺家 1 号墓出史临簋，可以据此推定其年代，潶伯墓的随葬器物也显示出西周早期的特点。这种组合形式由来已久，从黄陂盘龙城李家嘴 1 号、2 号墓到殷墟 5 号墓，再到潶伯墓、弬伯墓，可以看到殷商中期至西周前期奴隶主统治阶级的上层分子在随葬用器上的一贯脉络。

图一一　西周早期的铜器第四种组合

（1967 年灵台白草坡第 1 号墓）

应该指出的是西周初期的铜器有不少是有铭文的，但绝大多数铭文简短。同一组合的铜器，其铭文可以是相同的，也可以是完全不同的。如潶伯墓的铜器铭文多达十种，而同铭者仅潶伯二卣一尊。由此可见，根据铭文相同得出的铜器组合情形往往是不够全面的。而不同铭的同一组合铜器，它们虽非一人之器或一家之器，但重要的是已经组成的形式，而这种反复出现的组合形式，才是实际生活中的真实反映。

周初铜器的形制和纹饰在很多方面继承了殷商晚期的铜器，但从上述各组铜器中仍然可以发现在某些方面的特点。

图一二　殷商、西周早期铜器的部分铭文

1. 郑州白家庄 2 号墓罍　2. 小屯 5 号墓偶方彝　3. 小屯 238 号墓爵　4. 西北岗 1022 号墓方彝
5. 安阳武官村大墓 E9 簋　6. 湖南宁乡卣　7. 河南温县斝　8. 山西石楼义牒觚　9. 湖南宁乡卣
10. 湖南宁乡鼎　11. 山东长清卣　12. 西北岗 1400 号墓尊　13. 辽宁喀左方鼎　14. 辽宁喀左罍
15. 大司空村 53 号墓觯　16. 山东滕县尊　17. 山东苍山簋　18. 陕西绥德鼎　19. 山东长清方鼎
20. 长安张家坡 106 号墓鼎　21. 陕西泾阳卣　22. 长安普渡村 2 号墓爵　23. 陕西泾阳尊　24.
陕西贺家 1973 年 1 号墓瓿　25. 陕西扶风召李 1 号墓卣　26. 甘肃灵台觯　27. 陕西贺家 1973 年 1
号墓簋　28. 甘肃灵台爵

泾阳高家堡一组铜器中有两件方座簋，1967 年长安张家坡 28 号墓出土了一件陶的方座簋。这种簋已被确认是周初特有的器形，一般为双耳或四耳，垂珥，簋耳的兽角耸出器口，圈足下有方座。这两件铜簋上的花纹是张口、短身、躯体卷迴的所谓团龙式的夔龙纹。同墓所出的一卣和尊，也是以这种纹饰为主题，且有相同的图像记号，当是一时所铸。这种纹饰是周初颇具特征的纹饰，如喀左县北洞村第 2 号坑发现的铜器中有一件方座簋，另一件罍就是以这种花纹为主题的。1966 年岐山贺家 1 号墓出土的一件罍和四川彭县出土的一件罍①也是采用这种纹饰的。

西周初期的铜鼎，除了继承殷商晚期的分裆鼎和安阳后岗杀殉坑所出的类似大盂鼎这两种形式外，最常见而又富于特点的是一种口部呈桃圆形、敛颈、袋状腹的立耳柱足鼎。这种鼎的腹部最大径靠近底部，自中腹以下略作弛垂之状。例如 1973 年岐山贺家 5 号墓所出的铜鼎就是这种形状。也有不少方鼎，四角多有扉棱装饰，口下多饰凤鸟纹或双蛇相对的纹饰，腹有凹字形的乳钉纹。方鼎或有盖，如扶风庄白和宝鸡茹家庄所出的。鼎的纹饰多用饕餮兽面纹，这也是西周初期铜器上最普遍的花纹。周初的饕餮纹不如殷商时期那么规整，而是逐渐趋向于图案化，一般多采用饕餮纹的兽面部分，而简去作为躯体的夔龙，或分割列于两旁，饕餮的双角或卷曲，或变成双蛇相对的形状。

夔凤纹是西周初期最盛行的花纹之一，多做回首、垂冠、卷尾的大鸟形状，或做分尾的小鸟，组成带状的纹饰。这种花纹多见于卣、簋等器上，如宝鸡茹家庄 1 号墓乙所出的提梁卣。这件卣的腹部最大径也偏在底部，与上述鼎的特点相同，而卣盖两侧有突起的犄角，这是西周早期卣的一种典型器形。灵台白草坡出土的两件潶伯卣，作圆筒状，是一种新的器形。灵台白草坡、1966 年岐山贺家所出的两件角，都饰凤鸟纹，两器形制相同，都有盖，应是西周初期的典型器形。尊的变化不大，多作殷墟第三期那种侈口筒腹高圈足的形状。宝鸡茹家庄所出的尊，器体很矮，圆鼓腹，矮圈足，是很特殊的形式，可能是最后的发展形式。

---

① 王家祐：《记四川彭县竹瓦街出土的铜器》，《文物》1961 年第 11 期，第 31 页，图 5 及封面图版。

殷商晚期一些常见的动物形纹饰，如虎纹、龟纹等，在西周初期的铜器上极罕见了。相反，出现了一些纹饰简朴的铜器，一般是在素地上饰两周弦纹，或在中间加一突起的兽头。或将饕餮纹、夔纹简化成为窄条带状，饰在器口部分。这是铜器花纹由殷商晚期的繁缛瑰丽归于自然的变化，也是周初铜器的显著特点之一。这种特点既表现于食器上，也表现于酒器上。在周初的酒器中，觚是明显地衰微了，代之而起的觯在殷墟第二期就出现了，但是扶风齐家8号墓所出的那种细高的觯却是一种新的形式，也是西周初期所特有的。

本文承夏鼐所长多所指正。已故的王伯洪同志，还有几位师友也都提过很好的意见。文中插图是曹继秀同志绘的。

1965 年 9 月初稿

1977 年 10 月三稿

（原载《考古学报》1979 年第 3 期）

论宁乡黄材的青铜文化

一　宁乡黄材发现的青铜器和炭河里遗址的发掘

宁乡黄材素以发现商周时期的青铜器而著称。据统计，在宁乡境内发现的先秦以前的青铜器已达330余件①，其中包括1938年在黄材月山铺出土的四羊方尊②。但是，这些青铜器绝大多数是偶然发现或征集所得，情况不明，这在很大程度上限制了对当地青铜文化的认识。

早在1963年，高至喜先生就在黄材发现商周时期的遗址，并认为它和周围地区出土的青铜器有联系③。但是，直到2001—2005年，才由湖南省文物考古研究所等单位对遗址进行较大规模的发掘，有重要的发现，才在这个问题上取得重大的突破④。

炭河里遗址的发掘非常重要，它激活了宁乡发现的青铜器群，使我们得以在考古学文化的层面上重新认识宁乡黄材的青铜文化，进而推动长江流域青铜文化的进一步研究。

二　宁乡黄材青铜文化的主要特征

1. 炭河里遗址发现一段残长约225米、宽12—15米的弧形城墙，城

---

① 向桃初：《湘江流域商周时期考古学文化研究》，北京大学博士研究生学位论文，2006年11月。

② 中国青铜器全集编辑委员会：《中国青铜器全集·商4》，图版115，文物出版社1998年版。

③ 高至喜：《湖南宁乡黄材发现商代铜器和遗址》，《考古》1963年第12期。

④ 湖南省文物考古研究所、长沙市考古研究所、宁乡县文物管理所：《湖南宁乡炭河里西周城址与墓葬发掘简报》，《文物》2006年第6期。

墙外侧有一条壕沟，表明该遗址是一处设防的中心聚落遗址。

　　2. 在城墙内侧发现两处大型建筑基址，残长 30 余米，残宽 15—20 米。基址由黄土筑成，其上有排列有序的网状柱坑。表明该中心聚落遗址内有大型建筑物。

　　3. 在城外的寨子村发现有同时期的墓葬遗存。墓为长方形竖穴，葬具与尸体均无存，随葬器物有青铜器、玉器、陶器等，但大都残破，不能复原，这种情形有可能是因被扰或特殊的葬俗造成的。墓葬的发现很重要，它把墓葬中发现的铜鼎、卣、爵等器的残片（图一）和硬陶罐与黄材发现的青铜器以及遗址出土的陶器联系在一起，构成完整的考古学文化遗存。

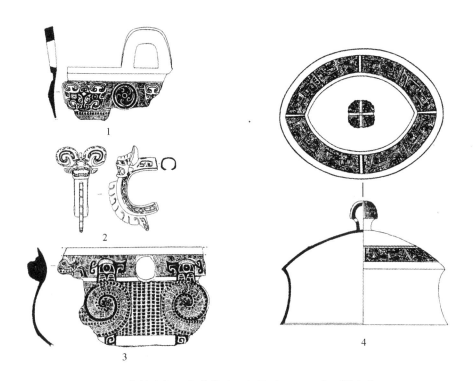

图一　黄材青铜文化墓葬出土铜器线图（采自《简报》）

　　1. 鼎 M8∶11（1/2）　2. 器銎 M1a∶7（1/3）　3. 鸮卣 M10∶4（1/2）　4. 卣盖 M4∶35（约 1/2）

4. 宁乡黄材及其周围发现的青铜器，器形主要有鼎、卣、瓿、罍、铙等，而以铙的数量最多，也最具特色。鼎的形式有方鼎[①]、分裆鼎[②]和圆鼎。卣有两种：一种是提梁连接长径两端，盖无犄角[③]，其中一件出土时器内藏玉器 1172 件；另一种是提梁连接短径两侧，盖有犄角[④]，其中一件出土时器内藏玉器 330 余件。此外，还有一种鸮卣，如 M10 出土的残器（图一：3）[⑤]。瓿也有两种，一种无器盖[⑥]，另一种为有盖瓿，出土时器内藏小铜斧 224 件[⑦]。罍为小口、圆肩、双耳衔环、腹下有鼻[⑧]。此外，还有方尊、盉、瓢等。

铙发现的数量最多，常常是多件同出，而出土地点比较集中在老粮仓一带。铙大致分为两种，一种是钲部饰兽面纹，有的在隧部更饰象纹或虎纹。1959 年在老粮仓师古寨一坑出土 5 件，其中 2 件隧部饰象纹，2 件隧部饰虎纹[⑨]。1978 年又在老粮仓发现 2 件，其中一件内壁铸有 4 只卧虎[⑩]。1983 年在黄材月山铺发现 1 件，隧部饰象纹，重 221.5 公斤，是目前所见最大的铙[⑪]。另一种铙钲部饰乳丁纹，1993 年老粮仓一次出土 9 件，被称为"编铙"[⑫]。

黄材青铜器的装饰纹样主要有兽面纹、鸟纹、象纹、虎纹、羊纹等动物纹样，也有圆涡纹、直棱纹、连珠纹等辅助纹饰，而以方鼎的人面纹最为奇特，这在青铜礼器的纹样中是极为罕见的。

---

① 高至喜：《商代人面方鼎》，《文物》1960 年第 10 期。

② 高至喜：《湖南宁乡黄材发现商代铜器和遗址》，《考古》1963 年第 12 期。

③ 熊传薪：《湖南宁乡新发现一批商周青铜器》，《文物》1983 年第 10 期。

④ 湖南省博物馆：《湖南省工农兵群众热爱祖国文化遗产》，《文物》1972 年第 1 期；宁乡县文管所：《湖南宁乡横市镇出土一件商代提梁卣》，《考古》1999 年第 11 期。

⑤ 周亚先生发现该器与同墓所出的器鋬（图一：2）可以斗合，他认为该器应是觥的残器。但在湖南的其他地方确曾发现和征集到好几件鸮卣。参见《文物》1960 年第 3 期。

⑥ 宁乡县文管所藏品，2001 年出自黄材沩水中。

⑦ 高至喜：《湖南宁乡黄材发现商代铜器和遗址》，《考古》1963 年第 12 期。

⑧ 益阳地区博物馆：《宁乡黄材出土周初青铜罍》，《湖南省博物馆文集》，岳麓书社 1991 年版。

⑨ 湖南省博物馆：《湖南省博物馆新发现的几件铜器》，《文物》1966 年第 4 期。

⑩ 熊传薪：《湖南宁乡新发现一批商周青铜器》，《文物》1983 年第 10 期。

⑪ 益阳地区博物馆：《宁乡月山铺发现商代大铜铙》，《文物》1986 年第 2 期。

⑫ 长沙市博物馆等：《湖南宁乡老粮仓出土商代铜编铙》，《文物》1997 年第 12 期。

在现知的黄材青铜器中有5件是有铭文的，大都是两三个字的族徽铭记。人面方鼎有"大禾"两字，卣有"戈"字，其他3器鼎有"己𣄣"，卣有"癸𣄣"，罍有"𣄣父乙"。"戈"和"𣄣"均为殷墟青铜器中常见的族徽铭记，由此可知两者之间的关系。

5. 黄材青铜文化的陶器群主要是夹砂陶，也有少量的硬陶。纹饰以方格纹为主，也有弦纹、篮纹和绳纹。器形主要有鼎、釜、罐等，釜形鼎为其典型器物，也有少量的鬲。

陶鼎主要有两种，一种是直口、圆腹、双立耳、三圆柱足的仿铜式鼎（图二：1、4）；另一种是侈沿、折腹、圜底、无耳、三圆锥足的釜式鼎（图二：2、3）。这是由当地盛行陶釜（图二：6、7）发展变化而成，是黄材青铜文化最典型的器形。炊器中鬲的数量很少，有分裆的（图二：5），也有联裆的。其形态更接近于西周时期的陶鬲。高圈足簋（图二：8）也具有西周时期的特征。罐的数量较多，形态各异，有圜底的（图三：6），折肩平底的（图三：1、2），也有直口圆腹的（图三：7）。此外，还有瓮、盆（图三：3）、壶（图三：5）、器盖（图三：9、10）等各种器形。

硬陶器数量很少，多为罐类，遗址和墓葬均有出土（图三：11—13）。

6. 在宁乡周边地区，很多地点都曾发现商周时期的青铜器和大铙，但可以确认属于黄材青铜文化的，迄今只有望城高砂脊一处[①]。

望城高砂脊于1996年和1999年经两次短期发掘，发现同时期的遗址和墓葬。遗址很单纯，只有一层文化层。陶器主要是夹砂陶，其次是泥质陶，也有少量的硬陶。器形主要有釜、鼎、罐等。釜的数量很多，大都为宽折沿、圆腹圜底，饰方格纹。鼎多以釜为器身，下接三个尖锥状鼎足。罐的种类也较多，有高领罐和矮领罐。此外，也发现少量鬲足。其内涵与黄材青铜文化的陶器群完全相同。

墓葬共发掘19座，其中3座随葬有铜器，其他均随葬陶器。随葬器物

---

① 湖南省文物考古研究所等：《湖南望城县高砂脊商周遗址的发掘》，《考古》2001年第4期。

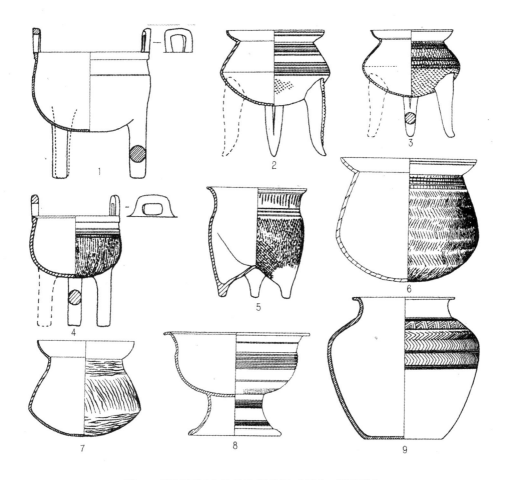

图二　黄材青铜文化的陶器线图（采自《简报》）

1、4. 鼎（⑥:36、⑥:7）　2、3. 釜形鼎（⑦:4、⑥:9）　5. 鬲（⑥:38）　6、7. 釜（⑥:83、⑥:40）　8. 簋（⑤:3）　9. 瓮（⑥:85）（均出自05G5城内壕沟。1、6—9为1/8，2—5为1/6）

都被打碎后埋在墓内，其葬俗和黄材发现的墓葬相同。高砂脊 M1 是随葬铜器较多的墓，经复原的铜礼器有鼎8件、尊1件，此外，还有矛、刀、斧等。大型鼎1件，敞口、深腹、双立耳，三圆柱状足，口下饰一周兽面纹和夔龙纹，腹部饰一周三角蝉纹，内壁有"酉"字铭文（图四:1）。小型鼎7件，或是明器，形态略有不同，有直口的，也有盘口的，分别饰兽面纹、三角蝉纹和圆涡纹（图四:2—6）。尊也是小型器，大侈口、折

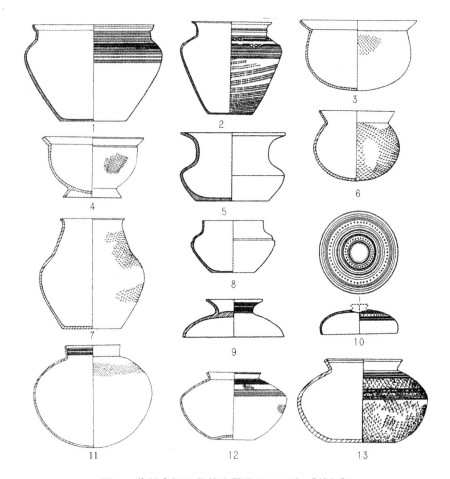

图三 黄材青铜文化的陶器线图（采自《简报》）

1、2、6—8. 罐（⑥:37、⑥:30、⑥:55、⑥:81、⑥:41） 3. 盆（⑥:75） 4. 簋（⑦:6）
5. 壶（⑥:66） 9、10. 器盖（⑥:22、⑤:2） 11—13. 硬陶罐（⑥:13、⑦:7、M8:8）（除13外，
均出自05G5城内壕沟。1、3、4、7为1/8，2为1/10、5、8—11、13为1/4、6为1/6、12为1/5）

肩、高圈足，饰弦纹（图四:7）。从青铜礼器的形制来说，它们和殷墟时
期的铜器很相似，铜器的纹饰也是殷墟时期铜器上常见的，特别是双躯连
体兽面纹（图四:2、4、5）时代特征很明确①。但是，其中也有显示地方

———————————

① 陈公柔、张长寿：《殷周青铜容器上兽面纹的断代研究》，《考古学报》1990年第2期。

特色的，如盘口鼎。凡此，均可作为考古学文化面貌进一步深入探讨的
参考。

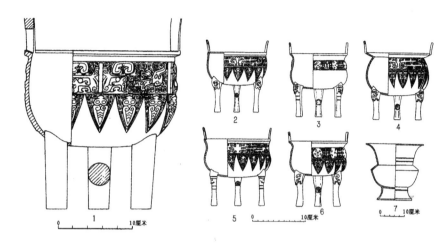

图四　高砂脊 M1 出土的青铜礼器线图（采自《简报》）

　　1. 大型铜鼎（M1:18）　　2—6. 小型铜鼎（M1:4、M1:2、M1:7、M1:6、M1:3）7. 小型铜尊
（M1:28）

三　黄材青铜文化和周边青铜文化的比较

　　宁乡黄材青铜文化的出现并不是一个孤立的现象，此前，在南方的长
江流域出现多个各具特色的青铜文化中心，比较这些青铜文化遗存的异
同，可以充分反映出商周时期长江流域青铜文化发展的全貌。

　　1. 黄陂盘龙城青铜文化遗址是一处包含有城址、宫殿建筑基址、居住
址、墓葬等遗迹的大型设防中心聚落遗址①。城址为方形，四垣周长 1100
米，城外有壕，城内东北部有大型宫殿建筑，据称该城当是宫城。宫殿建筑
基址发掘了两座，南北平行排列，其中的 F1，长方形，东西长 39.8 米、南
北宽 12.3 米，建筑基址周围发现 43 个柱穴，为四室结构，四周有回廊。

────────────

　　①　湖北省文物考古研究所：《盘龙城——1963—1994 年考古发掘报告》（上、下），文物出版社
2001 年版。

　　从居住址中发现的陶器主要有鬲、甗、斝、簋、罐、大口尊（图五）等。

　　鬲多为分档、高锥足；斝为敛口、单鋬；大口尊为侈口、深腹、圜底。器形与二里冈时期的商文化相同。

　　青铜礼器主要出自墓葬。盘龙城李家嘴 M2 是已发现的最大的墓葬。墓坑为长方形竖穴，长 3.67 米、宽 3.04 米，方向 20 度。墓内的棺椁已朽，墓主人尸骨无存，而有 3 个殉葬人。随葬器物有铜礼器、兵器、工具、

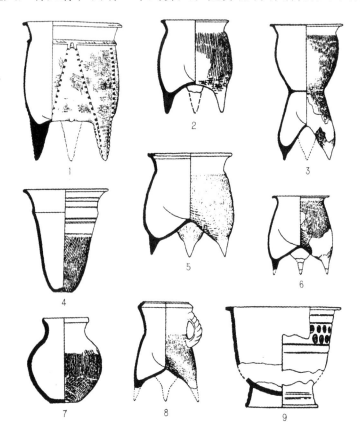

图五　盘龙城青铜文化的陶器线图（采自《中国考古学·夏商卷》）

1. 鬲（YWH6∶37）　　2. 鬲（PLZM2∶48）　　3. 甗（PWZT80⑥∶2）　　4. 大口尊（楼 G1④∶3）

5. 鬲（YWT23④∶1）　　6. 鬲（PWZT71⑦∶5）　　7. 罐（楼 G1④∶4）　　8. 斝（PYZT6⑤∶3）　　9. 簋
（YWTl7③∶5）

陶器、玉器等。铜礼器共 18 件，器形有鼎、鬲、甗、瓿、爵、斝、尊、簋、盉、盘（图六）。鼎有圆锥形足，也有扁形足，瓿为粗腰形，

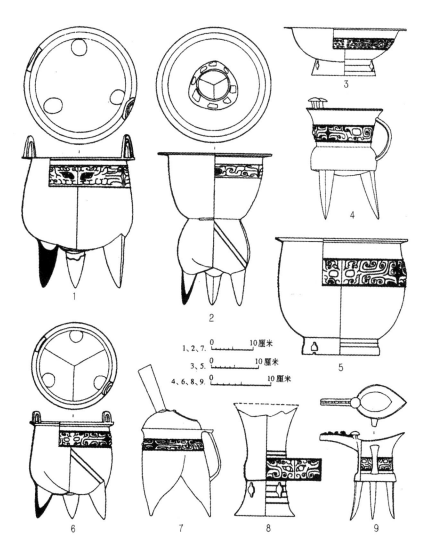

图六 盘龙城青铜文化李家嘴 M2 出土青铜礼器线图

（采自《中国考古学·夏商卷》图 4—15）

1. 鼎（M2:55） 2. 甗（M2:45） 3. 盘（M2:1） 4. 斝（M2:19） 5. 簋（M2:2）
6. 鬲（M2:38） 7. 盉（M2:20） 8. 瓿（M2:5） 9. 爵（M2:12）

爵有管状流，盉顶有管状流。花纹大多为歧尾兽面纹，个别的如尊饰卷尾连体兽面纹①。

根据发掘报告的意见，盘龙城建于遗址的第4期，经第5期、第6期，而废于第7期。根据打破城墙的墓葬（HPCYM1）所出随葬铜器的组合和器形特征，大致相当于郑州商文化的白家庄时期。

盘龙城青铜文化的陶器群和黄材有很大的不同，主要的器类有别，形制、纹饰相异，属于不同的谱系。青铜礼器基本相同，在器类上黄材远不及盘龙城丰富，但盘龙城不见有铙。两地墓葬的葬俗也不相同。由此可见，盘龙城和黄材是两种不同的青铜文化，在年代上，盘龙城当早于黄材。

2. 清江吴城和新干大洋洲的青铜文化的吴城遗址于1973—2002年先后发掘10次②。发现城址一座，平面呈圆角方形，周长2960米，有6处城门遗迹。城垣底部挖基槽，城墙为堆筑而成，城外有护城壕。城内发现有祭祀建筑基址，还有半地穴居址和窑址，但没有发现大型宫殿式建筑遗迹。

吴城文化的陶器群主要有鬲、鼎、甗、罐、尊、瓮、豆等，也有硬陶和釉陶的罐和尊。鬲有分裆的，也有联裆的；鼎有锥足、扁足、柱足等不同形式；豆可分假腹豆、盘形豆两类；甗形器最具特色，上部为甑，下为圜底釜。纹饰主要有绳纹，但带状圆圈点纹非常盛行。吴城文化一般被分成早、中、晚三期，早期相当于商文化二里冈上层时期，中期相当于殷墟文化第一期、第二期，晚期相当于殷墟文化第三期、第四期（图七）。吴城文化的遗存可以大致分为甲、乙两组，甲组具有浓厚的地方特点，乙组则有较多的商文化特征③，而前者占据主要的地位。由此可知吴城文化乃是受到商文化影响很大的地方性土著青铜文化。

① 陈公柔、张长寿：《殷周青铜容器上兽面纹的断代研究》，《考古学报》1990年第2期。
② 江西省文物考古研究所、樟树市博物馆：《吴城——1973—2002年考古发掘报告》，科学出版社2005年版。
③ 李伯谦：《试论吴城文化》，《文物集刊》1981年第3期。

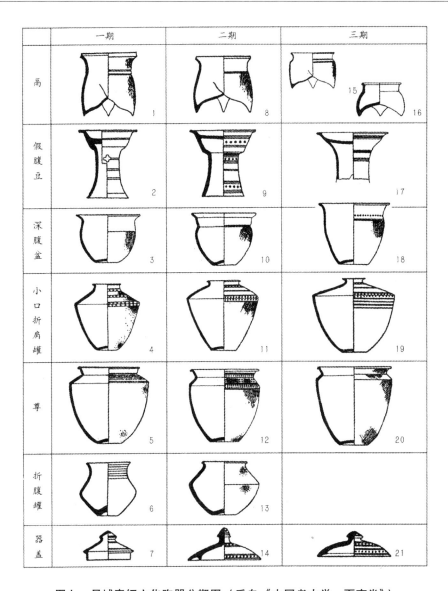

图七　吴城青铜文化陶器分期图（采自《中国考古学·夏商卷》）

1. 鬲(74 秋 T7⑤:1)　2. 假腹豆(74 秋 T7⑤:15)　3. 深腹盆(74 秋 T7⑤:10)　4. 小口折肩罐(74 秋 T7⑤:29)　5. 尊(74 秋 77⑤:47)　6. 折腹罐(74 秋 T7⑤:46)　7. 器盖(74 秋 T7⑤:70)　8. 鬲(74 秋 WT4H1:1)　9. 假腹豆(74 秋 ET5H4:5)　10. 深腹盆(74ET9③:27)　11. 小口折肩罐(74 秋 T7③:93)　12. 尊(74 秋 T2④:2)　13. 折腹罐(74ET10③:27)　14. 器盖(74ET9③:31)　15. 鬲(74 秋 ET7H8:10)　16. 鬲(74 秋 ET9H11:8)　17. 假腹豆(75 黄 M1:2)　18. 深腹盆(74 秋 ET9H11:19)　19. 小口折肩罐(7S 黄 M1:7)　20. 尊(74 秋 ETTH8:11)　21. 器盖(74ET9H11:31)

新干大洋洲大墓的发现为吴城青铜文化增添了极其重要的内涵①。新干大墓出土的随葬陶器共139件，其中硬陶、釉陶器占20%，器形主要有鬲、罐、尊、瓮、盆、豆、簋和器盖等。鬲有分裆、联裆两种，器多高领，颈腹间有折棱，饰细绳纹，颈部饰圆圈点纹。硬陶罐多为小口、折肩，颈部饰圆圈点纹。有的陶器上有刻画的单个文字或符号。这些特征与吴城遗址出土的陶器群完全相同。

新干大墓出土的青铜礼器有鼎、鬲、甗、壶、卣、罍、瓿、盘、豆、瓒10种共48件（图八），其中鼎最多，共30件，约占总数的三分之二。鼎有方鼎、柱足鼎、锥足鼎、扁足鼎等几种，而以方鼎和扁足鼎最具特色②。双耳上多有伏虎形装饰，纹饰多为连体卷尾兽面纹，上下夹以连珠纹。青铜乐器有3件铙、1件镈。铙长甬无旋，饰云纹、连珠纹、勾连雷纹和兽面纹，形制、纹饰均与黄材出土的铙有所不同。最为奇特的是青铜的双面神人头像（图八：8）和伏鸟双尾虎，前者或是宗教用法器，后者应与鼎耳上虎形装饰同属民族崇拜的信物。此外，大墓中还出土了大量的兵器和工具。发掘报告根据出土器物的特征认为新干大墓是具有浓厚地域特色的吴城青铜文化的有机组成部分，属吴城文化第二期，其年代相当于殷墟文化的早段。

吴城青铜文化和黄材青铜文化的陶器群有着明显的不同，前者以鬲为主体，后者则以鼎、釜为主，黄材的地方特征更为突出。从青铜器来看，黄材的青铜器有更多商文化的因素，而新干大墓的青铜器有更多的地方特色。两地所出的铜铙也有明显的不同。由此可知，吴城和黄材的青铜文化两者属于不同的系统，而前者的年代略早。

3. 广汉三星堆青铜文化遗址发现于20世纪30年代，80年代以后，连续多次发掘③，1986年发现一号、二号祭祀坑④，遂确立了三星堆青铜文化。

---

① 江西省文物考古研究所、江西省博物馆、新干市博物馆：《新干商代大墓》，文物出版社1997年版。

② 张长寿：《新干出土鼎形器的比较研究》，《商周考古论集》，文物出版社2007年版。

③ 四川省文物管理委员会、四川省博物馆、广汉县文化局：《广汉三星堆遗址》，《考古学报》1987年第2期。

④ 四川省文物考古研究所：《三星堆祭祀坑》，文物出版社1999年版。

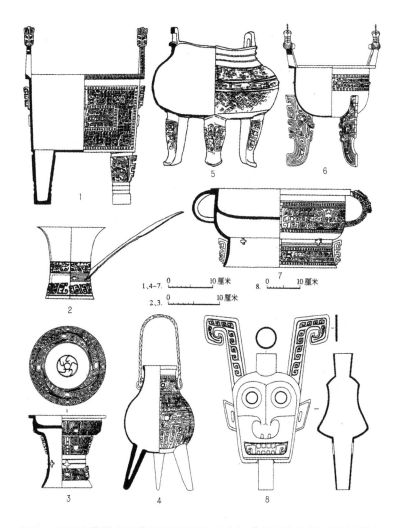

图八　新干大墓发现的青铜礼器线图（采自《中国考古学·夏商卷》）

1. 兽面纹虎耳方鼎（XDM：12）　2. 瓚（XDM：50）　3. 豆（XDM：42）　4. 三足提梁卣（XDM：49）　5. 瓿形鼎（XDM：30）　6. 乌耳夔形扁足圆鼎（XDM：26）　7. 盘（XDM：43）　8. 双面神人头像（XDM：67）

三星堆遗址的东、西、南三面都发现有土埂状的堆筑城墙，北抵鸭子河。城东西长 1600—2100 米。两个祭祀坑就发现在城的西南部。

三星堆遗址最早的文化堆积即第一期是属于龙山时期的。第二期至第四期是三星堆文化。其陶器以夹砂褐陶为主，器形主要有小平底罐、高柄

豆、盉、圈足盘等，稍晚还出现尖底盏、尖底杯等（图九）。一号祭祀坑
内出土的陶器经复原的共 39 件，器形有罐、盘、尖底盏和器座，其中绝
大部分为尖底盏和器座，与遗址出土的陶器相同。三星堆青铜文化的陶器
群没有发现鬲、鼎一类器形，与盘龙城、吴城、黄材诸青铜文化的陶器显
然属于不同的谱系。

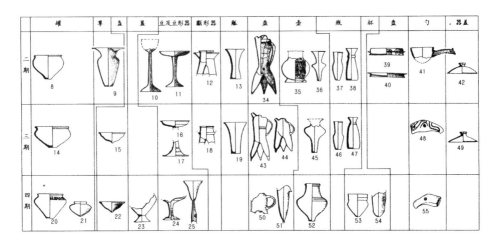

图九　三星堆文化的陶器（采自《中国考古学·夏商卷》图 8—17）
标本略去器号　四期为十二桥遗址出土陶器

一号、二号祭祀坑发现的青铜礼器共 21 件，器形有尊、罍、瓿、盘
等，全部都经焚毁致残，半数不能复原。尊的数量最多，共 11 件，有圆
尊、方尊。一号祭祀坑出土的龙虎纹尊，大侈口、折肩、深腹、高圈足，
肩上饰三个凸出的龙首形牺首，腹部饰双身虎形口部食人纹饰（图十：
1），器形和纹饰都和安徽阜南出土的龙虎尊相似①。二号祭祀坑出尊 9 件，
除一件方尊残而不能复原外，其他圆尊器形相同，圈足有高有矮，肩上除
牺首外还有鸟形突饰，花纹都是连体卷尾兽面纹，也有分解兽面纹，大都
纹样繁缛（图十：2—4）。罍共 6 件，均出自二号祭祀坑内。器形大都相
同，敞口、直颈、斜肩、深腹、圈足。肩上都有牺首，有的还有鸟形突

① 葛介屏：《安徽阜南发现殷商时代的青铜器》，《文物》1959 年第 1 期。

饰。花纹都是满花的，大都是连体卷尾兽面纹，也有上下夹以圆圈纹带，还有圆涡纹。一件方罍，肩上和盖上都有鸟形突饰，纹饰与圆罍相同（图十一）。其他器类很少，有盘和器盖，瓿和壶只有残片，不能复原。

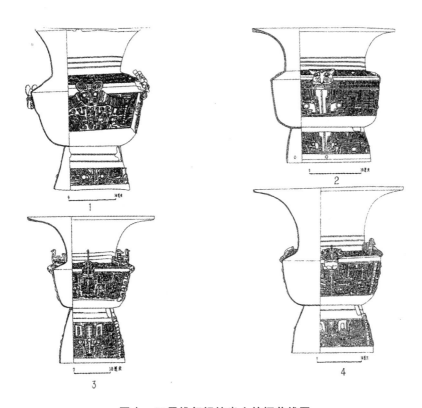

图十　三星堆祭祀坑出土的铜尊线图

1. 铜龙虎尊（k1：158、258）　2. 铜圆尊（k2②：112）　3. 铜圆尊（k2②：146）　4. 铜圆尊（k2②：129）

三星堆青铜文化的最大特点是出土了大量的铜人像、铜人面具和神器。铜人像有立像、跪像（图十二：1、2），铜人头像两坑共出53件，其中4件有金面罩，此外，还有人面具和双目突睛的兽面具（图十三），以及神树、神坛（图十二：3、4）等。这类遗物在别的青铜文化遗存中是从来没有见到过的。

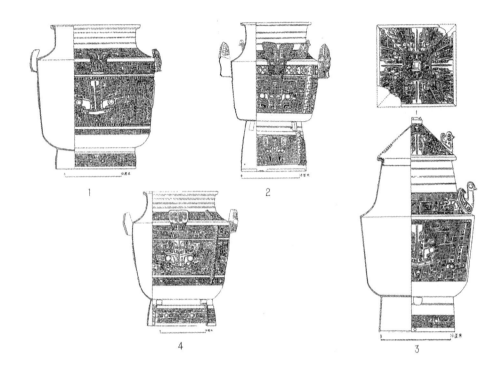

图十一   三星堆祭祀坑出土的铜罍线图

1. 铜圆罍（k2②:70）   2. 铜圆罍（K2②:159）   3. 铜方罍（K2③:205、205－1）   4. 铜圆罍（k2②:88）

三星堆文化遗存在成都地区也有发现。成都十二桥遗址发现有大型木结构建筑遗存①，金沙遗址也有很重要的发现②。可见三星堆文化有较广的分布范围，从现有的发现推测，也许它不限于一个中心聚落遗址。

根据三星堆祭祀坑发掘报告的推断，三星堆遗址第二期的年代相当于二里头至二里冈下层，三期的年代相当于二里冈上层至殷墟早期，四期的年代相当于殷墟晚期至西周早期。一号祭祀坑的埋藏年代应在殷墟一、二

---

①   四川省文物管理委员会、四川省文物考古研究所、成都市博物馆：《成都十二桥商代建筑遗址第一期发掘简报》，《文物》1987 年第 12 期。

②   成都市文物考古研究所：《成都金沙遗址 I 区"梅苑"东北部地点发掘一期简报》，《2002 年成都考古发现》，科学出版社 2004 年版。

期之间，二号祭祀坑的埋藏年代应在殷墟二期至三、四期之间[1]。从祭祀坑出土的青铜尊、罍的形式和纹样而论，其年代应早于黄材的青铜文化。

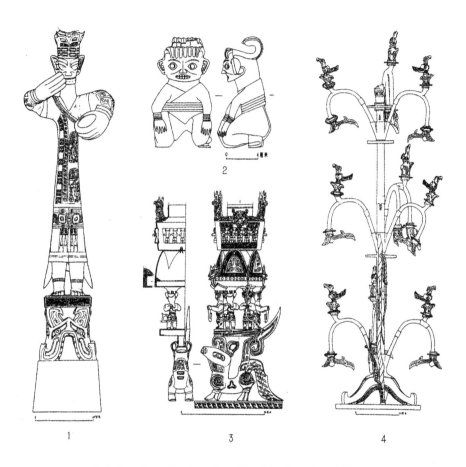

图十二　三星堆祭祀坑出土的铜人像和神树、神坛线图

1. 铜立人像（K2②: 149、150）　2. 铜跪坐人像（K1: 293）　3. 铜神坛（K2③: 296）　4. 铜神树（K2②: 94）

4. 城固、洋县的青铜文化和宁乡黄材非常相似。据统计，城固、洋县发现青铜器的地点有 19 处，分布于湑水河和汉江的交汇处，20 世纪 50 年

_____

① 四川省文物考古研究所：《三星堆祭祀坑》，文物出版社 1999 年版。

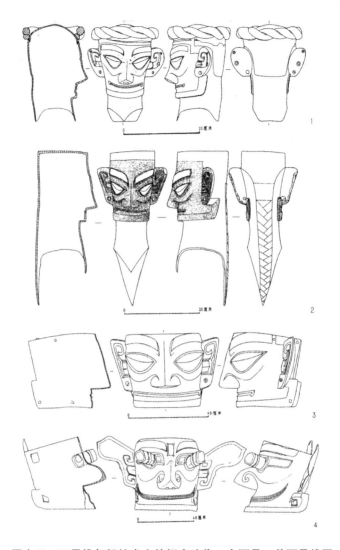

图十三　三星堆祭祀坑出土的铜人头像、人面具、兽面具线图

1. 铜人头像（K2②:83）　　2. 金面罩铜人头像（K2②:45）　　3. 铜人面具（K2②:153）　　4. 铜兽面具（K2②:148）

代以来，共发现 33 起，出土青铜器 700 余件，其中青铜礼器 75 件[①]。但是，这些青铜器都是偶然发现的，它们的地层关系、共存器物都不很清

---

① 西北大学文博学院、陕西省文物局（赵丛苍主编）：《城洋青铜器》，科学出版社 2006 年版。

楚，因此，对于城固、洋县青铜文化的面貌没有较全面的认识。

1998年西北大学文博学院组织发掘了城固宝山遗址①。此次发掘没有找到城址建筑的遗迹，也没有发现大型的建筑基址的遗迹，表明宝山遗址不像是一处中心聚落遗址的规模。但是，从大量出土的陶片及伴出的青铜器（从遗址中采集到一件青铜礼器），可以确认城固、洋县青铜文化陶器群的特征。

陶器的种类主要有釜、豆、小平底尊、小底尊形杯、高柄器座等，也有罍、簋、鬲、鼎（图十四）。釜是最常见的炊器，实际上它是一种圆腹圜底绳纹罐，与一般所说的折腹圜底釜在器形上有较大的差别，这是和其他各处青铜文化的陶器群的最大不同。豆是最常见的器类之一，式样也较多，有细柄浅盘、粗柄深盘多种。最富特征的是小底尊形杯，这种杯为大口、深腹、小平底，要依仗高柄器座才能放稳，和三星堆陶器群中的杯很相似。

根据发掘报告的意见，城固宝山遗址的陶器可以分为三期。第一期的年代约为二里冈上层至稍晚的时期，第二期约为殷墟一、二期之交至殷墟二期，第三期的年代相当于殷墟二、三期之交至殷墟三期。

城固、洋县的青铜器比较集中地发现于城固龙头镇、五郎庙、苏村，洋县范坝、张村等地。龙头镇三次发现青铜器，共出各类铜器95件，其中礼器22件，器形有鼎、鬲、簋、尊、罍、卣、瓿、爵、壶、盘。五郎庙六次发现，出各类铜器53件，其中礼器21件，器形有鼎、尊、罍、瓿。苏村五次发现，共出各类铜器454件，其中礼器6件，器形有尊、罍、斝。洋县张村两次发现，共出铜礼器鼎、尊、罍、斝、牛形牺尊5件。范坝一次发现钺、戚、戈、璋等52件，但无礼器。

城固、洋县的青铜礼器从器类、器形和纹饰来说与殷墟时期的青铜器最为相似。鼎的数量最多，共18件，其中有锥足鼎，也有柱足鼎。罍和尊各有12件。罍有方罍、圆罍之分，后者又有凹底和圈足的差别。城固陈郎发现的一件圈足圆肩罍，双环耳，有鼻，肩部饰一周圆涡纹，器内有"山父己"铭文。尊有圆腹的，也有大侈口、折肩、肩上有牺首和鸟饰的。

① 西北大学文博学院：《城固宝山——1998年发掘报告》，文物出版社2002年版。

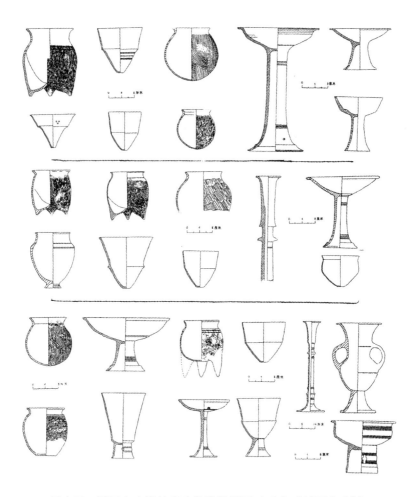

图十四　城固宝山遗址出土的陶器线图（采自《城固宝山》）

上：SH26（第三期）鬲、小底尊形杯、釜、豆；

中：SH27（第二期）鬲、罍、小底尊形杯、釜、高柄器座、豆、钵；

下：SH9（第一期）釜、罐、豆、弧、鼎、豆、小底尊形杯、圈足杯、高柄器座、有錾圈足尊、簋。

瓿有圆腹和折肩多种形式。簋有敞口深腹，饰方格乳丁纹的，也有双耳的。斝有尖锥状实足的，也有袋状款足的（图十五、图十六）。此外，还有瓠、爵和牛形牺尊等。

从器形上看，城固、洋县的青铜礼器显然不是同一时期的。有的学者

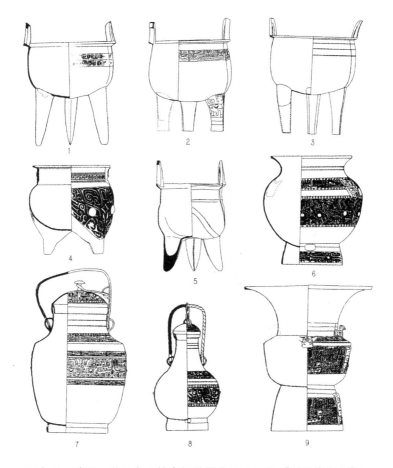

图十五　城固、洋县出土的青铜礼器线图（采自《城洋青铜器》）

1. 鼎（城·湑水，1975）　2. 鼎（城·龙头，2004）　3. 鼎（城·宝山，1990）　4. 鬲（城·龙头，1981）　5. 鬲（城·湑水，1975）　6. 尊（城·龙头，1980）　7. 卣（城·龙头，1980）　8. 卣（城·龙头，1981）　9. 尊（城·苏村，1963）

把城固、洋县的青铜器分为五段，第一段相当于二里冈上层晚期，其他四段分别相当于殷墟第一期至第四期①。如果和城固宝山遗址的陶器分期结合起来，城固、洋县青铜文化似可归结为第三期，第一期相当于二里冈上层晚期，第二期相当于殷墟前期，第三期相当于殷墟后期。

---

① 西北大学文博学院、陕西省文物局（赵丛苍主编）：《城洋青铜器》，科学出版社2006年版。

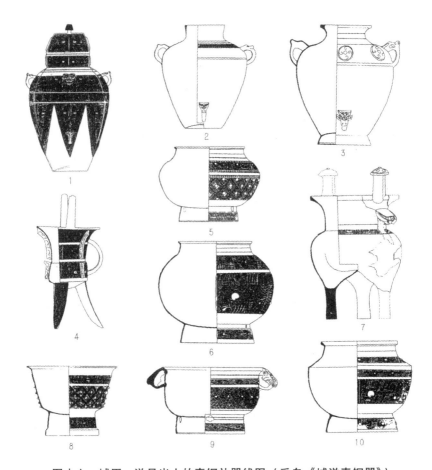

图十六　城固、洋县出土的青铜礼器线图（采自《城洋青铜器》）

1. 方罍（城·苏村，1976）　2. 罍（洋·安冢，1990）　3. 罍（城·陈邸，1992，有"山父己"铭）　4. 斝（城·苏村，1959）　5. 瓿（洋·安冢，1990）　6. 瓿（洋·安冢，1990）7. 斝（洋·张村，1981）　8. 簋（城·吕村，1975）　9. 簋（城·龙头，1990）　10. 瓿（城·五郎庙，1965）

城固、洋县出土的青铜礼器虽和殷墟时期的礼器极为相似，但其他的器物却颇具特色，例如铜戈，绝大多数都是三角形援，有大量的人面具和兽面具，还有很多用途不明的镰形器和尖顶铜泡。铜璋形器显然和三星堆的玉璋形器有关。所有这些构成城固、洋县青铜文化不同于其他地区青铜文化的特色。

四　殷商时期长江流域青铜文化的发展

1. 长江流域诸青铜文化其年代据推定最早的约相当于二里冈的白家庄时期，最晚的约在殷末周初，其最繁荣期约在殷墟时期。与中原地区相比，应晚于二里头文化时期，也晚于商代前期的二里冈下层时期。因此，可以判定长江流域的青铜文化是此后由中原地区传入，而到殷墟时期发展至极盛。但是，在有些器物上却反映出较早的文化传统。1987年在三星堆遗址发现3件青铜牌饰①，如果再加上高骈的发现②，共计4件。这些青铜牌饰与二里头文化的牌饰形制相同，也用绿松石碎片镶嵌，但它们出自三星堆遗址，又与三星堆文化的玉石器共存，自应属于三星堆青铜文化。有的学者认为，从花纹图案上看，三星堆铜牌之一显然源于二里头铜牌，其他几件年代更晚。鉴于二里头文化之后中原地区再不见此类青铜牌饰，三星堆的发现有可能是辗转入川的夏遗民或其子孙的作品③。

洋县范坝和城固五郎庙都出铜璋形器④，顶端呈歧锋，末端有内，两侧有齿，其形与三星堆祭祀坑出土的C型玉璋相同⑤，显系铜璋形器之所本。玉璋，也有称之为刀形端刃玉器，最早出现于龙山时期，尤以陕西神木发现最多。二里头文化中也有发现，应是接受了神木的玉器传统。三星堆的玉璋可能是二里头文化传过去的，而在器形上有较大的变化，歧锋由凹弧形变成"V"字形⑥。无论如何，这些具有较早文化传统的器物，它们的传承以及和当地青铜文化的关系还是需要深入探索的。

2. 长江流域诸青铜文化呈现出的是一种相当成熟的状态，既有一定数量的青铜器，又不乏重器和精品，然而，其初始阶段迄今未见踪迹。如上

① 四川省文物考古研究所三星堆工作站、广汉市文物管理所：《三星堆遗址真武仓包包祭祀坑调查简报》，《四川考古报告集》，文物出版社1998年版。

② 敖天照、王有鹏：《四川广汉县出土商代玉器》，《文物》1980年第9期。

③ 杜金鹏：《广汉三星堆出土商代铜牌浅说》，《夏商周考古学研究》，科学出版社2007年版。

④ 赵丛苍：《城洋铜器群类型分析及相关问题探讨》，《城洋青铜器》，科学出版社2006年版。

⑤ 四川省文物考古研究所：《三星堆祭祀坑》，文物出版社1999年版。

⑥ 张长寿：《论神木出土的刀形端刃玉器》，《商周考古论集》，文物出版社2007年版。

推断，长江流域的青铜文化传自中原地区的二里冈上层的白家庄时期至殷墟时期，其时中原地区的青铜文化从二里头文化至殷墟时期已经几百年的发展而至极盛，其所传入的青铜冶铸技术和工艺自必代表当时的水平。可以设想先进的科技一旦被引入，发展中的青铜文化就可以超越初级阶段，直接进入较高的成熟阶段。这是否是一个社会发展的普遍规律也应该深入探讨。

3. 不同文化体之间文化传播方式可以有多种多样，集团对集团、群体对群体，也可以各种方式并存。中原先进的青铜文化向长江流域土著文化的传播，其经历还需要深入研究。但有一点是可以确认的，即黄材青铜器上出现的"戈"、"冉"、"酉"族徽铭记，以及城洋青铜器上出现的"山"、"亚伐"铭记，表明殷人这些族的某些人曾对长江流域青铜文化的传播起过重要的作用，他们把商文化的青铜器及其冶铸技艺带到长江流域，营造出长江流域青铜文化发展、繁荣的氛围。

4. 长江流域的诸青铜文化受到商文化的影响后迅速发展，但是，他们吸收的主要是礼制，他们仿效了商文化的各式青铜礼器，而在别的方面，比如生产工具、武器、宗教信仰、神物，却仍然保留了他们自身的习俗，这就充分显示出长江流域各青铜文化的特点及其与中原青铜文化的差异。

5. 长江流域商时期诸青铜文化各自的演变轨迹不明。西周时期长江流域的发现有四川彭县的铜器窖藏[①]、湖北蕲春毛家咀居址和新屋塆的铜器窖藏[②]、黄陂鲁台山的墓葬[③]，安徽屯溪[④]和江苏宁镇地区的土墩墓[⑤]。这

---

① 王家祐：《记四川彭县竹瓦街出土的铜器》，《文物》1961 年第 11 期；四川省博物馆、彭县文化馆：《四川彭县西周窖藏铜器》，《考古》1981 年第 6 期。

② 中国科学院考古研究所湖北发掘队：《湖北蕲春毛家咀西周木构建筑》，《考古》1962 年第 1 期；湖北黄冈市博物馆、湖北蕲春县博物馆：《湖北蕲春达城新屋塆西周铜器窖藏》，《文物》1997 年第 12 期。

③ 黄陂县文化馆、孝感地区博物馆、湖北省博物馆：《湖北黄陂鲁台山两周遗址与墓葬》，《江汉考古》1982 年第 2 期。

④ 安徽省文化局文物工作队：《安徽屯溪西周墓葬发掘报告》，《考古学报》1959 年第 4 期；殷涤非：《安徽屯溪周墓第二次发掘》，《考古》1990 年第 3 期；李国梁：《皖南出土的青铜器》，《文物研究》第四期，黄山书社 1988 年版。

⑤ 江苏省文物管理委员会：《江苏丹徒县烟墩山出土的古代青铜器》，《文物参考资料》1955 年第 5 期；镇江博物馆、丹徒县文管会：《江苏丹徒大港母子墩西周铜器墓发掘简报》，《文物》1984 年第 5 期。

些发现除土墩墓外，其他都难以形成独立的青铜文化，而且和之前的青铜文化关系也不清楚。只是到了长江流域又一个青铜文化高潮时期，才形成楚国的青铜文化独霸江南的局面。

（原载《湖南省博物馆馆刊》第五辑，2008 年）

殷周青铜容器上鸟纹的断代研究

对于殷周青铜容器上装饰纹样的分析与研究，在学者中大致有两种不同的倾向。一种是探讨花纹本身的含义，例如从宗教、神话的角度，论述某种花纹所反映的当时人们的意识形态。另一种则主要讨论花纹的型式以及它在铜器断代上的作用。

所谓花纹在铜器断代上的作用是指：确立花纹本身的发展序列；揭示花纹的发展序列和铜器的发展、衍变的关系；进行论证花纹的发展序列在推断铜器年代上的作用。本文即以殷周青铜容器上的鸟纹为例，试作分析和排比，用以阐明装饰花纹在铜器断代上的意义和作用。

关于鸟纹的分析、研究，国内外的学者都曾做过不少工作。国内学者系统地论述鸟纹者，始于容庚先生。他在《商周彝器通考》[①] 花纹一章中，将鸟纹分为鸟纹、凤纹两类共 12 种型式，他认为鸟纹通行于商及西周，商代鸟身短，垂尾；西周鸟身长，尾多上卷。凤纹则始于商末，而盛行于西周。20 世纪 50 年代中期，陈梦家先生在《西周铜器断代》[②] 中曾多次从断代学的角度讨论鸟纹。他把鸟纹分为三类，指出：所谓鸟纹，一是成对的小鸟，二是成条的长鸟，三是单个的大鸟。小鸟占据次要的带纹，大鸟占据主要的腹部，此两种鸟纹因自殷代，见于成王铜器。唯占据器项一带的长鸟始于西周初期而渐有变化，即鸟身与尾部的逐渐分离（分尾），鸟喙发展为一长条垂于鸟首之前（垂喙）。长鸟的变化也影响于大鸟。他还将各类鸟纹分为：（一）不分尾的长鸟，（二）成对的小鸟，（三）不垂喙的大鸟，（四）分尾的长鸟，（五）垂喙的长鸟，（六）分尾

---

① 容庚：《商周彝器通考》第六章花纹，第 123—126 页，1941 年。
② 陈梦家：《西周铜器断代》（三），《考古学报》1956 年第 1 期，第 91—93 页。

而垂喙的长鸟,(七)垂喙的大鸟这七项。并指出,由于同一作器者而有
不同形式的鸟,可知(四)至(七)是约略同时的。他认为成王时的大
鸟(不垂喙)、小鸟(成对)、长鸟(不分尾),不见于康王以后,康王初
年兴起的分尾与垂喙之鸟,仍流行于康王以后,等等。李学勤同志在《西
周中期青铜器的重要标尺》①,一文中,论述近年陕西所出青铜器的断代问
题,并对鸟纹做了分析。他认为微史家族铜器群中的丰尊、丰卣是穆王时
器,其花纹为垂冠的大鸟,而与此花纹相似的效尊、效卣、公尊、公卣、
静卣、夆友卣、孟簋、伯茲簋等,都是穆王时器,过去把这种鸟纹列入康
王时,失之过早。他还认为,史墙盘是共王时期最有代表性的标准器,其
器腹的长鸟纹,尾部与鸟体业已分离,而在伯茲器群中,体尾分离与不分
离的两种长鸟纹是并存的。

　　国外学者对于鸟纹也有不少论述。早在 20 世纪 30 年代后期,高本汉
在《中国青铜器的新研究》②一文中,分析了 1200 多件铜器的装饰纹样。
关于鸟纹,他只分了两种,一种是分尾的长鸟(B3),一种是包括了小
鸟、大鸟、不分尾的长鸟在内的鸟纹(C11)。这种分类显然是很粗疏的。
不过,他举出这些鸟纹和器形,特别是共存花纹的关系,以及其年代等,
颇可参考。张光直的《商周青铜器与铭文的综合研究》③从发掘报告、历
代图录和公私收藏中搜集了 4000 件有铭铜器,按器形、纹饰、铭文等,
逐件逐项填入电脑打卡,汇成资料。他把鸟纹分为 35 种型式,每种纹饰
和器形、共存花纹等关系均可从资料卡片上查获。这本书作为资料无疑是
很有用的,可惜的是,该书的下册,即综合研究部分迄未刊出,所以无从
得知其研究的结果。林巳奈夫在《凤凰图像之系谱》④一文中,论述了鸟
纹的发展序列,并列举其型式分别说明其年代,对鸟纹做了初步的分型和
断代。樋口隆康在《西周铜器编年的新资料》⑤中,根据微史家族铜器

---

① 李学勤:《西周中期青铜器的重要标尺》,《中国历史博物馆馆刊》1979 年第 1 期。
② 高本汉:《中国青铜器的新研究》,《远东博物馆馆刊》第 9 期,第 14、18、20 页,1937 年。
③ 张光直:《商周青铜器与铭文的综合研究》,第 160—163 页,1973 年。
④ 林巳奈夫:《凤凰图像之系谱》,《考古学杂志》第 52 卷 1 号,第 11—28 页,1966 年 7 月。
⑤ 樋口隆康:《西周铜器编年的新资料》,1980 年 6 月 2 日在纽约"中国青铜器讨论会"上的报
告。

群，对鸟纹的型式和年代进行探讨。他指出，昭穆时期的丰尊、丰卣，大型凤纹与小鸟纹共存，凤纹的型式与庚嬴卣等相同。属于穆共时期的墙器，鸟纹虽亦垂冠，但喙部与丰器不同。更晚的十三年痶壶，鸟纹为顾首，尾与鸟身分离呈"C"字形。他认为，鸟纹始于商代安阳期，从西周前期的后半逐渐盛行，且多变化。大型凤纹多见于西周中期之前半，小鸟纹至西周中期之末仍然存在。

凡此，都是鸟纹分析、研究中的重要工作。本文拟在此基础上对鸟纹作进一步的断代分析，作为一种以分析花纹为手段的铜器断代方法的尝试。

铜器花纹并不是孤立的。因此，在分析、研究花纹时，应充分注意到铜器的出土情况、器形、器群组合、主题纹饰和辅助纹饰、可资断代的铭文等方面。本文在引用材料上首先着重于考古发掘品和有确切出土地点的器物，然后，将传世品纳入适当的序列中。

本文选用的殷周青铜容器共233件。鸮卣、鸟形尊等立体的鸟形容器，以及鸟形的鼎足、盖纽等都不包括在内。其他质料的鸟形饰物，如殷周的玉鸟，在研究鸟纹的断代上颇有参考价值，但以牵涉太广，概未提及。本文所据的材料以图像清晰，鸟纹细部可以辨识者为限，凡图像不清或纹饰变形者概不采用。

本文分为文字、图、表三部分。文字部分按小鸟纹、大鸟纹、长尾鸟纹三类分别叙述，实际上是图的说明；图是表示鸟纹的发展序列的；表是用以揭示所依据的材料。三者是有机联系，互为补充的。

一　小鸟纹

在殷商早期和中期的青铜容器上，迄今还没有发现过鸟纹。以鸟纹为青铜容器的装饰纹样大概最早是在殷墟时期。

最早出现于殷代铜器上的鸟纹是一种小鸟纹，这种小鸟纹常常以宽带状的形式饰于器物的颈部、肩部，作为辅助纹样。小鸟纹的式样较多，大致可以分为以下各式。

Ⅰ1式：Ⅰ代表小鸟纹。此式小鸟纹大都无冠羽，喙呈钩状，翅向上翘，双脚前伸，尾羽作弧形下垂状，末端平齐。殷墟五号墓所出的妇好偶方彝，在器的肩部和盖上都饰有这种形状的小鸟纹（图一：111）。此式小鸟纹的最显著的特点在于它的尾部。同墓出土的中柱盂、妇好方鼎、亚启方彝、司弓母方壶都有相同或相似的小鸟纹。妇好方鼎上的小鸟纹，尾羽也是作弧形下垂的，但嘴为尖喙，头上是钝角状的羽冠。司弓母方壶的鸟纹位于肩上，鸟头上也有羽冠，而鸟纹上身突出器表，形成凸饰。和殷墟五号墓年代相近的小屯 18 号墓出土的一件簋，颈部一条小鸟纹也是这种形式（图一：112）。

在传世的铜器中，美国弗里尔美术馆（Freer Gallery）收藏的一件大口尊、日本《白鹤撰集》著录的一件鸟纽盖方卣、英国塞奇威克（Sedgwick）收藏的一件方彝、高本汉文章中引用的赫尔斯特龙（Hellstrom）所藏的鼎（图一：113）和我国收藏的一件方罍，器上都有此式鸟纹。方卣据传为 20 世纪 30 年代彰德府殷墓所出，有亚夫铭文。从器形看，这几件铜器和殷墟五号墓所出的同类器物形制相同，其年代也应是相近的。

由于殷墟五号墓出土的铜器中有好几件都有这种小鸟纹，而五号墓的年代又比较明确，因此，可以确认此式小鸟纹出现的年代较早，大致在武丁后期。由于在较晚的青铜器上再也没有发现这种小鸟纹，可以推断此式小鸟纹流行的时间不太长，只限于殷墟中期。

Ⅰ2 式：此式小鸟纹无冠羽，尖喙，短翅上翘，秃尾无羽，状如雏鸡。这种小鸟纹常用来填补其他装饰纹样之间的空白。殷墟五号墓出土的偶方彝，在器腹的兽面纹和夔纹之间的空白即以此式小鸟纹为填空（图一：121）。上海博物馆收藏的一件父丁卣（图一：122）和美国波士顿美术馆（Boston Museum of Fine Art）收藏的一件卣，以及美国弗里尔美术馆收藏的一件卣，都是在器腹大鸟纹的尾羽下，用此式小鸟纹填补空白，但均为钩喙，有冠羽。上海博物馆收藏的父乙觥，也是在大鸟纹下填以小鸟纹，但形状略有不同，喙作弯曲状，头上有绶带式冠羽，尾向下卷曲，双脚强壮有力（图一：123）。

这种小鸟纹的年代上限由于妇好偶方彝而可以推定。至于下限，上海博物馆，美国波士顿美术馆、弗里尔美术馆所藏的三件卣都被认为是西周初期的，由此可知这种小鸟纹大概不晚于周初。

Ⅰ3式：尖喙，头上有绶带式冠羽，尾部上曲而下卷。殷墟五号墓出土的分体甗的甑，颈部就有一条带状的该式小鸟纹（图一：131）。此种小鸟纹很少见。

Ⅰ4式：尖喙，有的无冠羽，有的有绶带式冠羽，短翅上翘，尾羽分成两条，下面一条尾羽两端都向下卷曲，呈卷云纹状。此式小鸟纹最早可以探溯到殷墟五号墓出土的妇好方彝上。在这件方彝的口下有一周小鸟纹，尖喙，张口，无冠羽，短翅上翘，尾羽两股，均较短，下股两端下卷作云纹状（图一：141）。同器上有Ⅰ1式小鸟纹，可见此式小鸟纹出现的年代也比较早。

表一　　　　　　　　　　　　鸟纹断代表

		殷 墟 时 期	殷 末 周 初	成 康 时 期	昭 穆 时 期	恭 懿 以 后
Ⅰ	1					
	2					
	3					
	4					
	5					
	6					
	7					
	8					
	9					
Ⅱ	1					
	2					
	3					
	4					
	5					
	6					
	7					
	8					
	9					
Ⅲ	1					
	2					
	3					
	4					
	5					
	6					
	7					

传世的小臣䍙卣，肩下有一周这样的小鸟纹，为钩喙，有冠羽，尾羽

两股较长，下股也作卷云纹状（图一：142）。美国白金汉（Buckingham）收藏的亚启父乙方鼎，口下也有一周这样的鸟纹。这两件器都被认为是殷代晚期的。

宝鸡出土的柉禁一组铜器，其中的方座卣在方座上也有此种小鸟纹（图一：143），和小臣𤔲卣上的鸟纹完全相同，见于同器的还有其他两种小鸟纹和一种大鸟纹。西周早期的伯㳫卣（图一：144）和父乙臣辰卣也都饰此种小鸟纹。1962年扶风齐家出土的同铭方尊、方彝和觥三器也是以此种鸟纹为辅助纹饰（图一：145）。扶风这几件铜器有可能是西周中期的。

Ⅰ5式：尖喙，无冠羽，短翅上翘，双脚前伸，尾羽下折作尖钩状。殷墟西北岗1022号墓出土的带盖觯，颈部有一周此种小鸟纹（图一：151）。1022号墓相当于殷墟文化中期，其年代与殷墟五号墓相近或略晚。上海博物馆收藏的一件方彝，口下一周小鸟纹与此相同。《邺中片羽》著录的一件舟盘，盘内周边有鱼、鸟、兽纹，其鸟纹的形状也与1022号墓的觯相同。弗里尔美术馆收藏的一件蟠龙纹盘，在蟠龙纹的周围也绕以鱼、鸟、兽纹，鸟的尾羽也下折成尖钩状，但头上有钝角状冠羽（图一：152）。上述的盘被认为是殷墟晚期的，因此可以推定这种小鸟纹的年代。由于此式小鸟纹发现较少，而且不见于更晚的铜器上，可见流行的时间较短，其下限也许不会晚于殷墟晚期。

Ⅰ6式：殷墟西北岗2046号墓出土一件器盖，椭圆形，菌形纽，四棱，盖的中心饰直棱纹，盖沿一周小鸟纹。鸟纹为钩喙，头上有绶带式冠羽，短翅上翘，双脚前伸，尾羽下折末端分叉如鱼尾状（图一：161）。同墓还出土一件卣，口下及盖上均有一周小鸟纹，钩喙，头上有心形冠饰，尾羽呈叉状。该式小鸟纹的最显著的特征就在于鸟尾作叉状，即外侧的尾羽较中间者为长。2046号墓所出的卣是殷墟西区第三、第四期墓葬中最常见的形式，可以确认属殷墟晚期，由此可见此式小鸟纹的年代。美国纽约大都会博物馆（The Metropolitan Museum of Art）收藏一件尊，大侈口，折肩，高圈足，肩下饰一周小鸟纹，尖喙，有冠羽，尾羽也呈叉状。从尊的器形来判断，应属殷墟中期，因此，这式小鸟纹最早出现的年代也许在殷墟中期。

　　这种小鸟纹最流行的时期大概在殷末周初。新乡市博物馆收藏的父己方鼎是1950年安阳郊区出土的,口下一周小鸟纹,也是尖喙,绶带式冠羽,尾羽呈叉状。此鼎无疑是殷代的。弗里尔美术馆收藏的亚其夨乍母辛卣,器形为直筒状,在器盖、颈、圈足上各有一周这样的小鸟纹(图一:162)。这件卣或以为是殷代末年的,或以为是西周早期的。日本收藏的一件乍父戊卣,也是直筒形的,也是以这种小鸟纹为主要纹饰带的。此卣传出洛阳北窑,而该地是著名的西周墓地。宝鸡出土的枑禁二卣也都有这种小鸟纹,其中一卣有方座,方座的四壁均有三种不同的小鸟纹,其一即是此式(图一:163)。日本收藏的效父簋,圈足上有一周这样的小鸟纹(图一:164),而腹部的主体花纹和大丰簋相同,从器形和花纹来判断,其年代当在周初。此外,美国福格美术馆(Fogg Art Museum)所藏的德簋,日本收藏的焚子盉,也都饰有此式小鸟纹,这几件器的年代都属西周早期。

　　弗里尔美术馆收藏的一件白矩觯,颈部有一周小鸟纹,尖喙,绶带式冠羽,双翅细长,双脚的跗蹠伸直,尾羽折而下垂,呈叉状,但中间不相连接,形成两股(图一:165)。由该例可知此式小鸟纹和下一式小鸟纹的关系。这件觯被认为是西周早期的。

　　Ⅰ7式:1959年陕西城固出土了一件斝,其上有瑰丽的小鸟纹。这种小鸟纹为尖喙,回首,头上有两条很长的冠羽,一条平伸向后,一条折而垂前,双翅上翘,双脚前伸,尾羽分为两股,上股短,向后,下股折而下垂(图一:171)。这件斝的形状为平底,宽鋬,高柱残断,从器形而论,似属殷墟中期。由此可见此式小鸟纹出现的年代。

　　这种小鸟纹到了西周早期略有变化。日本收藏的一对夔凤纹爵被认为是西周早期的,其上的小鸟纹与城固的斝基本相同,所不同的在于鸟首向前,头上的两条冠羽一条平伸向后,一条垂于头后,尾羽则分为三股,上股较短而向后,中股折而下垂,下股向内卷曲(图一:172)。这对爵上的小鸟纹很明显是由城固斝上的小鸟纹发展演变而来的。

　　这种小鸟纹在西周早期很流行,在许多铜器上都有发现。有鸟首向前的,也有鸟首回顾的,有钩喙的,也有尖喙的,但冠羽大都只有一条,呈绶带状,飘于头后,尾羽三股,下股或向内卷曲,或为横向,两端卷曲作云纹状。西周早期有很多同铭的方彝、尊、觥都以此式小鸟纹为装饰，如令彝（图一：173）和尊；歔父辛方彝、觥、尊；妛子方彝（图一：174）和尊。上述诸器大都流出国外。美国弗里尔美术馆收藏的一件王娴方尊，颈下及圈足也饰一周这样的小鸟纹，而洛阳市博物馆于1960年收集到一件同铭方彝，盖顶、颈及圈足也饰这种小鸟纹。据称此器出于洛阳马坡，原是一处著名的西周墓地。从这些铜器的形制和铭文来看，都是西周早期的，可见此式小鸟纹盛行于西周早期。

Ⅰ8式：这式小鸟纹由两个相对而立的小鸟，双翅卷曲往上，组成蕉叶式的图案。上述城固出土的罍在口下有一周此式小鸟纹（图一：181），这是此种小鸟纹中年代最早者。降至西周，这种小鸟纹常用来装饰尊的侈口器壁。这种尊侈口，束颈，腹部垂弛，矮圈足，与三节式高圈足的尊显然不同。如扶风庄白出土的丰尊，口下就有四个蕉叶式图案的小鸟纹（图一：182）。其他如美国皮尔斯伯里（Pillsbury）收藏的一件尊，费城宾省大学博物馆（University Museum, University of Pennsylvania, Philadelphia）收藏的一件尊，都是这种型式，都饰此种小鸟纹。丰尊是穆王时器，可知这种小鸟纹从殷墟中期一直延续到西周中期。

Ⅰ9式：此式小鸟纹多为直立姿态，它们都以对称的方式置于兽面纹的两侧。这种小鸟纹的变化较多，式样也不尽相同，为避免烦琐，以下按年代早晚分别说明，不再细分。

殷墟西北岗1004号墓出土的牛鼎、鹿鼎，在牛头纹和鹿头纹的两侧各有一对形状奇特的鸟纹，钩喙，有角形冠饰，双脚粗壮，牛鼎的鸟纹在尾下还有三个星形装饰（图一：191）。1004号墓在地层关系上晚于1001号墓而早于1002号墓，相当于殷墟中期，可见此种小鸟纹最初出现的年代。牛鼎和鹿鼎上的鸟纹形状很特殊，在以后的铜器上再也没有发现过这种形状的鸟纹。

陕西清涧张家圪出土的一件尊，腹部的主要纹饰是由一对夔纹组成的兽面纹，两侧各有一个小鸟纹，尖喙，长颈，头上有三歧羽冠，曲体，尖尾下垂，无尾羽，鸟身上有鳞形纹饰（图一：192）。传世铜器中有一件彭女卣，在兽面纹的两侧也有一对鸟纹，尖喙，头上有绶带式冠羽，更有三歧的羽冠。清涧的尊为侈口，折肩，体较矮，同出的还有簋、瓿、罍、盘、瓵等，按其器形和共存器物，似为殷墟中期，彭女卣的年代则为殷末周初。

这种小鸟纹也被用于某些器的方座上。杬禁双卣之一的方座，两侧就分列此种小鸟纹，钩喙，头后垂有绶带式冠羽，双脚强壮有力，尾羽垂地（图一：193）。弗里尔美术馆收藏的白者父簋，方座上兽面纹两侧也有一对这样的鸟纹。美国穆尔（Moore）收藏的一件百乳纹方座簋，方座的两侧也是以这种鸟纹作装饰的。这些方座簋都被认为是西周早期的。

西周早期的尊，在腹部往往饰兽面纹，而两侧配以小鸟纹。陕西扶风云塘20号墓出土的且丁尊（图一：194），陇县出土的饕餮纹尊，安徽屯溪1号墓出土的父乙尊，洛阳市博物馆收藏的乍宝彝尊以及美国麦克劳德（McLeod）收藏的乍宝彝尊等，器形、纹饰的格局相同，都是在兽面纹两侧配以鸟纹。

1966年陕西岐山贺家西周墓中发现一件鼎，器形与大盂鼎相似，口下饰一周兽面纹，两侧也有小鸟纹，但式样略异。尖喙，有冠羽，引颈昂首，短翅，尾羽分两股，上股上卷，下股下卷（图一：195）。这件鼎上的小鸟纹不作直立姿态，大概是由于其上多出了一个凸起的兽面装饰的缘故。同墓出土的还有史瞻簋等，可以确认这件鼎也是西周早期的。

扶风庄白1号铜器窖藏坑出土的一对觚，在圈足上有小鸟纹，尖喙，有二条绶带式冠羽，尾羽修长迴卷而上，栖立于圆形物上。这种鸟纹也作直立姿态，但已不是配置于兽面纹的两侧，或许是此式小鸟纹中之较晚者。

弗里尔美术馆藏有一件残器，铭文为"单异乍父癸宝隣彝"，也是在兽面纹两侧置鸟纹，钩喙，头上有冠羽，脚趾强壮有力，尾羽下垂而上卷（图一：196）。美国圣路易市美术馆（City Art Museum of St. Louis）收藏的一件筒形觯，有一对长颈的鸟纹，伫立于兽面纹之上。这两件器纹饰的格局和此式小鸟纹相同或相似，但鸟纹较大，我们仍然把它们列入此式小鸟纹是为了借以窥知它们和大鸟纹的关系。

二　大鸟纹

大鸟纹是指以鸟纹为主题花纹，并占据了青铜容器的主要部位。这种鸟纹大概最早出现于殷末周初，而盛行于昭穆时期。其构图都是作两鸟相对状，花纹大都瑰丽多姿，而形态各异。现按其不同的式样分述如下。

Ⅱ1式：Ⅱ代表大鸟纹。此式大鸟纹多为钩喙，昂首，有冠羽，尾羽卷成各种姿态。美国布伦戴奇（Brundage）收藏的白觯，器腹饰相对而立的鸟纹，钩喙，头上有二条冠羽，其一耸立，另一为绶带状，末端有三歧的花形装饰，双翅上翘呈叉状，脚趾张开，尾羽折而下垂（图一：211）。上海博物馆收藏的父庚觯，在器腹也有相似的大鸟纹，钩喙，有耸立的冠羽，另有一条绶带式冠羽，双翅曲而上卷，脚趾伸开，尾羽折而下垂。这两件铜器均属西周早期，其上的大鸟纹很明显是由Ⅰ9式小鸟纹发展来的。日本收藏的旨中乍父己尊和焚子旅卣（图一：212），器腹分隔成正倒相间的等腰三角形，而在正三角形中饰两只相对的大鸟纹。钩喙，头上有耸立的冠羽，另有绶带式冠羽，引颈昂首，尖翅上卷，尾羽两股。上述的尊、卣器形与丰尊、丰卣相同，其年代也应相近。

Ⅱ2式：上海博物馆收藏的一件父乙觚，器腹饰大鸟纹，钩喙，头上有耸立的冠羽，又有一条绶带式的冠羽，昂首引颈，尖翅向上，脚趾粗壮，尾羽分两股，平伸向后，上股末端上卷，下股末端下卷，颈部饰鳞纹（图一：221）。美国福格美术馆收藏的一件觚，器腹的大鸟纹也是这种型式。这式大鸟纹和岐山贺家出土的一件鼎上的Ⅰ9式小鸟纹相同，两者显然有密切的关系。它们很可能是年代相近的。

Ⅱ3式：这式大鸟纹和Ⅰ6式小鸟纹的特点相同，即尾羽折而下垂末端呈叉状。新乡市博物馆收藏的且辛卣是1965年辉县褚邱出土的，器盖和器腹均有此种鸟纹，钩喙，绶带式冠羽，双翅上翘，尾羽折而下垂，末端呈叉状（图一：231）。湖南宁乡出土的戈卣，美国沃斯特美术馆（Worcester Art Museum）和皮尔斯伯里收藏的卣，器形和且辛卣相同，花纹布局也相同，器腹都饰这样的大鸟纹。这几件卣都被认为是殷代的。

与上述几件卣器形、花纹相同的还有宝鸡出土的柉禁二卣，也都是在器腹饰这样的大鸟纹。上海博物馆收藏的父丁卣，器形相同而失盖，器腹也饰大鸟纹，但花纹更为繁缛。钩喙，头后有三歧的花形羽冠，尾羽下折，末端呈叉状，其上还竖立三股小尾羽（图一：232）。弗里尔美术馆和波士顿美术馆分别收藏一件器形、花纹完全相同的卣，据传出自宝鸡斗鸡台，这两件卣上的大鸟纹和上海博物馆的父丁卣完全相同。这几件卣大概都是西周初期的。

布伦戴奇藏器中有一件塱方鼎，铭文记述周公伐东夷事。此鼎的四壁均饰相背的大鸟纹，两壁间相向两鸟的钩喙会于四隅，构成扉棱，头上有绶带式冠羽，尖翅上翘，尾羽下折末端呈叉状，尾羽之上还矗立一股尾羽（图一：233）。这件鼎的年代由铭文可以确定。陕西武功柴家嘴出土的戈母丁簋，所饰大鸟纹与塱方鼎相同。

岐山礼村出土的一件父癸尊，腹部也饰此式大鸟纹，《尊古斋》著录的乍父丁宝障彝尊（图一：234），器形、纹饰均与上器相同。大鸟纹为钩喙，绶带式冠羽，尖翅上翘，尾羽下折，末端呈叉状，只是尾羽之上没有竖立的小尾羽。这两件尊和Ⅰ9式扶风、屯溪出土的尊形制相同，在纹饰上则不以兽面纹为主两侧配置小鸟纹，而直接以鸟纹为主题花纹。由器形而论，它们很可能是同时的。

Ⅱ4式：此式大鸟纹都有绚丽的冠羽和尾羽。弗里尔美术馆收藏的一件乍宗彝卣，器、盖都饰这种大鸟纹，尖喙，昂首引颈，双翅上翘作叉状，脚趾粗大，头上有耸立的小冠羽，此外，另有三条细长的冠羽迤逦绕至头前，垂及地面，尾部也有相同的尾羽（图一：241）。皮尔斯伯里收藏的郭白取簋，也饰此式大鸟纹，但更加华丽。尖喙，回首，冠羽和尾羽均有所谓的"联璧"，或即象征孔雀羽屏的斑眼（图一：242）。与郭白取簋花纹相同的还有邢季尊、卣等。

1974年在北京琉璃河53号墓中出土一件攸簋，双耳、有盖，圈足下有立虎形三足，器、盖都饰这种大鸟纹，因未及去锈，故花纹不清。铭文记匽侯赏攸贝，因而作器。同墓所出还有尊、爵、觯等。此墓简报推断属成康时期，晏琬认为攸簋为康昭之际器，陈梦家定郭白取簋为昭王时器，邢季尊、卣应在共王以前。由此可知此式大鸟纹的年代。

Ⅱ5式：此式大鸟纹的特点在于相对两鸟的冠羽作交互纠缠之状。

1959 年安徽屯溪 1 号墓所出的卣，腹部饰此种鸟纹，尖喙，回首，双翅上翘呈叉状，头上竖立一簇冠羽，另有绶带状冠羽相互缠结（图一：251）。1965 年，屯溪又出土一批铜器，其中的卣，器腹也饰此种大鸟纹。从器形而论，后者的年代似略晚。传世品中猷氏（Eumorfopoulos）原藏的一件尊也有此式大鸟纹（图一：252）。这种大鸟纹发现较少，其年代或相当于昭、穆时期。

Ⅱ6 式：此式大鸟纹的特点是鸟喙卷曲，回首，头上有冠羽垂于身前作卷云纹状，双翅上扬，末端呈叉状，只有一条短短的向后平伸的尾羽。1961 年陕西长安张家坡西周铜器窖藏坑出土的孟簋，双耳，方座，在器腹和方座的四壁都饰这种大鸟纹（图一：263）。郭沫若认为孟簋是成王时器，时代定得过早。美国福格美术馆收藏的庚嬴卣（图一：262），器腹及盖上的大鸟纹与孟簋相同。郭沫若认为此是康王时器，陈梦家也认为此种鸟纹"正是从成王时代的鸟形变为后一时期新形式鸟形的标准形式。对于此一种新式鸟形的发生以及其演变，是解决康王时代若干组铜器的关键"。传世铜器上有这种大鸟纹的还有效尊、效卣、静簋、史梅兄簋、己侯簋盖等。

上海博物馆收藏的夆莫父卣，器形与庚嬴卣相同，器腹和盖上的大鸟纹基本相同而更加繁缛，尖喙，头上有二条长冠羽，一条垂前，一条绕后，而尾羽更增多至四条（图一：261）。此器或较庚嬴卣略早。总之，此式大鸟纹最早也许可以到康王时期，而大多数都是昭、穆时期的。

Ⅱ7 式：1976 年扶风庄白发现微史家族铜器群窖藏，这群铜器的最有价值之处在于根据铭文称谓可以列出作器者的七代世系，从而为铜器的断代提供可靠的依据。这群铜器中的丰尊、丰卣都饰大鸟纹，根据世系，丰是史墙之父，墙当共王之世，因此，丰尊、丰卣可以视为穆王时期的标准器。

此式大鸟纹作尖喙，头上有四条冠羽，二条较长者垂于头前，拥颈，尖翅上扬而内卷，尾羽自翅端向后甩呈大迴曲状，如丰尊、卣（图一：271）。美国普林斯顿大学美术馆（The Art Museum, Princeton University）收藏的一件鸟纹尊，器形与丰尊相同，鸟纹为尖喙，头上有三条冠羽，一垂于头前，二披在头后，双翅上翘呈叉状，尾羽分成两股，一股绕至头前，一股折而往后。1975 年扶风庄白西周墓中出土的㦰簋，双耳作鸟状，器腹及盖上也饰此种大鸟纹（图一：272）。此簋据同墓出土的其他铜器以及和传世的录伯㦰簋等器的联系，可以推定是穆王时器。

Ⅱ8 式：此式大鸟纹喙卷曲，回首，头上有冠羽垂前，双翅上扬，末端呈叉状，尾羽两股，下股向内迴卷，整个纹饰构图趋向于扁宽，如师汤父鼎，鼎腹即饰此式大鸟纹（图一：281）。北京历史博物馆收藏的宁簋盖，其上的大鸟纹亦属此式，唯不作回首状。传世的芮太子壶，其上的大鸟纹（图一：282）亦可归入此式，唯同器上既有回首的也有不回首的两种大鸟纹。

师汤父鼎三足已呈蹄状，其名亦见于仲柟父鬲，鼎铭中的新宫、射卢也见于趞曹鼎，论者或以为是共王时器。此式大鸟纹之冠羽、尾羽，其构图渐趋图案化，而近于窃曲纹，可以认为此式大鸟纹是大鸟纹中之较晚者。

Ⅱ9 式：在大鸟纹中有极少几件鸟纹特殊者，如美国普林斯顿大学美术馆收藏的文父丁觥和布伦戴奇藏器中的中子黄污觥，两者器形、花纹几乎完全相同。所饰鸟纹为尖喙，头上有绶带式冠羽，尾羽折而下垂，末端呈叉状，而其特异之点在于冠羽和尾羽上都附加倒刺状装饰，或是象征鸟羽（图一：291）。这两件觥大抵是殷末周初的。

三　长尾鸟纹

长尾鸟纹的特征是鸟身比较短小而身后拖着细长而卷曲的尾羽。这种鸟纹大都以带状形式装饰在容器的口沿下、腹上部或圈足上，作为辅助纹饰，也有很多铜器就以这种带状的长尾鸟纹为主要纹饰的。长尾鸟纹大体上可以分为以下各式。

Ⅲ1 式：Ⅲ为长尾鸟纹。此式长尾鸟纹为钩喙或尖喙，头上有绶带式冠羽，鸟身较短，双翅上翘，身后有细长的尾羽，尾羽末端向上翻卷，尾羽的前端和中部还有二支向前卷曲的小羽。上海博物馆收藏的父丁卣，在口沿下和圈足上各有一周这样的长尾鸟纹（图一：311），而在器腹则饰Ⅱ3 式大鸟纹和直棱纹。天津市文化局收藏的父己觯，口下有一周此式长尾鸟纹，而器腹饰兽面纹。美国皮尔斯伯里收藏的一件方鼎，铭文为弓形内章字，器四壁为乳钉纹和勾连雷纹，口下则为此种长尾鸟纹带。这几件器都是殷末周初的。传世的冈劫尊以及布伦戴奇收藏的同铭卣，都是以此种长尾鸟纹（图一：312）和直棱纹为装饰纹样。根据冈劫尊、卣的铭文，则是成王伐奄时器。由上述诸器可知此式长尾鸟纹的年代。

Ⅲ2 式：此式长尾鸟纹与上式大体相同，只是尾羽前端的小羽向后卷曲，成卷云纹形状。1966 年岐山贺家西周墓中出土的两件史速方鼎，四壁饰乳钉纹和直棱纹，口沿下则饰此式长尾鸟纹，同墓所出有史暗簋等。美国纳尔逊美术馆（Nelson—Atkins Gallery of Art）收藏的成王方鼎和史速方鼎纹饰相同，也是在口下有一周这样的长尾鸟纹（图一：322）。传世的卿尊，腹部也有这样的花纹带。以上诸器的年代大都不晚于成康时期。上海博物馆收藏的甲簋，传出宝鸡，双耳，方座，在方座的底边也有一周这样的长尾鸟纹（图一：321）。值得注意的是这件簋的器身及方座上，四种鸟纹（Ⅰ4、Ⅰ6、Ⅰ9、Ⅲ2）共存，这对于探讨各式鸟纹的年代是很有帮助的。

Ⅲ3 式：这式长尾鸟纹的特征是除了鸟身原有的细长而卷曲的尾羽外，又在其上增添了一条向后延伸的尾羽。扶风庄白出土微史家族铜器群中的乍父辛爵，腹部就饰这样的长尾鸟纹。另外，扶风伯或墓出土的两件饮壶之一，颈部也有此式长尾鸟纹（图一：332）。这两件器都被认为是穆王时器。传世的量簋（图一：331）、父乙簋、矢王方鼎盖、戈作犨彝尊等，也都饰这种长尾鸟纹，其年代大概也都相近。

Ⅲ4 式：此式长尾鸟纹与上二式基本相同，也有两条尾羽，上面一条尾羽向后延伸，下面一条尾羽前端向下卷，后端向上卷，呈横的 S 形，但与鸟身不相连，即所称的分尾鸟。1972 年，甘肃灵台白草坡 2 号墓出土的两件陵伯卣，圆筒形，器盖及器身共有三周此式长尾鸟纹（图一：341），此墓被认为是康王时期的。1978 年扶风齐家 19 号墓出土一组铜器共 12 件，其中二鼎、二簋、盘、盉都以此式长尾鸟纹为纹饰带（图一：345）。根据这组铜器和同墓所出陶器的器形，可以认为它们属于穆王末年或共王初年。由此可知此式长尾鸟纹的年代。传世铜器中有一件过伯簋，双耳，方座，口下饰一周长尾鸟纹，尖喙，回首，有绶带式冠羽，尾羽两股，下股与鸟身分离（图一：343）。此簋铭文有从王伐反荆语，或被认为是成康时器。流入美国的同铭屯尊、屯卣（图一：342），也以此式长尾鸟纹为装饰，也被认为是成康时期的。这几件器，从器形和纹饰来说，也很可能是昭、穆时期的。传世铜器中有此式长尾鸟纹者为数颇多，如师趛鼎、师旅鼎（图一：344）、窦鼎、命簋、竞卣等，其年代大抵相近。1957年陕西长安兆元坡出土的辅师嫠簋，口沿下也有一周此式长尾鸟纹，但其尾羽的前端已向窃曲纹的式样演变（图一：346）。《颂续》著录的易鼎也是这种长尾鸟纹。辅师嫠簋郭沫若定为厉王时器，大概是此式长尾鸟纹中之年代最晚者。

Ⅲ5式：此式长尾鸟纹的特点在于尾羽仍为两条，而下面一条尾羽的末端不再向上翻卷，两端都向下卷曲，成卷云纹状。这式长尾鸟纹很可能是由Ⅰ4式小鸟纹演变而来的。扶风庄白出土的史墙盘的口沿下就是此种长尾鸟纹，尖喙，头上有两条冠羽垂在头前，双翅上扬，末端呈叉状，尾羽两股，上股向后，下股两端卷曲（图一：352）。同群铜器中的墙爵以及丰爵，其上的鸟纹也如是。扶风庄白伯㦰墓所出的伯㦰簋（图一：351）和饮壶乙在颈部也有这样的纹饰。这些铜器都是穆王和共王时期的。微史家族铜器群中的两件痶盨，口下一周此式长尾鸟纹，不同的是下股尾羽由原来的横向改为竖向，成了一个正视的C字（图一：353），其年代晚于墙盘，大约相当于懿王时期。

原热河凌源发现的匽侯盂等一批铜器中有一件附耳鼎，口下一周鸟纹，也是此种形式，尖喙，有绶带式冠羽，尖翅上翘，上股尾羽极细，下股尾羽较粗，两端卷曲。此器的鸟纹，尾羽与鸟身相连，同出又有匽侯盂等年代较早的铜器，其年代也许较早。

Ⅲ6式：此式长尾鸟纹与上式基本相同，只是下股尾羽已由卷云纹演变为窃曲纹的式样。扶风庄白出土的痶壶和岐山董家出土的仲南父壶（图一：361），两者器形、花纹都相同，其颈部所饰鸟纹为钩喙，回首，冠羽垂前，尖翅上扬，尾羽两股，上股向后延伸，下股卷曲而前端变成窃曲纹的样子。长安张家坡出土的师旋簋乙，口下一周鸟纹也是此种型式（图一：362）。痶壶、仲南父壶都是西周中晚期器，师旋簋乙郭沫若以为乃厉王时器，属西周晚期。此式鸟纹与Ⅲ4式中的辅师嫠簋都出现了尾羽向窃曲纹演化的迹象，后者郭沫若也认为是厉王时器。可见上述的变化大致在西周中晚期之交。

Ⅲ7式：在长安张家坡的一座西周晚期墓中出土的一对壶，颈部一周鸟纹，鸟喙弯曲，回首，冠羽垂前，尖翅上翘，尾羽分为三股，上股向后延伸，中股折而下垂，下股两端向内卷曲（图一：371），同出的还有三鼎、四簋。1976年浙江长兴发现的铜鼎以及山西征集的虞侯壶也都饰此种长尾鸟纹。此式鸟纹以及Ⅲ6式长尾鸟纹大概已是鸟纹中最晚的型式了。

四　结语

青铜容器上的鸟形纹饰，最早出现于殷墟时期，其没落期约在西周中期之后。鸟形纹饰式样繁多，本文分为小鸟纹、大鸟纹和长尾鸟纹三类25式，大体上是接受了陈梦家先生在《西周铜器断代》中关于鸟纹的分类而进一步区分式别。这种分类法只是就鸟纹的外形来划分，以便分析、比较，而并不表示三者之间在时代上有绝对的早晚。

鸟纹中最早出现的是小鸟纹。在安阳殷墟妇好墓中出土的青铜容器上已有用小鸟纹为装饰纹样的，但一般都只是作为陪衬用的纹饰。

小鸟纹大致可以分为两种型式。一种是鸟身竖立的，通常是对称地分置在兽面纹的两侧（Ⅰ9），也有两鸟相对倒立组成蕉叶状的（Ⅰ8）。另一种是鸟身横立的，此种小鸟纹式样较多，但最常见的是尾羽折而下垂，末端呈叉状（Ⅰ6）和尾羽分为三股的（Ⅰ7）。本文将小鸟纹分为9式，其中Ⅰ1、Ⅰ2、Ⅰ3、Ⅰ5诸式大体来说只见于殷墟时期，尤以Ⅰ1、Ⅰ5式的时代特点比较明显。Ⅰ6、Ⅰ7式数量最多，开始出现于殷墟晚期而盛行于西周早期。Ⅰ9式最早见于殷墟侯家庄西北岗出土的牛鼎、鹿鼎上，而盛行于殷末周初。这种小鸟纹有可能是大鸟纹最早的祖型。

大鸟纹最早出现于殷末周初，一开始就被用作主题花纹，其特点在于有华丽的冠羽，所谓戴胜、绶带。早期的大鸟纹昂首、引颈，从整体看，显得颈长而躯体横宽，很可能是从Ⅰ9式小鸟纹发展、演变而来的。稍后，鸟颈渐短而冠羽纷披，尾羽卷曲之状则愈为繁缛，从整体说，拥颈，躯体近于方形或扁长方形。衰落期的大鸟纹，冠羽、尾羽前后扭卷，整体更趋扁长，呈现出逐渐向窃曲纹演化的倾向。扶风庄白出土的丰尊、丰卣以及传世的庚嬴卣等器上的大鸟纹是其典型式样，是大鸟纹鼎盛时期的代表，前者公认是穆王时器，后者被认为是康王时器，由此可见大鸟纹鼎盛时期的年代。本文将大鸟纹分为9式，除Ⅱ9式外，其分式顺序大体上可以说是代表大鸟纹的发展序列。

长尾鸟纹流行的时间较长。其特点是鸟身短而尾羽长，迤逦卷曲，形成或宽或窄的带状纹饰。这种鸟纹带常见于容器的口下、颈部或圈足上。

本文所述的长尾鸟纹实际上包含着两种型式。一种是尾羽末端向上卷，从整体看，尾羽呈横S形，本文的Ⅲ1至Ⅲ4式即属此种。另一种是尾羽的两端都向下卷，形成一个横的C形，本文的Ⅲ5至Ⅲ7式属此种。这两种长尾鸟纹渊源各不相同，各有其发展、变化的序列。前者和夔纹的尾部有密切的关系，尾羽由不分尾到分尾；后者和Ⅰ4式小鸟纹有密切的关系，尾羽由两股粗细相若变为一粗一细。两者的最后阶段都是在尾羽的前端出现窃曲纹那样的纹样，表现出向窃曲纹变化的趋势。前一种长尾鸟纹大概最早出现于殷末周初，后一种长尾鸟纹可以追溯到西周早期，两者的最后阶段大概可以晚到厉王时期。

在有些铜器上往往有几种鸟纹同时并存，有的多达三、四种，这对了解有关各种鸟纹之间的相对年代关系是很重要的。但是，由于各种鸟纹的自身发展演变不尽相同，因此，并存并不表示它们必然相与始终。至于鸟纹和其他纹饰的共存关系，对于研究鸟纹的断代问题也是很有帮助的。所以，我们在附表中所引的青铜容器除了标明其上的各式鸟纹外，同时也注明了共存的其他纹饰。

最后，为便于阅读对照，我们将各式鸟纹的年代序列草成简表（表二），以供参考。

本文的图一鸟纹图谱是请张孝光同志设计编绘的。

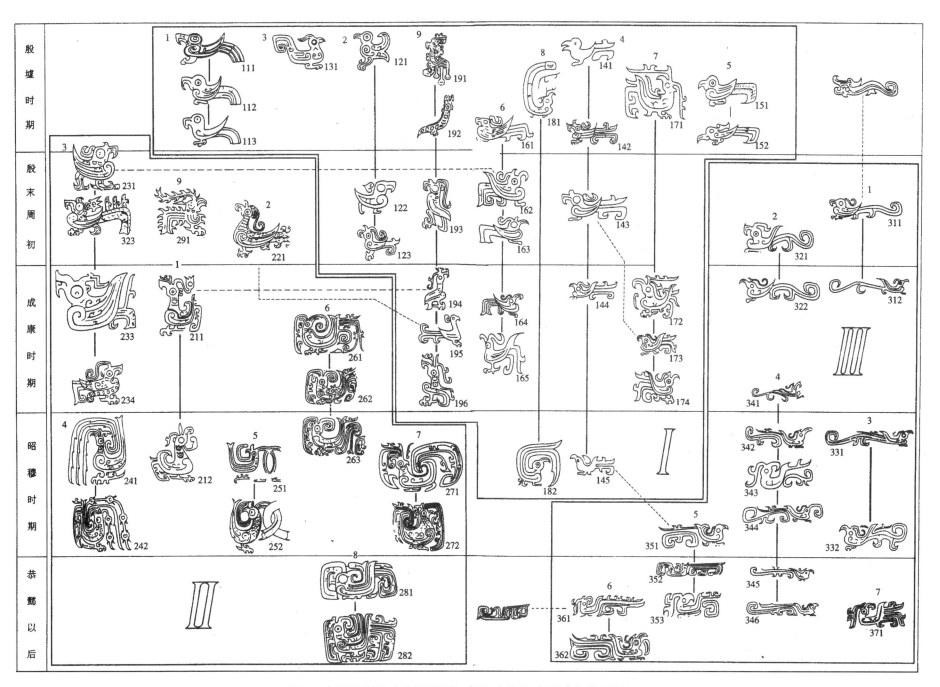

图一　鸟纹图谱(图中编号百位数:类别,十位数:式别,个位数:号数)

表二　**殷周青铜容器鸟纹型式登记表**

序号	器名	器形特征	鸟纹式别	其他纹饰	著录
1	妇好偶方彝	长方形彝，附耳	Ⅰ1、Ⅰ2	鸮纹，兽面纹等	《妇好墓》791
2	妇好方鼎	长方形，八棱	Ⅰ1	雷纹	《妇好墓》834
3	好中柱盂	侈口，附耳	Ⅰ1	垂三角纹	《妇好墓》764
4	亚启方彝	直壁，四坡盖	Ⅰ1	兽面纹	《妇好墓》823
5	司䍙母方壶	直颈，斜肩，有盖	Ⅰ1	兽面纹	《妇好墓》794
6	䀇侯簋	敞口，无耳	Ⅰ1	方格乳钉纹	《考古学报》81.4
7	子龚尊	大侈口，宽肩，高圈足	Ⅰ1	兽面纹、夔纹	《弗里尔》16
8	亚夭方卣	口圆体方，鸟形纽	Ⅰ1	兽面纹、夔纹	《白鹤》1
9	人形铭方彝	直壁，八棱，四坡盖	Ⅰ1	兽面纹	《沃森》18a
10	鸟纹鼎	深腹，立耳，三柱足	Ⅰ1	圆涡纹，三角蝉纹	《新研究》92
11	饕餮纹方斝	方形，四足	Ⅰ1	兽面纹、三角纹	《新研究》1211
12	父丁卣	椭圆形，提梁连接短径，失盖	Ⅰ2、Ⅱ3、Ⅲ1	直棱纹	《文物》64.7
13	鸟纹卣	椭圆形，提梁连接短径，凸棱	Ⅰ2、Ⅱ3、Ⅲ1	直棱纹	《美集录》A591
14	鸟纹卣	同上	Ⅰ2、Ⅱ3、Ⅲ1	直棱纹	《弗里尔》50
15	父乙觥	前流，后鋬，有盖	Ⅰ2、Ⅱ2、Ⅲ1		《上海》15
16	妇好甗	敞口，双耳	Ⅰ3	垂三角纹	《妇好墓》768
17	妇好方彝	直壁，四坡盖	Ⅰ4、Ⅰ1	兽面纹	《妇好墓》825
18	小臣𢀛卣	体方，直口，有肩	Ⅰ4	兽面纹、夔纹	《日精》51
19	亚启父乙方鼎	双立耳，四柱足	Ⅰ4	垂三角纹	《美集录》A75
20	滂伯卣	壶形，有盖，提梁	Ⅰ4	夔纹	《賸稿》29
21	父乙臣辰卣	同上	Ⅰ4	宽带纹	《美集录》A603
22	明尊	侈口，鼓腹筒状	Ⅰ4		《美集录》A443
23	日己方彝	直壁，四坡盖	Ⅰ4	兽面纹	《陕青》2.120
24	日己方尊	方体，圆口，四棱	Ⅰ4	兽面纹、蕉叶纹	《陕青》2.121

序号	器名	器形特征	鸟纹式别	其他纹饰	著录
25	日己觥	体方，前流，长尾錾，有盖	I 4	兽面纹，夔纹	《陕青》2.122
26	西北岗 1022 号墓觯	束颈，矮体，有盖	I 5	兽面纹、三角蝉纹	《五十三件》38
27	鼎方彝	直壁，四棱，四坡盖	I 5	兽面纹	《古铜选》18
28	蟠龙纹盘	敞口，深腹，高圈足	I 5	蟠龙纹、鱼、兽纹	《弗里尔》3
29	舟盘	敞口，窄沿，深腹	I 5	鱼、兽纹	《邺三》下 6
30	西北岗 2046 号墓器盖	菌形钮，四棱	I 6	直棱纹	《五十三件》51
31	西北岗 2046 号墓卣	椭圆形，提梁连接长径	I 6	联珠纹	《五十三件》41
32	宁尊	大侈口，折肩，高圈足	I 6	兽面纹	《美集录》A402
33	父己方鼎	双立耳，四柱足	I 6	乳钉纹、勾连纹	《豫青》324
34	母辛卣	直筒形，有盖	I 6	直棱纹，回首夔纹	《弗里尔》53
35	父戊卣	同上	I 6、Ⅲ2	直棱纹	《日精》83
36	鸟纹卣	同上	I 6、Ⅲ2	直棱纹	《新研究》621
37	鼎卣	提梁连接短径，四棱，盖有犄角	I 6、Ⅱ3	直棱纹	《美集录》A589
38	方座鼎卣	同上，有方座	I 6、19、Ⅱ3、Ⅲ5	直棱纹	《美集录》A590
39	鸟纹觯	束颈，矮体	I 6、Ⅱ3	直棱纹	《新研究》921
40	效父簋	双耳，圈足	I 6	卷尾龙纹	《日精》106B
41	德簋	双耳，圈足，方座	I 6	兽面纹，夔纹	《美集录》A220
42	焂子盉	三款足，有流、錾	I 6		《冠斝》补遗 5

续表

序号	器 名	器形特征	鸟纹式别	其他纹饰	著录
43	亚醜罍	双耳有环，有鼻	Ⅰ6	圆涡纹、垂三角纹	《美集录》A778
44	羊父癸觥	体方、有流、鋬、盖	Ⅰ6	兽面纹	《日精》261
45	乍宝𦤖彝卣	提梁连接长径，四棱	Ⅰ6	兽面纹	《海外》50
46	爻父丁簋	双耳，圈足	Ⅰ6	夔纹、直棱纹	《武英》67
47	鸟纹簋	同上	Ⅰ6	直棱纹	《新研究》391
48	鱼乍父庚尊	侈口，筒形	Ⅰ6	兽面纹、蕉叶纹	《日精》147
49	饕餮纹觯	四棱	Ⅰ6	兽面纹、三角蝉纹	《日精》115
50	方座簋	四耳方座	Ⅰ6、Ⅰ9、Ⅲ1	方格乳钉纹	《美集录》A226
51	伯矩觯	束颈，有盖	Ⅰ6	兽面纹	《弗里尔》75
52	饕餮纹斝	平底，双柱残断	Ⅰ7、Ⅰ8	兽面纹	《陕青》1.113
53	夔凤纹爵	圜底	Ⅰ7		《日精》236
54	㲱叔簋	四耳，方座	Ⅰ7	夔纹、圆涡纹	《上海》32
55	父丁壶	长颈，双贯耳，有盖	Ⅰ7	雷纹	《美集录》A695
56	乍旅壶	同上	Ⅰ7	雷纹	《日精》290
57	𣪘乍父辛方彝	曲壁，四坡盖	Ⅰ7	兽面纹	《日精》281
58	𣪘乍父辛觥	体方，前流后鋬，有盖	Ⅰ7	兽面纹、夔纹	《弗里尔》44
59	令方彝	曲壁，四坡盖	Ⅰ7	兽面纹、双身龙纹	《美集录》A646
60	令方尊	方体圆口，八棱	Ⅰ7	兽面纹、蕉叶纹	《善图》132
61	令簋	双耳，敛口，方座	Ⅰ7	勾连雷纹	《欧精》12
62	奻子方彝	曲壁，四坡盖	Ⅰ7	兽面纹、夔纹	《美集录》A648
63	奻子方尊	方体圆口，八棱	Ⅰ7	兽面纹、蕉叶纹	《日精》143
64	王窬方彝	曲壁，四坡盖	Ⅰ7	兽面纹	《文物资料丛刊》(三)
65	王窬方尊	方体圆口，八棱	Ⅰ7	兽面纹、蕉叶纹	《弗里尔》18
66	且辛卣	直筒形，有盖	Ⅰ7、Ⅲ1	直棱纹	《美集录》A608
67	𣪘古方尊	方体，圆口，四棱	Ⅰ7	兽面纹、蕉叶纹	《上海》35
68	卫尊	侈口，鼓腹，筒形	Ⅰ7		《日精》153

续表

序号	器 名	器形特征	鸟纹式别	其他纹饰	著录
69	鸟纹爵	圜底	Ⅰ7 Ⅱ7		《古铜选》37
70	乍宝隣彝卣	提梁连接长径，盖有犄角	Ⅰ7		《考古与文物》80.4
71	乍旅簋	双耳，方座	Ⅰ7	方格乳钉纹	《美集录》Λ176
72	乍宝隣彝尊	侈口，束颈，鼓腹	Ⅰ8、Ⅱ6	夔纹	《美集录》A448
73	鸟纹尊	侈口、束颈、鼓腹	Ⅰ8、Ⅱ6	夔纹	《罗越》51
74	乍宝隣彝尊	侈口、束颈、鼓腹	Ⅰ8、Ⅱ7	夔纹	《皮尔斯伯里》29
75	乍宝隣彝尊	同上	Ⅰ8、Ⅱ7、Ⅲ3		《海外》76
76	牛鼎	立耳、四柱足	Ⅰ9	牛头纹	《鼎形器》25
77	鹿鼎	同上	Ⅰ9	鹿头纹	《鼎形器》29
78	饕餮纹尊	侈口、短颈、广肩	Ⅰ9	兽面纹	《陕青》1.61
79	彭女卣	提梁连接长径，失盖	Ⅰ9	兽面纹	《双剑古》上28
80	白者父簋	双耳、方座	Ⅰ9	兽面纹、夔纹	《美集录》A221
81	且丁尊	侈口、鼓腹、筒状	Ⅰ9	兽面纹	《陕青》3.69
82	饕餮纹尊	同上	Ⅰ9	兽面纹	《陕青》3.165
83	父乙尊	同上	Ⅰ9	兽面纹	《考古学报》59.4
84	乍宝彝尊	同上	Ⅰ9	兽面纹	《文物资料丛刊》(三)
85	乍宝彝尊	同上	Ⅰ9	兽面纹	《美集录》A427
86	饕餮纹鼎	双立耳、深腹、三柱足	Ⅰ9	兽面纹	《陕青》1.157
87	伯矩簋	双耳、方座	Ⅰ9	兽面纹、双身龙纹	《美集录》A207
88	鸟纹觯	敞口、筒形	Ⅰ9	兽面纹	《罗越》45
89	蕉叶鸟纹觚	大侈口、细柄、高圈足	Ⅰ9	蕉叶纹	《陕青》2.1

续表

序号	器名	器形特征	鸟纹式别	其他纹饰	著录
90	单异残器	似尊之腹	Ⅰ9	兽面纹	《弗里尔》15
91	白觯	侈口、矮体、鼓腹	Ⅱ1	雷纹	《美集录》A535
92	父庚觯	侈口、细高体	Ⅱ1、Ⅲ4	蕉叶纹	《上海》43
93	旨中乍父己尊	侈口、束颈、鼓腹	Ⅱ1	蕉叶纹	《白鹤》27
94	笺子旅卣	提梁连接长径，盖有犄角	Ⅱ1、Ⅲ6		《日精》74
95	丙己觥	椭圆形、前流后鋬、有盖	Ⅱ2		《美集录》A653
96	且辛卣	提梁连接短径，四棱、盖有犄角	Ⅱ3、Ⅲ1	夔纹、直棱纹	《豫青》367
97	戈卣	提梁连接短径，四棱、盖有犄角	Ⅱ3、Ⅲ1	夔纹、直棱纹	《古铜选》21
98	舌卣	提梁连接短径，四棱、盖有犄角	Ⅱ3、Ⅲ1	夔纹、直棱纹	《美集录》A588
99	亚卣	提梁连接短径，四棱、盖有犄角	Ⅱ3、Ⅲ1	夔纹、直棱纹	《皮尔斯伯里》16
100	父戊觥	椭圆形、前流后鋬、有盖	Ⅱ3、Ⅲ1	夔纹	《美集录》A654
101	鸟纹方尊	方形、侈口、折肩	Ⅱ3	夔纹、蕉叶纹	《美集录》A405
102	塑方鼎	双立耳，四鸟形足	Ⅱ3		《布伦戴奇》30
103	戈母丁簋	双耳，圈足	Ⅱ3	雷纹	《文物》63.3
104	父癸尊	侈口，鼓腹，筒状	Ⅱ3		《陕青》1.19
105	父丁尊	侈口，鼓腹，筒状	Ⅱ3	雷纹	《美集录》A426
106	攸簋	双耳，有盖，圈足下有三高足	Ⅱ4		《考古》74.5

续表

序号	器 名	器形特征	鸟纹式别	其他纹饰	著录
107	乍宗彝卣	提梁连接长径，盖有犄角	Ⅱ4		《弗里尔》58
108	郭白戝簋	双耳，圈足	Ⅱ4	目斜雷纹	《美集录》A192
109	邢季尊	侈口，束颈，鼓腹	Ⅱ4、Ⅲ3	蕉叶纹	《故宫》下上110
110	邢季卣	提梁连接长径，盖有犄角	Ⅱ4、Ⅲ3		《海外》52
111	鸟纹卣	提梁连接长径	Ⅱ5	回首夔纹	《考古学报》59.4
112	鸟纹卣	提梁连接长径	Ⅱ5		《文物》65.6
113	鸟纹尊	侈口，束颈，鼓腹	Ⅱ5、Ⅰ8	回首夔纹	《獣氏》A8
114	孟簋	双耳，方座	Ⅱ6		《考古学报》62，1
115	庚嬴卣	提梁连接长径，盖有犄角	Ⅱ6、Ⅲ4		《美集录》A631
116	夆莫父卣	提梁连接长径，盖有犄角	Ⅱ6、Ⅰ7		《上海》39
117	静簋	双耳、圈足	Ⅱ6	夔纹	《贞吉》上33
118	且丁簋	双耳、圈足	Ⅱ6	夔纹、圆涡纹	《美集录》A193
119	史梅兄簋	鸟头形双耳、圈足	Ⅱ6、Ⅲ3		《美集录》A195
120	魝白簋	双耳、圈足	Ⅱ6、Ⅲ4、Ⅲ5		《弗里尔》69
121	乍旅彝卣	提梁连接长径、盖有犄角	Ⅱ6、Ⅲ3		《武英》130
122	乍父癸觯	束颈、鼓腹	Ⅱ6	夔纹	《弗里尔》72
123	乍宝彝卣	提梁连接长径、盖有犄角	Ⅱ6、Ⅲ4		《海外》51
124	鱼乍父庚彝尊	侈口、束颈、鼓腹	Ⅱ6、Ⅲ4	蕉叶纹	《日精》155
125	效尊	侈口、束颈、鼓腹	Ⅱ6	夔纹、蕉叶纹	《海外》75
126	鸟纹觯	束颈、鼓腹、有盖、有鋬	Ⅱ6	夔纹	《日精》121
127	乍宝隋彝簋	鸟形双耳、圈足	Ⅱ6、Ⅲ5		《武英》48

序号	器　名	器形特征	鸟纹式别	其他纹饰	著录
128	己侯簋盖	圆杯形捉手	Ⅱ6		《梦续》20
129	乍宝障彝尊	侈口、束颈、鼓腹	Ⅱ6	夔纹、蕉叶纹	《故宫》下上115
130	鸟纹簋	双耳、圈足	Ⅱ6、Ⅲ5		《日精》110
131	乍父丁尊	侈口、束颈、鼓腹	Ⅱ6	雷纹、蕉叶纹	《日精》157
132	滕虎簋一	双耳、方座	Ⅱ6、Ⅲ5		《贞吉》上34
133	滕虎簋二	双耳、方座	Ⅱ6、Ⅲ5		《梦郼》上27
134	丰尊	侈口、束颈、鼓腹	Ⅱ7、Ⅰ8		《陕青》2.18
135	丰卣	提梁连接长径、盖有犄角	Ⅱ7	蛇纹	《陕青》2.19
136	鸟纹尊	侈口、束颈、鼓腹	Ⅱ7、Ⅲ3	蕉叶纹	《罗越》52
137	戜簋	鸟形双耳、圈足、有盖	Ⅱ7		《陕青》2.104
138	乍宝障彝卣	提梁连接长径、盖有犄角	Ⅱ7、Ⅲ3		《故宫》下上139
139	师汤父鼎	双立耳、三蹄足	Ⅱ8、Ⅲ5		《善图》35
140	宁簋盖		Ⅱ8		《考古学报》56.3
141	芮太子白壶	椭方形、双耳、有盖	Ⅱ8		《武英》102
142	文父丁觥	方形、前流、后鋬、有盖	Ⅱ9	雷纹	《罗越》50
143	中子髸汈觥	同上	Ⅱ9	雷纹	《布伦戴奇》25
144	父己觯	椭圆口、束颈	Ⅲ1	兽面纹	《文物》64.9
145	弓辈方鼎	双立耳、四柱足、四棱	Ⅲ1	乳钉纹、勾连雷纹	《美集录》A71
146	冈劫尊	侈口、鼓腹、筒状	Ⅲ1	直棱纹	《商周》515
147	冈劫卣	提梁连接长径、盖有犄角	Ⅲ1	直棱纹	《布伦戴奇》35
148	鸟纹卣	提梁连接短径、盖有犄角	Ⅲ1	直棱纹	《日精》69
149	鸟纹盘	敞口、窄沿、高圈足	Ⅲ1	夔纹	《美集录》A818
150	史速方鼎	双立耳、四细高柱足	Ⅲ2	直棱纹、乳钉纹	《陕青》1.154

序号	器 名	器形特征	鸟纹式别	其他纹饰	著录
151	成王方鼎	双耳上有对兽、四柱足、八棱	Ⅲ2	直棱纹、乳钉纹	《美集录》A77
152	卿尊	侈口、鼓腹、筒状	Ⅲ2	夔纹	《澂秋》26
153	饕餮纹簋	双耳、圈足	Ⅲ2	卷尾龙纹	《美集录》A214
154	甲簋	双耳、方座	Ⅲ2、Ⅰ4、Ⅰ6、Ⅰ9	方格乳钉纹	《上海》33
155	父辛爵	圜底	Ⅲ3	直棱纹、三角纹	《陕青》2.23
156	白或壶甲	筒状、双象鼻耳	Ⅲ3		《陕青》2.105
157	量簋	双耳、圈足	Ⅲ3		《考古学报》56.1
158	父乙簋	双耳、圈足	Ⅲ3		《美集录》A189
159	矢王方鼎盖	两侧有鼎耳槽、半环形盖组	Ⅲ3		《十二家》居四
160	戈尊	侈口、束颈、鼓腹	Ⅲ3		《颂续》57
161	鸟纹方鬲	双立耳、分档、四柱足	Ⅲ3		《故宫》下上2
162	白簋	双耳、圈足	Ⅲ3	夔纹	《日精》107
163	父丁盉	壶形有流、有提梁	Ⅲ3	夔纹	《澂秋》49
164	饕餮纹觥	方形、前流、后鋬，有盖	Ⅲ3	兽面纹、夔纹	《腾稿》40
165	隈伯卣	直筒状、有盖	Ⅲ4		《考古学报》77.2
166	乍旅鼎	立耳、鼓腹、柱足	Ⅲ4		《陕青》3.16
167	乍旅簋	双耳、圈足	Ⅲ4		《陕青》3.18
168	鸟纹盉	分档、四柱足、前流、后鋬、有盖	Ⅲ4		《陕青》3.26
169	鸟纹盘	侈口、双附耳	Ⅲ4		《陕青》3.25
170	迺伯簋	双耳、方座	Ⅲ4		《梦邨》上24
171	屯尊	侈口、束颈、鼓腹	Ⅲ4		《美集录》A451
172	屯卣	提梁连接长径、盖有犄角	Ⅲ4		《美集录》A623

续表

序号	器 名	器形特征	鸟纹式别	其他纹饰	著录
173	鼒鼎	双立耳、三柱足	Ⅲ4		《梦续》6
174	师趛鼎	双立耳、三柱足	Ⅲ4		《贞吉》上24
175	师旅鼎	双立耳、三柱足	Ⅲ4		《善图》31
176	命簋	侈口、附耳、有盖	Ⅲ4	夔纹	《美集录》A233
177	竞卣	提梁连接长径，盖有犄角	Ⅲ4、Ⅲ5		《海外》48
178	乍从彝尊	侈口、束颈、鼓腹	Ⅲ4		《美集录》A449
179	乍父癸尊	同上	Ⅲ4		《美集录》A450
180	叔鼎	双立耳、三柱足	Ⅲ4		《美集录》A84
181	伯鼎	同上	Ⅲ4		《美集录》A85
182	乍宝鼎	同上	Ⅲ4		《梦郼》上7
183	乍宝彝鼎	同上	Ⅲ4		《贞吉》上11
184	乍隣鼎	同上	Ⅲ4		《善图》30
185	乍从彝簋	双耳、圈足	Ⅲ4		《冠斝》补遗1
186	乍且戊簋	同上	Ⅲ4		《善图》54
187	乍且乙簋	同上	Ⅲ4		《善图》56
188	晋簋	双耳、圈足、有盖	Ⅲ4		《图释》13
189	伯枕簋	侈口、附耳	Ⅲ4		《尊古斋》2.6
190	乍父己卣	提梁连接长径、盖有犄角	Ⅲ4		《日精》79
191	中卣	同上	Ⅲ4		《贞吉》上45
192	乍宝隣彝尊	侈口、束颈、鼓腹	Ⅲ4		《冠斝》上33
193	季嬴霝德盉	分裆、四柱足、前流、后鋬、有盖	Ⅲ4、Ⅲ5		《美集录》A334
194	鸟纹盘	侈口、附耳	Ⅲ4		《日精》92
195	乍从彝盘	同上	Ⅲ4		《怀氏》
196	史述簋	双耳、圈足	Ⅲ4		《美集录》A190
197	曶金歸尊	侈口、束颈、鼓腹	Ⅲ4		《颂斋》14
198	曶金歸簋	双耳、圈足	Ⅲ4		《远东》27
199	乍父癸簋	同上	Ⅲ4		《颂续》33

续表

序号	器 名	器形特征	鸟纹式别	其他纹饰	著录
200	辅师嫠簋	同上	Ⅲ4		《考古学报》58.2
201	易鼎	双立耳、三柱足	Ⅲ4		《颂续》6
202	丰乍父辛爵	圜底	Ⅲ5		《陕青》2.20
203	墙盘	敞口、浅腹、附耳	Ⅲ5	窃曲纹	《陕青》2.24
204	墙爵	圜底	Ⅲ5		《陕青》2.25
205	白戓簋	敞口、附耳	Ⅲ5	瓦纹	《陕青》2.103
206	白戓壶乙	侈口、束颈、象鼻耳	Ⅲ5		《陕青》2.106
207	云纹壶	细高体、贯耳、有盖	Ⅲ5、Ⅱ3	云纹	《陕青》2.109
208	鸟纹鼎	敞口、浅腹、附耳、三柱足	Ⅲ5		《文物参考资料》55.8
209	卫鼎	立耳、鼓腹、柱足	Ⅲ5		《善图》28
210	伯雄父簋	鸟形耳、有盖	Ⅲ5		《日精》108
211	县妃簋	双耳、圈足	Ⅲ5		《善图》57
212	白簋	附耳、圈足	Ⅲ5		《善图》65
213	趩尊	侈口、束颈、鼓腹	Ⅲ5		《考古学报》56.4
214	鸟纹盘	浅腹、窄沿	Ⅲ5	斜三角纹	《日精》91
215	乍宝簋	双耳、圈足	Ⅲ5		《尊古斋》2.3
216	鸟纹簋	同上	Ⅲ5		《宝蕴》52
217	鸟纹盉	敛口、鼓腹、三柱足、前流、后鋬、有盖	Ⅲ5	瓦纹	《远东》30
218	痹盨	椭方形、圈足下有四小足	Ⅲ5	瓦纹	《陕青》2.27
219	鸟纹壶	细高体、贯耳、有盖	Ⅲ5		《陕青》2.81
220	十三年痹壶	细颈、双耳衔环、有盖	Ⅲ6	宽带纹、鳞纹	《陕青》2.29
221	中南父壶	同上	Ⅲ6	宽带纹、鳞纹	《陕青》1.177
222	师旋簋乙	双耳衔环、圈足下有三小足、有盖	Ⅲ6	直棱纹	《考古学报》62.1
223	师痹簋盖	圆杯状捉手	Ⅲ6		《文物》64.7

续表

序号	器 名	器形特征	鸟纹式别	其他纹饰	著录
224	楲中簋	双耳、圈足	Ⅲ6		《文物资料丛刊》（二）
225	嬴霝德簋盖	圆杯状捉手	Ⅲ6		《颂续》41
226	隌中簋	双耳、圈足	Ⅲ6		《冠斝》上22
227	白簋	附耳、圈足	Ⅲ6		《故宫》下下155
228	鸟文壶	直颈、双耳衔环、有盖	Ⅲ6	波浪纹	《日精》294
229	刃尊	侈口、束颈、鼓腹	Ⅲ6		《故宫》下上113
230	鸟纹壶	椭圆口、贯耳	Ⅲ7	宽带纹、斜三角纹	《考古》65.9
231	鸟纹鼎	双立耳、三柱足	Ⅲ7		《文物》79.11
232	虞侯壶	椭圆口、双耳衔环	Ⅲ7	宽带纹、波浪纹	《文物》80.7
233	伯簋	双耳、方座	Ⅲ7	斜三角纹	《尊古斋》2.1

引用文献简称

梦邨、梦续　罗振玉：《梦邨草堂吉金图·续编》，1917年。

宝蕴　容庚：《宝蕴楼彝器图录》，1929年。

澂秋　孙壮：《澂秋馆吉金图》，1931年。

武英　容庚：《武英殿彝器图录》，1934年。

海外　容庚：《海外吉金图录》，1935年。

十二家　商承祚：《十二家吉金图录》，1935年。

贞吉　罗振玉：《贞松堂吉金图》，1935年。

颂斋、颂续　容庚：《颂斋吉金图录·续录》，1936年。

善图　容庚：《善斋彝器图录》，1936年。

尊古斋　黄濬：《尊古斋所见吉金图初集》，1936年。

滕稿　孙海波：《河南吉金图志滕稿》，1939年。

双剑古　于省吾：《双剑诊古器物图录》，1940年。

商周　容庚：《商周彝器通考》，1941年。

邺三　黄濬：《邺中片羽三集》，1942年。

冠斝　荣厚:《冠斝楼吉金图》，1947 年。

故宫　《故宫铜器图录》，1958 年。

图释　陕西省博物馆:《青铜器图释》，1960 年。

美集录　中国科学院考古研究所:《美帝国主义劫掠的我国殷周青铜
　　器集录》，1963 年。

上海　上海博物馆:《上海博物馆藏青铜器》，1964 年。

鼎形器　《殷墟出土青铜鼎形器之研究》，1970 年。

五十三件　《殷墟出土伍拾叁件青铜容器之研究》，1972 年。

古铜选　《中国古青铜器选》，文物出版社，1976 年。

陕青　陕西省考古所、文管会、博物馆:《陕西出土商周青铜器》
　　(一)、(二)、(三)，1979—1980 年。

妇好墓　中国社会科学院考古研究所:《殷虚妇好墓》，1980 年。

豫青　本书编辑组:《河南出土商周青铜器》(一)，1981 年。

欧精　梅原末治:《欧米蒐储支那古铜精华》，1933 年。

白鹤　梅原末治:《白鹤吉金撰集》，1941 年。

日精　梅原末治:《日本蒐储支那古铜精华》，1959—1962 年。

猷氏　Yetts, *The George Eumorfopoulos Collection*, 1929.

新研究　Karlgren, *New Studies on Chinese Bronzes*, BMFEA No. 9, 1937.

皮尔斯伯里　Karlgren, *Chinese Bronzes in the Alfred F. Pillsbury Collection*, 1952.

怀氏　White, *Bronze Culture of Ancient China*, 1956.

沃森　Watson, *Ancient Chinese Bronzes*, 1962.

弗里尔　Pope, *The Freer Chinese Bronzes*, 1967.

罗越　Loehr, *Ritual Vessels of Bronze Age China*, 1968.

布伦戴奇　d'Argencé, *Bronze Vessels of Ancient China in the Avery Brundage Collection*, 1977.

远东　*Bulletin of the Museum of Far Eastern Antiquities.*

(本文为陈公柔、张长寿合著。原载《考古学报》1984 年第 3 期)

殷周青铜容器上兽面纹的断代研究

一

前几年，我们曾写过一篇《殷周青铜容器上鸟纹的断代研究》，发表在《考古学报》1984年第3期，作为青铜器纹饰断代研究的尝试，颇受各方的注意。本文是此项研究课题的继续，研究的对象是殷周青铜容器上最主要的纹饰之一的兽面纹。

本文所称的兽面纹，即传统上所谓的饕餮纹，其特征是一个正面的兽头，有对称的双角、双眉、双目以及鼻、口、颌等，有的还在两侧有长条状的躯干、肢、爪和尾等。本文不打算从宗教、神话的角度来探讨这类花纹的含义及其所反映的当时人们的意识形态，而是着眼于花纹的型式和演变以及它在青铜容器上的断代作用，所以没有采用传统的饕餮纹这个名称，而称之为兽面纹。

最早注意到这类兽面纹的是北宋时期的金石图录，如《宣和博古图》指出，这种兽面纹就是《吕氏春秋》等书中所谓的饕餮，从此，这个名称在铜器研究中一直沿用到现在。关于这类花纹的年代，该书认为是可以早到商代的。虽然如此，而对这类花纹的系统研究却是最近半个世纪以来才开始的。

李济在1964年曾经说过，近三十年来，有两部研究青铜器花纹的著作，为学术界所重视，一部是容庚的《商周彝器通考》，另一部是高本汉在《远东博物馆馆刊》23期（1951）讲早期青铜器花纹的文章。[1]

---

[1] 李济、万家保：《殷墟出土青铜觚形器之研究》，1964年版，第63页。

　　容庚在《商周彝器通考》的花纹一章中，详细罗列了青铜器上的各种纹饰并附图说明，他把兽面纹区分为饕餮纹和蕉叶饕餮纹两类，前者有 16 种不同的型式，后者有 3 种型式，合计 19 种。① 后来，他觉得原先的分类办法未免繁琐，有必要进一步加以整理，遂在《商周青铜器通论》一书中归并为 12 个类型，分别举出典型图例作为代表。②

　　高本汉早在 1937 年就发表过《中国青铜器的新研究》一文，论述了他对青铜器花纹的研究结果。他用统计学的方法对 1288 件传世青铜器的纹饰进行研究，把这些青铜器上的各种纹饰分为 A、B、C 3 群，属于 A 群的有饕餮面（A1）、连体饕餮（A2）、牛角饕餮（A3）等 6 种，属于 B 群的有分解饕餮（B1）等 11 种，属于 C 群的有变形饕餮（C1）、龙化饕餮（C2）等 16 种。他确认，统计学研究的证据表明 A 群和 B 群的纹饰不共存的原则是普遍的，即 A 群和 B 群的纹饰分别和 C 群的纹饰共见，而 A 群和 B 群两者的纹饰绝不共存于同一件器物之上。至于兽面纹，他认为 A1—A3 是真正的饕餮纹，是原生的型式，B1 是派生的，它们的变化是由 A 群的饕餮面、连体饕餮演变为 C 群的变形饕餮、龙化饕餮，最后变化为 B 群的分解饕餮。③

　　1951 年，高本汉又发表了《早期青铜器纹饰的规律》④，该文用了大量图例来探讨龙纹和连体饕餮纹的各种形式及其变化的规律。李济称它对于铜器花纹的分析，不但方法缜密，也有很多精辟的见解。⑤ 高本汉认为饕餮和龙是同源的，它们具有各种形状相同的角及其他因素，但他的着眼点则是在躯干下部短肢的特征和变化。他把连体饕餮纹分成 275 种，每种都附有图例，他力图通过对花纹的分类排比，证明龙纹和连体饕餮纹是怎样从最初的相当写实的图像逐渐通过各种因素的退化、分解，最后只剩下一些毫无意义的陈迹。

　　李济对容庚和高本汉在研究青铜器纹饰方面取得的成绩给予一定的评

---

①　容庚：《商周彝器通考》，哈佛燕京学社 1941 年。
②　容庚、张维持：《商周青铜器通论》，科学出版社 1958 年版。
③　B. Karlgren, *New Studies on Chinese Bronzes*, BMFEA No. 9, 1937.
④　B. Karlgren, *Notes on the Grammar of Early Bronze Decor*, BMFEA No. 23, 1951.
⑤　李济、万家保：《殷墟出土青铜瓿形器之研究》，1964 年版，第 63 页。

价，同时，对他们用以研究的材料乃至研究的方法又提出了批评。他认为，他们所用的材料，性质甚为庞杂；他们研究的方法，均是以图案本身为主体，讨论它们的结构及其变化，以解释这些变化所反映的各种问题，他们采用的分析单位乃是饕餮、龙这些传统的、用得极普遍的花纹单位。李济认为："就纯粹的装饰艺术说，它们的发展历史及形成的过程，均需要特别详尽的处理后，方能看出它们的起源及历史意义，而器物本身的时代，更不是专靠花纹的外形变化所能断定的。""假如我们不能确知一件器物出土的准确地点，而拿它的形制和花纹做标订它们的时代根据，这个方法很容易导致若干错误的结论。高本汉和容庚二氏的论著，均免不了这一点。"① 李济的批评有的是很对的，有的则是可以进一步讨论的，这些我们留在后面再说。

李济是中国近代考古学的先驱，新中国成立以前曾长期主持安阳殷墟的发掘工作，他对中国考古学的发展和殷墟文化研究所做的贡献自不待言。单就青铜器的研究而论，他对殷墟发掘出土的 176 件青铜容器做了长时期的考察之后，从 1964 年起，按容器的类别，连续发表了《殷墟出土青铜觚形器之研究》（1964）、《殷墟出土青铜爵形器之研究》（1966）、《殷墟出土青铜斝形器之研究》（1968）、《殷墟出土青铜鼎形器之研究》（1970）、《殷墟出土伍拾叁件青铜容器之研究》（1972）5 本系列研究专著，从形制、纹饰、组合、分期等方面进行综合的全面研究，可以说是殷墟青铜器考古学研究的巨著。

李济详细地分析了殷墟青铜器花纹的制造方法和花纹的内容。他将花纹的制作方法分为刻划范文、刻划模文、模范合作文、堆雕模文、浮雕模文和深刻模文 6 类；花纹的内容则分为浮雕动物头面、几何形纹和弦纹几类，而浮雕动物头面又可分为真实动物和神话动物，前者如牛、羊、鱼、鸟等，后者如夔龙、饕餮等。他认为，在这些花纹中最引起人们注意的是那些写真的动物头和神话的动物全身。他从 51 件有纹饰的青铜容器上举出 9 种不同形式的兽面纹和 36 种不同形式的连体兽面纹，代表殷墟青铜

---

① 李济、万家保：《殷墟出土青铜觚形器之研究》，1964 年版，第 63—64 页。

器上所见的各种不同的这类纹饰。[①]

关于兽面纹，李济不赞成用饕餮这个传统名称，而称之为动物面。他描述这类动物面"都是有首无身的，一个动物向前看的正面，头顶都具双角，但眼上的眉虽大半都有，却也有不备的。角形的变化最惹人注目，有向内卷的，有向外卷的，有三折的，也有四折的。中间的鼻梁为变化较多的器官。两件方彝上的动物面都有大口，其余的都随图异形了"。连体兽面纹的图案"主要的表现都是一个向前正视的面孔，左右伸出两长条后卷的躯干，有时下带二爪，作对称的安排"。[②] 李济认为，高本汉和容庚把后一类花纹也称为饕餮而加了有身的形容词，这和《吕氏春秋》饕餮有首无身的说法是相抵触的，所以他根据《山海经》"有蛇一首两身"，而称之为"肥遗型"图案。[③] 殊不知这与他自己对有首无身的图案坚持不用饕餮而称动物面的原则也是相抵触的，所以本文也不用肥遗这样的名称，而称为连体兽面纹。李济指出，在 51 件有纹饰的青铜器上，连体兽面纹竟出现 36 次之多，可见其重要性，而兽面纹只见 9 次，仅占四分之一，加以兽面纹出现在 3 件方彝、1 件方卣和 1 件平底罍上，"平底器和方身的圈足器一样，在殷墟发掘出土的青铜器是罕见的标本，它们是否为殷商时代晚期的形制，倒是值得详细研究的问题"[④]，表示出兽面纹晚于连体兽面纹的意向。

李济在对高本汉、容庚的批评中，特别强调器物的出土地点，认为根据出土地点不明的器物的形制和花纹来确定它们的年代，很容易导致错误的结论。李济的意见无疑是正确的，但这只是事情的一面。另一面，从器物的形制和花纹中找出其发展、变化的规律，同样可以作为确定器物年代的依据，否则的话，本文就没有立足之地了。李济研究的殷墟发掘出土的 176 件青铜容器可以说是无一件无出处，件件都有来历，然而，其研究结果却表明单有准确的出土地点并不一定就能得到准确的结论，而形制和花纹所提示的倒恰恰是解决问题的线索。最明显的例子就是所谓小屯丙组的

① 李济、万家保：《殷墟出土伍拾叁件青铜容器之研究》，1972 年版，插图 29—32。
② 同上。
③ 李济、万家保：《殷墟出土青铜斝形器之研究》，1968 年版，第 69—70 页。
④ 李济、万家保：《殷墟出土伍拾叁件青铜容器之研究》，1972 年版，插图 29—32，第 106 页。

青铜器了。

李济把殷墟出土的青铜器按地区分为四组，即小屯乙组、小屯丙组、侯家庄西区、侯家庄东区。所谓小屯丙组是指位于小屯乙组、丙组两个建筑基址群之间的 M331、M333、M388 三座墓葬出土的青铜器。根据石璋如《殷墟建筑遗存》的研究，小屯丙组基址是小屯甲、乙、丙三组建筑基址群中年代最晚的，于是，把和小屯丙组基址并无直接关系的 M331、M333、M388 也看作是地层上比较晚的。李济在小屯墓葬的分期中也就把这三座墓列为小屯晚期，代表殷墟年代最晚的墓葬。然而，这三座墓所出的青铜容器无论在形制或花纹上都表现出早期青铜器的特点，这一点连李济本人也无法回避。李济曾不止一次地说："属于小屯丙组的瓬形器，不但较他组矮小、轻薄，花纹的表现也极草率。""小屯丙组（瓬）的平均重量不及其他三组任何一组的一半。"就花纹来说，"小屯丙组的一群（瓬）中，有两件全素的，三件单装的，没有全装的，若照上述发展来解释，它们应该是最早的一群。"李济明明知道，"假如小屯丙组的墓葬要比其他三组早，这一点分别自然比较容易加以说明"，仅仅由于"地层上似乎证明"小屯丙组诸墓是比较晚的，所以出土的青铜器的时代应该也是比较晚的。在这个前提下，对小屯丙组墓葬所出青铜器上的早期特征就不得不曲意辩说，什么刻划范文这种制作花纹的方法"虽然简单草率，但不一定代表初期原始的情形"，什么器物质料的轻薄"的确可以象征着一种衰退的气象"，什么这些青铜器是"百分之百的偷工减料"的制品，是"晚期仿造早期"的仿制品，如此等等。① 如果是在不了解国内考古工作发展的情况下做出这样的结论也还情有可原的话，那么，在获悉了辉县、郑州等地的发现后，仍然坚持旧的成见，就是不可理解的了。

自从李济发表了他的殷墟青铜器系列研究以来，至今又有十余年了，在此期间国内外都发表了不少有关青铜器纹饰的论著，难以备举，其中最为学术界所重视的有以下几种。

张光直的《商周青铜器与铭文的综合研究》（1973）一书，我们在鸟纹研究一文中已经介绍过，这是一部为有铭铜器进行器形、花纹等综合研

① 李济、万家保：《殷墟出土青铜瓬形器之研究》，1964 年版，第 81 页。

究提供基础的电脑打卡资料集，收录的资料极其丰富，花纹的分类也很详尽，但也杂入一些描绘失真的图像。此书将兽面纹分为两大类，第一类是独立的兽头，第二类是兽头连身。第一类中又分为：（1）有面廓的独立兽头，按角的形状、上颌朝向内外以及有眉无眉等情形分为 35 式。（2）无面廓的独立兽头，按角的形状及其他特点分为 32 式。（3）由线条组成的独立兽头，分为 6 式。第二类中又分成：（1）兽头连身，按角的形状及其他特点分为 33 式。（2）身躯作二细条的兽头连身，分为 3 式。（3）由线条组成的兽头连身，分为 10 式。以上两类共 6 型 119 式。书中没有提出任何有关兽面纹的发展、演变及年代的意见，但条分缕析，研究者自可据以分析得出自己的结论。

上海博物馆编的《商周青铜器纹饰》（1984）是以馆藏青铜器为主、间收发掘精品的花纹拓本精华，拓本多以原大制版，图像清晰。在编排上，按花纹类别，以年代先后为序。书前有马承源撰写的《商周青铜器纹饰综述》长文，乃是此书编纂的主体思想。该文主要探讨各种花纹的含义，兼及花纹的型式和年代。他认为，"从商代早期到西周早期青铜器的艺术装饰……共同的特点是兽面纹占有突出的统治的地位，这与当时的宗教思想有着密切的联系。它实际上是用艺术的形式来表现人们对客观世界的态度和认识水准，反映了当时人们对自然神崇拜而产生的神秘和肃穆的气氛。"关于兽面纹的发展和特征，他认为，"在大量的兽面纹中，有首无身都是在纹饰发展阶段中较晚的简略形式，殷墟中期以前绝大多数的兽面纹都是有首有身。"表现出与李济相同的观点。他认为，"商代早期兽面的形态相当抽象，表现以兽目为主，舐角处于次要的部分。殷墟早期兽面纹上的角已相当突出了，到殷墟中期，兽面纹舐角的宽度甚至占兽面纹全部宽度的一半，强调到最大的限度。所以角型的不同是划分兽面纹类型的一个最重要的标志。"在这种思想指导下，该书将兽面纹分为：外卷角、内卷角、分枝角、曲折角、长颈鹿角、虎头角、牛头角、变形兽面纹 8 型，每型又分为展体、分解、无躯等共 36 式。这样的划分就把兽面纹和连体兽面纹两类纹饰完全混淆在一起了。

新近出版的林巳奈夫的《殷周青铜器纹饰之研究》（1986）是研究青铜器花纹的一部重要著作。该书的第二编《花纹各论》的前二章着重讨论了饕餮纹，他认为，铜器花纹的年代应据其所在的青铜器的器形来确定。用这种方法来研究花纹的变化、消长，甚至排出花纹年代的序列，还是比较容易的，问题在于花纹的意义是什么，这方面的研究就比较困难了。因此，他倾全力研究"所谓饕餮纹究竟是表现什么的"。他的研究方法是在整理有关题材的神话方面的文献资料的同时，以图像有标题的汉代资料为基础，例如所谓的龙、凤，然后上溯其祖型，再和金文、甲骨文中有关的动物象形字相比照，旁及该种动物的形态、性格等等。林氏对于饕餮纹的分类办法同样是以角的型式作为第一级标准，分为：无角饕餮、"T"字形羊角饕餮、羊角饕餮、大耳饕餮、牛角饕餮、"几"字形羽冠饕餮、水牛角饕餮、茸形角饕餮、尖叶角饕餮、羊角形二段角饕餮、大眉饕餮、两尖大耳饕餮、其他种类的饕餮共 13 类，似较其他各书更为繁复。

　　我们之所以对林氏研究青铜器纹饰的目的和方法略做介绍，一则是因为这是当今研究青铜器装饰纹样的一个主要流派，同时也为了说明我们对研究青铜器纹饰的认识和采用的方法是和他完全不同的。我们选择的是"比较容易"的方法，纵然如此，结论是否正确，我们也未敢自许。但是，我们也不敢轻信"饕餮纹的由来可以上溯到河姆渡文化的太阳纹与鸟纹的组合图案"等诸如此类的太富于想象力的推论。

　　现下发掘资料日益丰富，分期断代研究也有很大进展，我们将以科学发掘的青铜器资料为主，充分利用分期断代的研究成果，运用类型学的方法区分兽面纹的型式，从中找出其发展、变化的轨迹，为青铜器纹饰的断代研究提供论证。

二

　　本文以考古发掘所得的殷周青铜容器为主，辅以若干年代可靠的传世铜器，将器上的兽面纹分为独立兽面纹、歧尾兽面纹、连体兽面纹和分解兽面纹四型，对各型兽面纹分式排比，探讨它们发展、演变的序列以及相互间的关系，作为青铜器断代的参考。

　　（一）第一种型式　独立兽面纹（Ⅰ型），为一独立的兽面图案，没有躯干，所谓周鼎著饕餮，有首无身。这类兽面纹的最原始的形式，只是一对圆泡状的乳钉，以表示兽面的双目，其渊源可以直接追溯到二里头文化。以后，逐渐增添鼻、角、嘴、耳、眉等，成为器官齐备的兽面。独立兽面纹可分为以下各式。

Ⅰ1式：只有一对代表兽目的乳钉，有的还增加了眼眶，更有增添兽鼻的，但总的来说这是一种面部器官不完备的兽面纹，只见于二里岗时期铜盉的顶部。郑州东里路省中医院出土的弦纹盉①，黄陂李家嘴出土的盉（M2：20）②，在顶部管流的两旁各有一个圆饼状乳钉代表兽目，其下方的盉口则代表兽嘴。中牟黄店出土的盉在顶部管流旁有一对兽目外，流、口之间还增加了一个长条形的兽鼻，③ 惜未发表图像。美国布伦戴奇收藏的一件铜盉有相同的兽面纹可以参考（图一：1）。④ 这两件铜盉的颈部都有二里岗时期典型的歧尾兽面纹。

Ⅰ2式：有清晰的兽面轮廓，眼、鼻、嘴、耳等器官大都完备，特别是有一对粗大的羊角状的兽角，角上刻划有棱牙和鳞形纹。殷墟第一期的小屯 M333 尊（R2060）（图一：2）、M331 方卣（R2066）（图一：4）上最早出现这种兽面纹，⑤ 后者的花纹位于卣腹的四隅，这种设计大概是沿用了二里岗时期方鼎四角兽面纹的传统。这种兽面纹和Ⅰ1式兽面纹很不相同，而和二里岗时期白家庄的罍（M2：1）上的歧尾兽面纹的兽面部分很相似，⑥ 花纹的表现方法也相同。由此可见，这式兽面纹实际上是由歧尾兽面纹演化而成的，而且从此以后成为各式独立兽面纹共同遵循的形式。

这种花纹在殷墟第二期的青铜器上也有发现，但花纹的表现方法已一改二里岗时期的传统。殷墟妇好墓出土的司弓母大方壶（807）（图一：6）在腹部四隅也有相似的兽面纹，只是部分器官略有变化。此壶盖上的

① 杨育彬等：《近几年来在郑州新发现的商代青铜器》，《中原文物》1981 年第 2 期。
② 湖北省博物馆：《盘龙城商代二里岗期的青铜器》，《文物》1976 年第 2 期。
③ 赵新来：《中牟县黄店、大庄发现商代铜器》，《文物》1980 年第 12 期。
④ Rene—Yvon Lefebvre d'Argence, *Bronze Vessels of Ancient China in the Avery Brundage Collection* Pl：7，1977.
⑤ 李济、万家保：《殷墟出土伍拾叁件青铜容器之研究》，1972 年版，插图 27—5，29—6。
⑥ 河南文物工作队第一队：《郑州市白家庄商代墓葬发掘简报》，《文物参考资料》1955 年第 10 期。

兽面纹与腹部完全相同（图一：3），但花纹却位于盖面的中央。①

Ⅰ3式：兽面的双角作向外卷的形状，角尖锐利，这种角与Ⅰ2式形状相似而粗壮不及。在殷墟第二期青铜器上这式兽面纹有较多的发现。妇好方罍（866）的盖面上的兽面纹，双角外卷，以扉棱为鼻梁，细眉，巨睛，叶形耳，嘴角内卷，用雷纹衬底（图一：7）。② 用雷纹做底最早见于殷墟第一期的小屯M331的方卣上，殷墟第二期就较普遍。妇好长方扁足鼎（813）（图一：5）、妇好瓿（830）（图一：10）上也饰这式兽面纹，而且在两侧都辅以倒立的夔纹。③ 这种花纹构图上的互相配合后来被用得相当普遍，而且产生出较多的变化。

Ⅰ3式兽面纹在西周早期仍很流行。1976年陕西临潼发现的利簋④，器作于周武王开国时，方座上的兽面纹就是这种形式，两侧也配以倒立的夔纹，夔纹有很长的脚爪（图一：8）。被认为属于成王时期的德簋⑤，方座上的兽面纹和夔纹与利簋完全相同，而圈足上的小鸟纹也是殷末周初常见的形式。1959年安徽屯溪第一号墓出土的青铜器有不少南方特点，而其中的一件尊（M1：90）却是典型的中原型式的，⑥ 尊的腹部也饰这式兽面纹，两侧有叠压的倒立夔纹和小鸟纹（图一：11）。1976年陕西扶风云塘的一座西周墓中出土的祖丁尊（M20：2），⑦ 所饰兽面纹与上述诸器完全相同，而两侧配以头顶绶带的小鸟纹（图一：9），同墓共出的还有鼎、鬲、簋、卣、爵等，是西周早期的组合形式。这两座墓的年代被认为不晚于昭穆之世或属西周中期，据此可知，在西周中期以前，Ⅰ3式兽面纹仍相当流行。

Ⅰ4式：此式兽面纹的双角两端相向圆卷似云纹状。1984年在安阳殷墟西区1713号墓出土的一件分裆鼎，腹部饰三组独立兽面纹，双角两端

---

① 中国社会科学院考古研究所：《殷墟青铜器》图26，文物出版社1985年版。

② 中国社会科学院考古研究所：《殷墟青铜器》图18：2，文物出版社1985年版。

③ 中国社会科学院考古研究所：《殷墟青铜器》图6：1，17：1，文物出版社1985年版。

④ 临潼县文化馆：《陕西临潼发现武王征商簋》，《文物》1977年第8期。

⑤ 中国科学院考古研究所：《美帝国主义劫掠的我国殷周青铜器集录》A220，科学出版社1962年版。

⑥ 安徽省文化局文物工作队：《安徽屯溪西周墓葬发掘报告》，《考古学报》1959年第4期。

⑦ 陕西周原考古队：《扶风云塘西周墓》，《文物》1980年第4期。

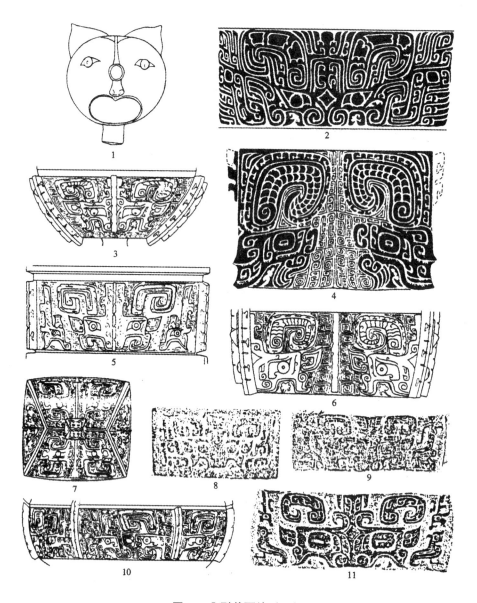

图一　Ⅰ型兽面纹（一）

1. Ⅰ1式（布伦戴奇藏品）　2. Ⅰ2式（小屯 M333 尊 R2060）　3. Ⅰ2式（司夐母大方壶 807.盖）　4. Ⅰ2式（小屯 M331 方卣 R2066）　5. Ⅰ3式（妇好长方扁足鼎 813）　6. Ⅰ2式（司夐母大方壶 807）　7. Ⅰ3式（妇好方罍 866.盖）　8. Ⅰ3式（利簋方座）　9. Ⅰ3式（祖丁尊，云塘 M20:2）　10. Ⅰ3式（妇好瓿 830）　11. Ⅰ3式（父乙尊，屯溪 M1:90）

内卷，粗眉，"臣"字形眼，凸睛，巨鼻，张口，嘴角外撇，露出利齿。兽面两侧配以倒立的夔纹（图二：1）。同墓所出的还有甗、簋、爵、觚、尊、卣、斝、盉、盘等，是典型的殷墟第三期的组合形式。该鼎有纪年长铭，当是帝辛七祀之器。① 这式兽面纹在西周早期也有发现。1963 年在长安马王村发现的一座西周墓中，出土一件分裆鼎，腹部饰三组 I 4 式兽面纹，两侧也有倒立的夔纹。同墓所出还有甗、簋、爵、觚、觯、卣等，根据铜器的组合、形制和花纹的特点，可以确认是属于西周初期的。② 需要指出的是这式兽面纹还常常被用于鼎足上，如妇好墓所出的司母辛大方鼎（789）、殷墟第三期的戍嗣子鼎（H10：5）（图二：2），它们的足根上都饰这种兽面纹，不过都以扉棱为中线，前者嘴角内卷，后者嘴角外撇。③ 由司母辛大方鼎可知这式兽面纹是可以早到殷墟第二期的。

　　I 5 式：兽面的双角作矩尺形。这种花纹最早见于殷墟第二期。妇好墓出土的两件妇好中型圆鼎（757、760）（图二：3、6）兽面纹的双角都是这种形状。④ 同时，这种矩尺形角还有发展、变化，即在角的外端增加羽毛状的钩形装饰，如妇好偶方彝（791）（图二：5）和妇好封口盉（859）上的兽面纹。⑤

　　I 5 式兽面纹在西周时期的青铜器上也有发现。1977 年陇县韦家庄发现的一座周墓中出土一件方座簋，腹上的兽面纹，双角作矩尺形，外端有钩状羽毛装饰，但角的顶端略变化成圆弧形。⑥ 上海博物馆收藏的羖古方尊腹部兽面纹的双角也是这种形状（图二：4），而且更加繁密。⑦ 这两件铜器都被认为是西周早期的。1972 年在眉县杨家村发现的𤇗鼎，在鼎足根部也是用这种兽面纹作装饰的。⑧ 此鼎被认为是康王时期的，可知 I 5 式

　　① 中国社会科学院考古研究所安阳工作队：《安阳殷墟西区一七一三号墓的发掘》，《考古》1986 年第 8 期。

　　② 梁星彭、冯孝堂：《陕西长安、扶风出土西周铜器》，《考古》1963 年第 8 期。

　　③ 中国社会科学院考古研究所：《殷墟青铜器》图 4，图 89：1，文物出版社 1985 年版。

　　④ 中国社会科学院考古研究所：《殷墟青铜器》图 7：1，图 6：4，文物出版社 1985 年版。

　　⑤ 中国社会科学院考古研究所：《殷墟青铜器》图 11，图 20：2，文物出版社 1985 年版。

　　⑥ 陕西省考古研究所等：《陕西出土商周青铜器》（三）图 160，文物出版社 1980 年版。

　　⑦ 上海博物馆青铜器研究组：《商周青铜器纹饰》图 49，文物出版社 1984 年版。

　　⑧ 陕西省考古研究所等：《陕西出土商周青铜器》（三）图 192，文物出版社 1980 年版。

兽面纹的下限。

　　Ⅰ6式：兽面的双角作曲折状。妇好墓出土的司䍒母大圆尊（867）圈足上的兽面纹，双角三折，尖端向外翘（图二：7），兽面两侧有倒立的夔纹，雷纹衬底。① 上海博物馆收藏的德方鼎，腹部的兽面纹，双角也是曲折的，角的外缘更增添了一层装饰纹（图二：8），兽面两侧同样配置倒立夔纹。② 德方鼎和德簋为同一人之器，都被认为是属于成王时期的。

　　Ⅰ7式：兽面的双角作向上翘尖的牛角状。这种牛角兽面早在二里岗时期和殷墟第一期就有发现，不过大都用于器物肩部的浮雕装饰，如郑州出土的两件牛首尊（H1：3、H1：4）（图二：11）、③ 小屯 M331 的两件尊（R2070、R2071）、M388 的罍（R2061）。④ 最早把Ⅰ7式兽面纹当作装饰纹样的约在殷墟第二期，妇好墓出土司母辛四足觥（803）的錾下就饰这式花纹（图二：10）。⑤ 1972年陕西华县桃下村出土的一件殷代晚期的鬲，腹部饰三组牛角兽面纹。⑥ 这种兽面纹在西周早期也很流行。1975年北京琉璃河黄土坡第251号墓中出土的伯矩鬲，腹部也饰三组牛角兽面纹，器有盖，盖上也有两个相背的牛角兽面，角尖翘起，极尽夸张。器铭记匽侯赐伯矩贝，因可断定为西周早期之器。⑦ 1976年在岐山贺家第113号墓出土的一件甗，在足上部饰牛角兽面纹，器内有卦象铭记。⑧ 1972年在扶风刘家发掘的丰姬墓，墓中所出的甗，三足上部也饰这式兽面纹。⑨ 在殷代晚期和西周早期的铜甗中大都在足上部饰牛角兽面纹，在传世的铜甗中有很多这样的例证。⑩

　　Ⅰ8式：兽面的双角作夔状。妇好墓出土的小方缶（805），腹部的独

---

① 中国社会科学院考古研究所：《殷墟青铜器》图25，文物出版社1985年版。
② 上海博物馆青铜器研究组：《商周青铜器纹饰》图134，文物出版社1984年版。
③ 河南省文物研究所等：《郑州新发现商代窖藏青铜器》，《文物》1983年第3期。
④ 李济、万家保：《殷墟出土伍拾叁件青铜容器之研究》插图27：1－3，1972年版。
⑤ 中国社会科学院考古研究所：《殷墟青铜器》图32—2，文物出版社1985年版。
⑥ 陕西省考古研究所等：《陕西出土商周青铜器》（一）图124，文物出版社1979年版。
⑦ 《中国古青铜器选》图26，文物出版社1976年版。
⑧ 陕西省考古研究所等：《陕西出土商周青铜器》（三）图2，文物出版社1980年版。
⑨ 陕西省考古研究所等：《陕西出土商周青铜器》（三）图45，文物出版社1980年版。
⑩ 中国科学院考古研究所：《美帝国主义劫掠的我国殷周青铜器集录》A133—A138，科学出版社1962年版。

立兽面纹双角是一对倒立的夔纹（图二：9）。① 这种式样的兽面纹发现较少，在传世的铜器中有一件殷代晚期的方彝，兽面的双角也作夔纹，但已从倒立改为横列。②

Ⅰ9 式：兽面的双角作"T"字形而两端卷曲。传世铜器中的㸑方鼎，腹部的兽面纹双角作"T"字形，兽面两侧有倒立的夔纹，而其躯干已简化成长条的刀形纹（图二：12）。③ 此鼎铭末有大黽族徽铭记，或以为殷器，但铭文有㸑见事于彭云云，应是西周早期之器。

Ⅰ10 式：兽面的双角向上相对内卷，角上端粗圆下端细锐，形似逗点状。1962 年陕西扶风齐家所出日己方彝、方尊、方觥三器花纹完全相同，双角都是这种形状（图二：13）。④ 此组铜器年代属西周中期偏早，三器在足部和盖的边缘都辅以小鸟纹，这种小鸟纹的年代我们定在昭穆时代，与此式兽面纹的年代是相符的。

Ⅰ11 式：兽面纹的双角委曲逶迤，由两侧下垂，形成特殊的角状。上海博物馆收藏的厚趠方鼎，腹部所饰的兽面纹可视为此式兽面纹的典型（图二：14）。⑤ 传世的㸑方鼎，鼎腹的兽面纹也属此种形式。⑥ 这两件铜器或以为是成王时器，⑦ 或以为前者铭文有王伐东夷而订为昭王时器，⑧ 由花纹而言，当以后者近似。

Ⅰ12 式：这式兽面纹只有一条短扉棱作为鼻梁，两侧各有一枚乳钉，象征兽目，它既无兽面轮廓，也无双角，面部器官也不完备，故又称为简化兽面纹。这式兽面纹与Ⅰ1 式兽面纹虽同样仅具兽目和鼻梁，但区别十分明显。Ⅰ1 式只见于二里岗时期铜盉的顶部，是独立兽面纹的原始形态，Ⅰ12 式则多见于带状的素地上，是一种蜕化的形式，而这种形式在兽面纹

---

① 中国社会科学院考古研究所：《殷墟青铜器》图 15：3，文物出版社 1985 年版。

② 中国科学院考古研究所：《美帝国主义劫掠的我国殷周青铜器集录》A637，科学出版社 1962 年版。

③ Willem Van Heusden, *Ancient Chinese Bronzes of the Shang and Chou Dynasties*, Pl. 18, 1952.

④ 陕西省考古研究所等：《陕西出土商周青铜器》（二）图 120—122，文物出版社 1980 年版。

⑤ 上海博物馆青铜器研究组：《商周青铜器纹饰》图 136、137，文物出版社 1984 年版。

⑥ Rene—Yvon Lefebvre d' Argence, *Bronze Vessels of Ancient China in the Avery Brundage Collection* Pl. 29, 1977.

⑦ 陈梦家：《西周铜器断代》（二）27 器，《考古学报》第十册，1955 年。

⑧ 唐兰：《西周青铜器铭文分代史征》，中华书局 1986 年版，第 227 页。

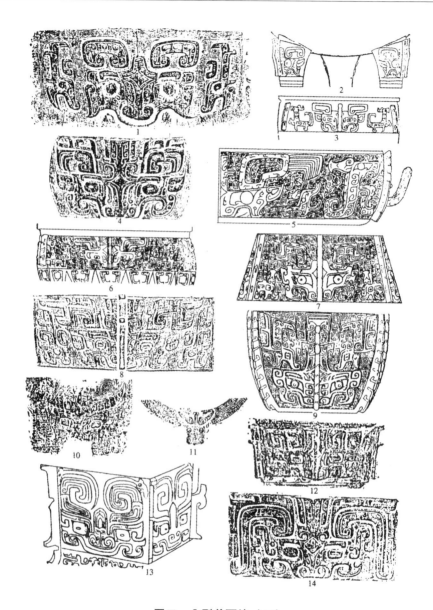

图二　Ⅰ型兽面纹（二）

1. Ⅰ4式（亚鱼鼎，殷墟西区 M1713：27）　2. Ⅰ4式（戍嗣子鼎，后岗 H10：5）　3. Ⅰ5式（妇好中型圆鼎760）　4. Ⅰ5式（癸古方尊）　5. Ⅰ5式（妇好偶方彝791）　6. Ⅰ5式（妇好中型圆鼎757）　7. Ⅰ6式（司夐母大圆尊867）　8. Ⅰ6式（德方鼎）　9. Ⅰ8式（小方缶，妇好墓805）　10. Ⅰ7式（司母辛四足觥803）　11. Ⅰ7式（牛首尊，郑州 H1：4）　12. Ⅰ9式（妭方鼎）　13. Ⅰ10式（日己方彝）　14. Ⅰ11式（厚趠方鼎）

的发展过程中与各类兽面纹同时并存。如在殷墟第二期兽面纹有很大发展的时期，Ⅰ12 式兽面纹就已出现，小屯第 17 号墓出土的丙鼎（M17：4）就是例证。① 在殷末以至西周时期这种简化兽面纹屡见不鲜，可以说是和各式兽面纹相始终的。

（二）第二种型式 歧尾兽面纹（Ⅱ型），正面为一兽面，有双角和眼、鼻、嘴等器官，兽面两侧连接躯干，尾端分歧作鱼尾状，这一点是此型兽面纹最突出的特征。这种型式的兽面纹主要流行于二里岗时期和殷墟第一期，可以分为下列各式。

Ⅱ1 式：花纹由凸起的阳线构成。双角作两端内卷的云纹状，圆睛凸起，直鼻有翅，裂口，兽面两侧有躯干，尾部分歧。中牟黄店的盉②、郑州方鼎（H1：8）（图三：3）③、黄陂李家嘴的鼎（M2：55）（图三：4）④、辉县的鬲（M110：1）⑤ 等器上都有此式兽面纹。中牟的盉，被认为属于二里岗下层时期，是迄今发现的最早的有兽面纹装饰的青铜容器之一，盉的顶部还有Ⅰ1 式兽面纹，可证这两式兽面纹是同时并存的。

Ⅱ2 式：花纹也是由阳线构成。兽面部分与上一式相同，躯干部分却分为三层，上层向上卷起，下面两层仍作歧尾状。此式兽面纹应是从上一式发展而来的。郑州杜岭出土的两件大方鼎（图三：1）⑥ 都饰此式兽面纹。

Ⅱ3 式：花纹由阳线构成。兽面纹图案与Ⅱ1 式相似，但无突出的双目，所以也有称之为变形无目兽面纹的。严格地说，这类纹饰似不宜称为兽面纹，因为即便是最简化的兽面纹也有两个圆点以示兽目。唯其纹样相近，姑置于此。郑州白家庄出土的爵（M3：1）（图三：5）⑦、铭功路出土

①　中国社会科学院考古研究所：《殷墟青铜器》图 57：7，文物出版社 1985 年版。
②　赵新来：《中牟县黄店、大庄发现商代铜器》，《文物》1980 年第 12 期。
③　河南省文物研究所等：《郑州新发现商代窖藏青铜器》，《文物》1983 年第 3 期。
④　湖北省博物馆：《盘龙城商代二里岗期的青铜器》，《文物》1976 年第 2 期。
⑤　中国科学院考古研究所：《辉县发掘报告》第 24 页，图 29：1，科学出版社 1956 年版。
⑥　河南省博物馆：《郑州新出土的商代前期大铜鼎》，《文物》1975 年第 6 期。
⑦　河南文物工作队第一队：《郑州市白家庄商代墓葬发掘简报》，《文物参考资料》1955 年第 10 期。

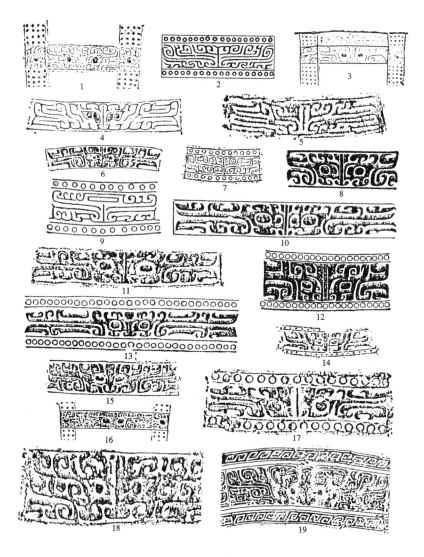

图三　Ⅱ型兽面纹

1. Ⅱ2 式（方鼎，郑州杜岭）　2. Ⅱ4 式（小屯 M333 爵 R2030）　3. Ⅱ1 式（方鼎，郑州 H1:8）
4. Ⅱ1 式（鼎，李家嘴 M2:55）　5. Ⅱ3 式（爵，白家庄 M3:1）　6. Ⅱ5 式（斝，李家嘴 M2:10）
7. Ⅱ4 式（瓿，郑州 H1:12）　8. Ⅱ5 式（小屯 M388 瓿 R2017）　9. Ⅱ4 式（小屯 M331 瓿 R2012）
10. Ⅱ5 式（小屯 232 鼎 R2049）　11. Ⅱ5 式（鼎，白家庄 M2:4）　12. Ⅱ5 式（小屯 M238 瓿
R2007）　13. Ⅱ5 式（小屯 M333 鼎 R2053）　14. Ⅱ5 式（斝，李家嘴 M1:13）　15. Ⅱ6 式（爵，李
家嘴 M1:17）　16. Ⅱ6 式（方鼎，郑州 H1:2）　17. Ⅱ5 式（瓿，白家庄 M3:8）　18. Ⅱ6 式（斝，
白家庄 M2:7）　19. Ⅱ6 式（罍，白家庄 M2:1）

的斝（M4：3）①　都饰有这式兽面纹。

Ⅱ4式：花纹也由阳线构成。纹样与上一式相似，也属无目式，但尾部向上卷，有的还加小圆圈纹的花边。此式花纹多用于斝、爵的腰腹部。郑州窖藏出土的两件斝（H1：12、13）（图三：7）②，黄陂李家嘴的斝（M1：21）③、小屯M331斝（R2012）（图三：9）④、M333爵（R2030）（图三：2）⑤　都有此式兽面纹。小屯出土的两件，其中一件在额部有长条形框，略有不同，不过，它们的发现，加上其他型式的兽面纹之间的联系，充分显示出二里岗时期和殷墟第一期在青铜器装饰纹样上的连续性。

Ⅱ5式：花纹由宽条纹构成，纹饰的制作方法与上述阳线构成的纹样不同。兽面有"T"字形双角，圆睛突出，直鼻有翅，张口裂嘴，兽面两侧伸出躯干，尾部分歧。这种歧尾兽面纹在二里岗时期的铜器上所见甚多，是当时最流行的装饰花纹，殷墟第一期的铜器上也有不少发现。郑州白家庄的鼎（M2：4）（图三：11）⑥，铭功路的鼎（M2：2）、爵（M2：21）⑦，东里路的斝（C8M39：1）⑧，黄陂李家嘴的鼎（M1：2）、斝（M1：19）、斝（M2：10）（图三：6）、爵（M2：11、12）、鼎（M2：35）⑨，小屯M232鼎（R2049）（图三：10）⑩、M388斝（R2017）（图三：8）⑪　等器上都有这式花纹。也有在这种花纹带的上下加小圆圈纹花边的，如白家庄的斝（M3：5、8）（图三：17）⑫、辉县的斝（M110：2）⑬、李家嘴的斝（M1：13）

①　郑州市博物馆：《郑州市铭功路西侧的两座商代墓》，《考古》1965年第10期。
②　河南省文物研究所等：《郑州新发现商代窖藏青铜器》，《文物》1983年第3期。
③　湖北省博物馆：《盘龙城商代二里岗期的青铜器》，《文物》1976年第2期。
④　李济、万家保：《殷墟出土青铜斝形器之研究》第71页，插图2，1964年版。
⑤　李济、万家保：《殷墟出土青铜爵形器之研究》第105页，插图36：3，1966年版。
⑥　河南文物工作队第一队：《郑州市白家庄商代墓葬发掘简报》，《文物参考资料》1955年第10期。
⑦　郑州市博物馆：《郑州市铭功路西侧的两座商代墓》，《考古》1965年第10期。
⑧　杨育彬等：《近几年来在郑州新发现的商代青铜器》，《中原文物》1981年第2期。
⑨　湖北省博物馆：《盘龙城商代二里岗期的青铜器》，《文物》1976年第2期。
⑩　李济、万家保：《殷墟出土青铜鼎形器之研究》第71页，插图35：7，1970年版。
⑪　李济、万家保：《殷墟出土青铜斝形器之研究》第72页，插图5，1964年版。
⑫　河南文物工作队第一队：《郑州市白家庄商代墓葬发掘简报》，《文物参考资料》1955年第10期。
⑬　中国科学院考古研究所：《辉县发掘报告》第24页，图29：2，科学出版社1956年版。

（图三：14）①、小屯 M333 鼎（R2053）（图三：13）② 等。

上述诸器都是二里岗时期和殷墟第一期的，而在殷墟第二期的铜器上就很少见到这种兽面纹。妇好墓出土的铜器上没有发现这种纹饰，只是在被认为同属殷墟第二期的小屯 M238 出土的一件瓠（R2007）（图三：12）③ 上发现有同样的花纹，这种情形也许表明这式兽面纹到殷墟第二期时已不甚风行了。

值得注意的是，到西周早期还可以见到这种兽面纹的孑遗。扶风云塘西周早期墓中出土的一件簋（M20：8）④ 口下及圈足上各饰一周这式歧尾兽面纹，同墓所出的还有饰 I 3 式兽面纹的祖丁尊。

II 6 式：兽面与上一式相似，两侧的躯干则分为三层，上层向上卷，下面二层成歧尾状。II 6 式显然与 II 2 式有联系，犹如 II 5 式之与 II 1 式，两者的差别仅在于花纹表现方法之不同。郑州白家庄的斝（M2：7）（图三：18）、爵（M2：8）⑤，黄陂李家嘴的爵（M1：17）（图三：15）、斝（M1：11）⑥ 等器上都饰这种兽面纹。

郑州所出的方鼎（H1：2）⑦，其上的兽面纹稍有变化，尾端也分为三层，上层和下层作分歧状，中层作小型歧尾插入其间，形成双重的歧尾状（图三：16）。

郑州白家庄出土的罍（M2：1）⑧ 是这式花纹中最为华丽的。它有粗壮的向外卷的双角，其上还刻划有鳞纹（图三：19），兽面纹的上下还加上一周回纹带作为花边。从这件罍的纹样上可以看到由歧尾兽面纹向连体兽面纹变化的迹象，也可以看到二里岗时期的兽面纹发展为殷墟时期的兽面纹的轨迹。

① 湖北省博物馆：《盘龙城商代二里岗期的青铜器》，《文物》1976 年第 2 期。
② 李济、万家保：《殷墟出土青铜鼎形器之研究》第 71 页，插图 35：8，1970 年版。
③ 李济、万家保：《殷墟出土青铜瓠形器之研究》第 71 页，插图 4，1964 年版。
④ 陕西省考古研究所等：《陕西出土商周青铜器》（三）图 74，文物出版社 1980 年版。
⑤ 河南文物工作队第一队：《郑州市白家庄商代墓葬发掘简报》，《文物参考资料》1955 年第 10 期。
⑥ 湖北省博物馆：《盘龙城商代二里岗期的青铜器》，《文物》1976 年第 2 期。
⑦ 河南省文物研究所等：《郑州新发现商代窖藏青铜器》，《文物》1983 年第 3 期。
⑧ 河南文物工作队第一队：《郑州市白家庄商代墓葬发掘简报》，《文物参考资料》1955 年第 10 期。

　　（三）第三种型式 连体兽面纹（Ⅲ型），正面为一兽面，两侧各连接一条躯干，尾部卷扬而不分歧。李济称这类兽面纹为"肥遗型动物纹"。这种连体兽面纹其起源可以追溯到二里头文化的双身龙纹。这类兽面纹在殷周青铜容器上所见最多，式样变化也较多，特别表现在躯干和脚爪部分。

　　Ⅲ1式：花纹由阳线构成。兽面的双角向内卷，圆睛突出，直鼻有翅，张口，兽面两侧有细长的躯干，尾部向上卷，空隙部分用云纹填充。郑州出土的大圆鼎（H1∶1）口下饰一周这式兽面纹饰带（图四∶3），同出的两件尊（H1∶3、4）①还用小圆圈纹作花边（图四∶2）。

　　Ⅲ2式：花纹由宽条纹构成。兽面的双角有"T"字形的，也有向外卷的，兽面两侧的躯干尾部上卷。黄陂李家嘴出土的二件罍（M1∶7、8）（图四∶1）和一件簋（M2∶2）（图四∶5）②都饰此式兽面纹，有的还有小圆圈纹花边。小屯M388罍（R2061）圈足上的兽面纹（图四∶6）③也属此式。这种兽面纹往往在两端再补半个兽面纹或歧尾状装饰作为一个完整的花纹单元，这种装饰处理一方面显示出它和歧尾兽面纹的联系，另一方面也为殷墟第一期颇为流行的在连体兽面纹两侧缀以目纹或夔纹提供了式样基础。

　　Ⅲ3式：郑州出土的羊首罍（H1∶5）④腹部所饰的此式花纹是二里岗时期最繁缛的连体兽面纹之一（图四∶8），兽面有粗壮的向外卷的双角，巨眼凸睛，直鼻有翅，张口，有锯齿状利牙，两侧连接躯干，尾部向上卷扬，躯干下侧缀以目纹及歧尾状装饰。这种兴起于二里岗较晚时期的兽面纹式样在殷墟第一期得到很大的发展，成为当时连体兽面纹中的主流。小屯M232罍（R2056）（图四∶4）、M333罍（R2059）（图四∶9）、M388罍（R2061）（图四∶11）、M331尊（R2071）（图四∶7）⑤的腹部都饰这式花纹，两端都缀以单目卷尾的夔纹。这种纹饰的配置后来发展成连体兽

　　①　河南省文物研究所等：《郑州新发现商代窖藏青铜器》，《文物》1983年第3期。
　　②　湖北省博物馆：《盘龙城商代二里岗期的青铜器》，《文物》1976年第2期。
　　③　李济、万家保：《殷墟出土伍拾叁件青铜容器之研究》插图32∶4，1972年版。
　　④　河南省文物研究所等：《郑州新发现商代窖藏青铜器》，《文物》1983年第3期。
　　⑤　李济、万家保：《殷墟出土伍拾叁件青铜容器之研究》插图32∶3，6—8，1972年版。

面纹两边加一对夔纹那样的定式。

Ⅲ4 式：郑州出土的卣（H1：11）[①]，腹上的连体兽面纹是本式的代表。兽面的双角作竖立的云纹状，细眉巨眼，裂嘴，有锯齿状利牙，兽面两侧的躯干尾部上扬而内卷。在主纹的上下空隙处缀满列刀状装饰，更在宽条的花纹上刻划细线花纹（图四：10）。这是二里岗较晚时期最绚丽的一式连体兽面纹，由此可见当时的兽面纹饰已经发展到非常成熟的阶段。

Ⅲ5 式：兽面的双角作"T"字形，圆睛，直鼻，阔嘴，躯干修长，尾部上扬内卷，雷纹衬底。此式连体兽面纹的特点是体长而无曲折，最早见于殷墟第一期小屯 M331 尊（R2070）[②]的圈足上（图四：12）。

Ⅲ6 式：此式兽面纹的结构与Ⅲ3 式基本相同，只是躯干上扬而尾向外卷。见于小屯 M331 罍（R2058）[③]的腹部（图四：15）。

Ⅲ7 式：兽面的双角竖立而内卷，巨眼，直鼻，阔嘴尖唇，两侧的躯干折而向上，尾向外卷，折体下有肢脚，脚尖向内卷，与尾部形成一个"S"形。这是在兽面纹中出现脚爪的最早的例子。在主纹的间隙处都填列刀状装饰，两边更配置目纹，躯体上则填雷纹。殷墟第一期小屯 M232 瓿（R2057）[④]腹上所饰的这一式连体兽面纹（图四：18）是当时的青铜器上最繁缛的纹样之一。

Ⅲ8 式：兽面有一对向外卷的角，巨眼，圆睛，直鼻，阔嘴，尖唇，两侧的躯干折而向上，尾向内卷，躯体背上有竖立的"刺"，前下方伸出一对强有力的肢脚，脚有爪，前四后一，呈舞爪之状，雷纹衬底，主体花纹上更刻以细线花纹。此式连体兽面纹最为形象，见于小屯 M331 尊（R2070）[⑤]的腹上（图四：14）。值得注意的是用雷纹衬底是从殷墟第一期开始的青铜器装饰纹样的一种新的手法，而那些铜器都恰恰出于小屯 M331，也许小屯 M331 的年代在殷墟第一期墓中是相对比较晚的。

---

① 河南省文物研究所等：《郑州新发现商代窖藏青铜器》，《文物》1983 年第 3 期。
② 李济、万家保：《殷墟出土伍拾叁件青铜容器之研究》插图 31：1，1972 年版。
③ 李济、万家保：《殷墟出土伍拾叁件青铜容器之研究》插图 32：9，1972 年版。
④ 李济、万家保：《殷墟出土伍拾叁件青铜容器之研究》插图 32：2，1972 年版。
⑤ 李济、万家保：《殷墟出土伍拾叁件青铜容器之研究》插图 30：6，1972 年版。

Ⅲ9 式：兽面的双角作云纹状，以扉棱为鼻梁，巨眼凸睛，张口，有锯齿状利牙，两侧的躯干三折，尾向下内卷，背上有"刺"，躯干下有脚，分爪。主体花纹上刻划细线花纹，雷纹衬底。妇好墓出土的司母辛大方鼎（789）[①] 口下即饰此式花纹（图四：13）。这种连体兽面纹上承殷墟第一期的Ⅲ8式兽面纹，在殷墟第二期成为比较流行的纹饰。如被认为属于殷墟第二期的小屯 M238 壶（R2074）（图四：17）、卣（R2065）（图四：16）[②] 等器上的连体兽面纹，除角的形状和没有扉棱式的鼻梁等细部略有变化外，也都是这种形式。

Ⅲ10 式：此式兽面纹与Ⅲ9式基本相同，只是两侧的躯干稍短，因而省略了背上的"刺"。妇好墓出土的司𡴚母大圆罍（857）[③] 双层腹上都饰此式花纹（图五：4），但两者的角式样不同，上腹为粗壮的向外卷的羊角，下腹则是曲折角。

Ⅲ11 式：此式连体兽面纹与Ⅲ10式基本相同，而脚爪后面有长距。这种兽面纹最先见于殷墟第二期，妇好墓出土的偶方彝（791）的圈足上（图五：6）和一件簋（833）的腹部（图五：9）[④]，所饰均是此式兽面纹，但两者的角式样不同。

这种兽面纹在殷墟第三期仍有发现，如成嗣子鼎（H10：5）[⑤] 口下一周花纹就是这种式样（图五：2）而双角作两端内卷的云纹状。殷墟西区出土的共鼎（GM907：3）[⑥] 兽面纹脚后的长距向上折成垂直状（图五：3）。

西周早期的青铜器上仍发现有此式兽面纹。陇县韦家庄出土的一件方座簋[⑦]，方座四面所饰的即是此式花纹，长距也是折而向上，而双角作夔形。此簋的腹上饰Ⅰ5式兽面纹，也是殷墟第二期以来的典型纹样，由此

①　中国社会科学院考古研究所：《殷墟青铜器》图4，文物出版社 1985 年版。
②　李济、万家保：《殷墟出土伍拾叁件青铜容器之研究》插图30：2、3，1972 年版。
③　中国社会科学院考古研究所：《殷墟青铜器》图27：1，文物出版社 1985 年版。
④　中国社会科学院考古研究所：《殷墟青铜器》图11，图10：2，文物出版社 1985 年版。
⑤　中国社会科学院考古研究所：《殷墟青铜器》图89：1，文物出版社 1985 年版。
⑥　中国社会科学院考古研究所：《殷墟青铜器》图70：1，文物出版社 1985 年版。
⑦　陕西省考古研究所等：《陕西出土商周青铜器》（三）图160，文物出版社 1980 年版。

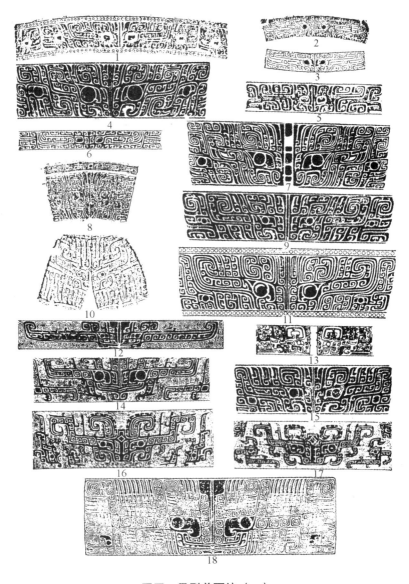

图四　Ⅲ型兽面纹（一）

1. Ⅲ2式（罍，李家嘴 M1：8）　2. Ⅲ1式（牛首尊，郑州 H1：1）　3. Ⅲ1式（鼎，郑州 H1：1）
4. Ⅲ3式（小屯 M232 罍 R2056）　5. Ⅲ2式（簋，李家嘴 M2：2）　6. Ⅲ2式（小屯 M388 罍 R2061）
7. Ⅲ3式（小屯 M331 尊 R2071）　8. Ⅲ3式（羊首罍，郑州 H1：5）　9. Ⅲ3式（小屯 M333 罍
R2059）　10. Ⅲ4式（卣，郑州 H1：11）　11. Ⅲ3式（小屯 M388 罍 R2061）　12. Ⅲ5式（小屯
M331 尊 R2070）　13. Ⅲ9式（司母辛大方鼎 789）　14. Ⅲ8式（小屯 M331 尊 R2070）　15. Ⅲ6式
（小屯 M331 罍 R2058）　16. Ⅲ9式（小屯 M238 卣 R2065）　17. Ⅲ9式（小屯 M238 壶 R2074）
18. Ⅲ7式（小屯 M232 瓿 R2057）

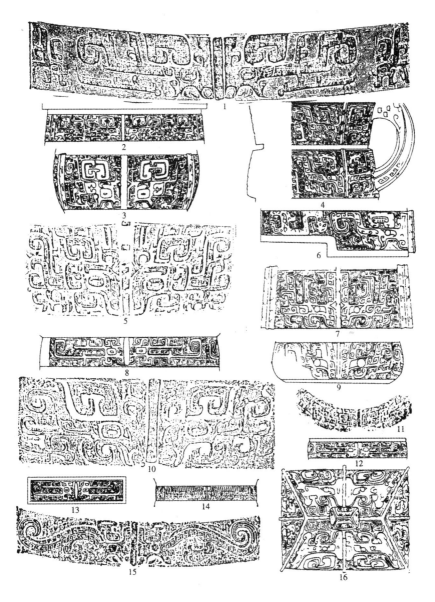

图五　Ⅲ型兽面纹（二）

1. Ⅲ11式（德鼎）　　2. Ⅲ11式（戍嗣子鼎，后岗 H10：5）　　3. Ⅲ11式（共鼎，殷墟西区 GM907：3）　4. Ⅲ10式（司夒母大圆罍 857）　　5. Ⅲ12式（折觥）　　6. Ⅲ11式（妇好偶方彝 791）　　7. Ⅲ13式（司夒母大方壶 807）　　8. Ⅲ14式（亚盥鼎，殷墟 PNM172：2）　　9. Ⅲ11式（篡，妇好墓 833）　10. Ⅲ13式（堇鼎）　　11. Ⅲ14式（折罍）　　12. Ⅲ14式（妇好小圆鼎 775）　　13. Ⅲ14式（妇好方罍 866）　　14. Ⅲ15式（父丁鬲，殷墟西区 GM1102：1）　　15. Ⅲ16式（鼎，淳化史家塬）　　16. Ⅲ13式（妇好方彝 825．盖）

可见殷代的兽面纹对西周早期铜器的影响。传世的德鼎与德方鼎①为一人之器，口下饰一周兽面纹，脚后有刀形长距，由于两侧的躯干较长，所以在躯背上还保留有Ⅲ9式那样的"刺"（图五：1）。

Ⅲ12式：此式连体兽面纹与Ⅲ11式基本相同，唯躯干较短而脚后无长距，特别是脚爪，极尽夸张，呈舞爪之势。北京琉璃河黄土坡 M253 所出的堇鼎②，兽面的双角向外卷，巨眼圆睛，直鼻，裂口，躯干短而上扬，尾向下内卷，脚爪巨大，前三后一，呈张牙舞爪之姿（图五：10）。堇鼎铭文云，匽侯命堇馈大保，当是成康时器。1976 年扶风庄白村发现的微史家族铜器，其中的折觥（图五：5）、折尊、折方彝③三器都饰这式兽面纹，而且在兽面的双角和躯干上都加了华丽的花边。在传世的铜器中，令方彝和荣子方彝④也都饰这样的兽面纹，而且和典型的成康时期的小鸟纹共存。由于折器铭文有王在斥，唯王十又九祀，被确认是昭王十九年器，可知Ⅲ12式连体兽面纹流行于昭王以前的西周早期。

Ⅲ13式：此式兽面纹和前几式的兽面纹有很大的不同，即躯干的尾部不再卷曲，而竖立如刀状。妇好有盖方彝（825）⑤腹部及盖顶上的兽面纹有粗壮向外卷的双角，巨眼，以扉棱为鼻梁，裂口，两侧的躯干很短，尾部向上竖立，短躯下有脚爪，雷纹衬底（图五：16）。同墓所出的司䍘母大方壶（807）⑥圈足上的兽面纹也是这种型式，只是双角竖立（图五：7）。

这种式样的兽面纹在西周早期也有发现。传世的王䍐方尊和欧觥⑦都饰此式花纹，而双角之加花边和舞爪之姿态又和令方彝相同，应是此时装饰纹样的风尚。

这种连体兽面纹实际上是由独立的兽面纹和两侧的倒立夔纹合而为一演变而成的，以后又变化为分解兽面纹的一种，这只要参看妇好长方扁足

①　上海博物馆青铜器研究组：《商周青铜器纹饰》图 34，文物出版社 1984 年版。

②　上海博物馆青铜器研究组：《商周青铜器纹饰》图 20，文物出版社 1984 年版。

③　陕西省考古研究所等：《陕西出土商周青铜器》（二）图 14—16，文物出版社 1980 年版。

④　中国科学院考古研究所：《美帝国主义劫掠的我国殷周青铜器集录》A646、A648，科学出版社 1962 年版。

⑤　中国社会科学院考古研究所：《殷墟青铜器》图 12：1，文物出版社 1985 年版。

⑥　中国社会科学院考古研究所：《殷墟青铜器》图 26，文物出版社 1985 年版。

⑦　J. A. Pope and others, *The Freer Chinese Bronzes*, Vol. Ⅰ, Pls. 18. 44, 1967.

鼎（813）的Ⅰ3式独立兽面纹及其两侧的夔纹，以及后文的妇好大方尊（792）上的Ⅳ4式分解兽面纹即可明白。

Ⅲ14式：此式连体兽面纹的特征是双体躯干。最早见于殷墟第二期，成为比较流行的纹样。妇好小圆鼎（775）（图五：12）和妇好方罍（866）（图五：13）①的兽面纹双角作云纹状，方目，直鼻，两侧伸出两条躯干，上一条直而短，下一条较长，尾端向上内卷，两条躯干上都有钩状的"刺"，雷纹衬底。此式兽面纹以后续有发现。殷墟出土的属第三期的亚盘鼎（PNM172:2）②口下的纹饰（图五：8）就是这种式样的。扶风庄白村所出微史家族铜器中的折斝③，肩部的花纹（图五：11）也是这种形式的。

Ⅲ15式：兽面的双角作"T"字形，直鼻，圆睛，两侧的躯干修长，尾向上卷，躯干之上作列旗状，躯干下作云纹装饰象征脚爪，形成带状三层等分列旗装饰的连体兽面纹。这种兽面纹的形成一是由于殷墟第一期Ⅲ5式兽面纹的影响，一是由于Ⅲ14式双体躯干兽面纹很自然地将纹饰带区划分三层，由此演变成本式兽面纹。殷墟西区发现的属第三期的父丁鬲（GM1102:1）④，颈部的花纹（图五：14）是这种纹样较早的例证。这式连体兽面纹在西周早期相当流行，成为断代上一项很显著的标志。1974年扶风杨家堡同坑所出的父己甗和父丁簋⑤口下及圈足上均有一周这样的兽面纹。扶风刘家丰姬墓出土的一件甗和一件簋，⑥花纹与杨家堡的甗、簋完全相同，推测其年代也是相近的。

Ⅲ16式：由两条曲体卷尾的夔纹构成。这种纹饰的渊源可以追溯到二里头文化。妇好墓出土的司母母大方壶（807）⑦在肩部有这种花纹，但兽面作突出的牺首，两侧的躯干作波浪式曲体，卷尾，有脚爪。司母母癸大

---

① 中国社会科学院考古研究所：《殷墟青铜器》图7：5、图18：2，文物出版社1985年版。
② 中国社会科学院考古研究所：《殷墟青铜器》图66：1，文物出版社1985年版。
③ 陕西省考古研究所等：《陕西出土商周青铜器》（二）图17，文物出版社1980年版。
④ 中国社会科学院考古研究所：《殷墟青铜器》图78：1，文物出版社1985年版。
⑤ 陕西省考古研究所等：《陕西出土商周青铜器》（三）图30、31，文物出版社1980年版。
⑥ 陕西省考古研究所等：《陕西出土商周青铜器》（三）图45、50，文物出版社1980年版。
⑦ 中国社会科学院考古研究所：《殷墟青铜器》图26，文物出版社1985年版。

方尊（806）①肩部的纹饰相同，兽面也作突出的牺首，而双角的形状不同。同墓出土的四瓣花纹觯（783）②颈部所饰的一周连体兽面纹就是由两条曲体卷尾的夔纹合成的，两条夔纹的头部合成一个兽面。

　　这种兽面纹在西周早期的青铜器上也有发现。1979 年陕西淳化史家塬出土一件西周早期的大鼎③，口下的一周纹饰，由两条夔纹的头部中间夹一条扉棱构成兽面，两侧的躯干作波浪状曲体，尾部向上卷，爪部特别夸张，作舞爪状（图五：15）。成康时期的令方彝和作册大方鼎④上也都饰这式兽面纹，大概是当时比较流行的纹样。

　　（四）第四种型式 分解兽面纹（Ⅳ型），即将一个独立的兽面纹或连体兽面纹分解为各个不相连的器官，但保持它们之间的相对位置。这种型式的兽面纹最早见于殷墟第一期的青铜器，而且只限于独立兽面纹的分解，以后发展到分解连体兽面纹，成为殷墟时期和西周早期青铜器上比较常见的一种纹样。

　　Ⅳ1 式：为分解的独立兽面。没有兽面的轮廓，角、眉、眼、耳、鼻、嘴等器官的位置与独立兽面纹相同。此式兽面纹见于殷墟第一期小屯M331 方卣（R2066）⑤的颈部，由于卣颈细长，花纹也随之变化。双角竖立，细眉，棱形眼，两侧有云纹状小耳，直鼻有翅，阔嘴，尖唇，雷纹衬底（图六：1）。这是所见年代最早的一例分解兽面纹，与Ⅰ2 式独立兽面纹共存于同一件器上。这式花纹后来被略加变化，广泛应用于殷周时期的蕉叶纹之上。

　　Ⅳ2 式：也是分解的独立兽面。妇好封口盉（859）⑥顶部有此式花纹，双角作夔形，粗眉，方眼，云纹状耳，在盉口下有阔嘴，嘴角内卷，雷纹衬底（图六：3）。这式花纹与Ⅰ5 式独立兽面纹同见于一件器上。同属殷墟第二期的小屯 M238 有盖方彝（R2067）（图六：8）、西北岗 M1022

　　①　中国社会科学院考古研究所：《殷墟青铜器》图 24，文物出版社 1985 年版。
　　②　中国社会科学院考古研究所：《殷墟青铜器》图 12：2，文物出版社 1985 年版。
　　③　淳化县文化馆：《陕西淳化史家塬出土西周大鼎》，《考古与文物》1980 年第 2 期。
　　④　J. A. Pope and others, *The Freer Chinese Bronzes*, Vol. 1, Pls. 34. 38, 1967.
　　⑤　李济、万家保：《殷墟出土伍拾叁件青铜容器之研究》插图 29：4，1972 年版。
　　⑥　中国社会科学院考古研究所：《殷墟青铜器》图 20：2，文物出版社 1985 年版。

有盖方彝（R1077）① 其上的分解兽面纹与妇好封口盉相同，也有夔纹双角，也有阔嘴，而两侧配置夔纹。可见此式分解兽面纹在殷墟第二期颇为流行。

IV3 式：为全分解的连体兽面纹。兽面无轮廓，双角内卷，方眼或"臣"字形眼，云纹状耳，以扉棱为鼻梁，嘴裂为两半，嘴角内卷，躯干折而向上，尾折而向下卷，脚爪居于嘴的两侧，与躯干不相连接，雷纹衬底，此式兽面纹实际上是将Ⅲ10式连体兽面纹进行整体分解，使之成为各个不相连接的部分。妇好墓出土的妇好扁圆壶（863）（图六：5）和司𡥭母大圆尊（867）（图六：4）② 腹部所饰的都是这种式样的分解兽面纹。

在西周青铜器上这式分解兽面纹发现较少。传世的吴方彝盖③上的花纹属于这种形式而有较大的变化。兽面无轮廓，云纹状双角，双眉细长而曲折，小眼，躯干向上内卷，脚爪飞舞（图六：6）。整个兽面纹显得支离破碎，呈现出向窃曲纹演变的趋势。吴方彝盖被认为是西周中期懿王时器，大概是兽面纹中年代最晚的器例之一。

IV4 式：为半分解的连体兽面纹，即将连体兽面纹分解为身首两截，兽面有轮廓，躯干和脚爪则不与兽面相连接。如妇好大方尊（792）④ 腹部的纹饰，兽面双角粗壮而内卷，粗眉大眼，以扉棱为鼻梁，张口，嘴角内卷，叶状大耳，躯干竖立，尾似刀状，脚爪强壮有力（图六：7）。整个主体花纹上刻细线纹，雷纹衬底。试将此种分解兽面纹与连体兽面纹略作比较，不难发现它是由Ⅲ13式连体兽面纹变化而成的。

这种分解兽面纹在殷墟晚期和西周早期的青铜器上最为常见，但在形式上也有若干的变化。其一是躯干和脚爪的进一步分解，演变为不相连属的两部分；其二是躯干和脚爪由比较写实的图像演化为比较抽象的装饰性图案。至于兽面的基本形态大致相同，只是兽角的形式略有不同。新乡市博物馆收藏的一件殷墟晚期的妇嫀尊（图六：13）⑤，辽宁喀左北洞二号窖

---

① 李济、万家保：《殷墟出土伍拾叁件青铜容器之研究》插图29：1—2，1972年版。
② 中国社会科学院考古研究所：《殷墟青铜》图16、图25，文物出版社1985年版。
③ 上海博物馆青铜器研究组：《商周青铜器纹饰》图193，文物出版社1984年版。
④ 中国社会科学院考古研究所：《殷墟青铜》图13，文物出版社1985年版。
⑤ 新乡市博物馆：《介绍七件商代晚期青铜器》，《文物》1978年第5期。

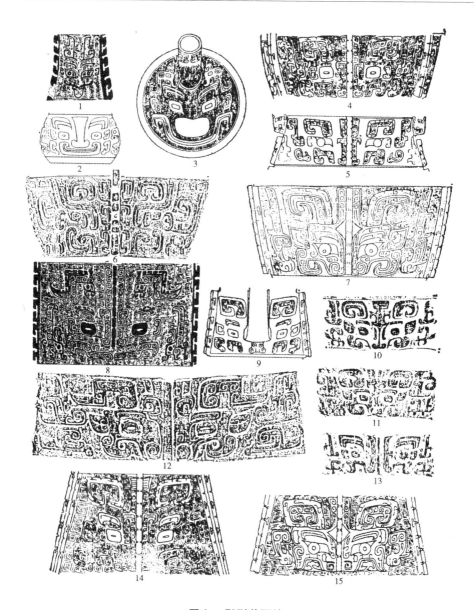

图六　Ⅳ型兽面纹

1. Ⅳ1 式（小屯 M331 方卣 R2066）　2. Ⅳ6 式（母乙觯，殷墟 SM53：27）　3. Ⅳ2 式（妇好封口盉 859）　4. Ⅳ3 式（司弇母大圆尊 867）　5. Ⅳ3 式（妇好扁圆壶 863）　6. Ⅳ3 式（吴方彝盖）7. Ⅳ4 式（妇好大方尊 792）　8. Ⅳ2 式（小屯 M238 方彝 R2067）　9. Ⅳ6 式（妇好大方斝 752）　10. Ⅳ4 式（滕侯鼎）　11. Ⅳ4 式（商尊）　12. Ⅳ4 式（大盂鼎）　13. Ⅳ4 式（妇媓尊）　14. Ⅳ6 式（司弇母癸大方尊 806）　15. Ⅳ5 式（妇好大方尊 792）

藏发现的殷末的婴方鼎①，都饰这样的分解兽面纹。西周早期青铜器上有这种纹饰的实例较多，如扶风庄白出土的商尊（图六：11）、商卣②，宝鸡县贾村出土的何尊③，山东滕县出土的滕侯鼎（图六：10）④，郿县杨家村出土的𤉡鼎⑤，扶风刘家丰姬墓出土的鼎⑥以及传世的大盂鼎（图六：12）⑦，它们有的饰于腹部，有的在口沿下以六个花纹单元围成一周，其基本形态相同，只是在兽角、躯干和脚爪的形式上略有变化。

Ⅳ5 式：为省略了躯干的半分解的连体兽面纹，即兽面有轮廓，躯干被省略了，仅存与兽面不相连的脚爪。如妇好大方尊（792）圈足上的花纹，⑧ 兽面有轮廓，云纹状双角，粗眉巨眼，嘴角外撇，有锯齿状牙，两侧有粗壮有力的脚爪（图六：15）。这种省略了躯干的分解兽面纹大都是由于花纹所在的位置上窄下宽，如高圈足，没有安置躯干所需的空间而形成的，这由本式分解兽面纹与上一式分解兽面纹共见于同一件器物上，前者在圈足，后者在器腹即可明白。

Ⅳ6 式：为省略了躯干的全分解连体兽面纹。如妇好墓出土的司𠂤母癸大方尊（806）腹部和圈足上的纹饰，兽面无轮廓，分解为不相连属的角、眉、眼、耳、鼻、嘴等器官，躯干被省略，脚爪则被置于两耳的下方（图六：14）。⑨ 妇好大方斝（752）腹部的纹饰（图六：9）⑩ 也是这种式样。此式分解兽面纹在殷墟第三期也有发现，如殷墟大司空村出土的母乙觯（SM53：27），兽面无轮廓，且无双角，粗眉，方眼，宽鼻梁，叶形耳，阔嘴，嘴角上翘，脚爪也在耳的下方，两侧还配置竖立的夔纹，但无地纹（图六：2）。⑪

① 《中国古青铜器选》图 29，文物出版社 1976 年版。
② 陕西省考古研究所等：《陕西出土商周青铜器》（二）图 3、图 4，文物出版社 1980 年版。
③ 陕西省考古研究所等：《陕西出土商周青铜器》（四）图 97，文物出版社 1984 年版。
④ 滕县博物馆：《山东滕县发现滕侯铜器墓》，《考古》1984 年第 4 期。
⑤ 陕西省考古研究所等：《陕西出土商周青铜器》（三）图 192，文物出版社 1980 年版。
⑥ 陕西省考古研究所等：《陕西出土商周青铜器》（三）图 47，文物出版社 1980 年版。
⑦ 上海博物馆青铜器研究组：《商周青铜器纹饰》图 129，文物出版社 1984 年版。
⑧ 中国社会科学院考古研究所：《殷墟青铜器》图 13，文物出版社 1985 年版。
⑨ 中国社会科学院考古研究所：《殷墟青铜器》图 24，文物出版社 1985 年版。
⑩ 中国社会科学院考古研究所：《殷墟青铜器》图 19，文物出版社 1985 年版。
⑪ 中国社会科学院考古研究所：《殷墟青铜器》图 83：2，文物出版社 1985 年版。

上述两式省略躯干的分解兽面纹在西周时期似乎没有流行，所以在西周青铜器上还未见到这类纹饰。

三

迄今发现的年代最早的青铜容器是属于二里头文化的。从 1973 年至 1984 年的十余年间，在河南偃师二里头遗址发掘出土的青铜容器共有爵 9 件，斝 1 件。这 10 件青铜器都属于二里头文化三期或四期，其中的一件斝和偃师文化馆收藏的一件爵在腹部有圆泡状突饰，其余 8 件都是素面的，没有任何纹饰，当然，更不用说是兽面纹了。但是，有迹象表明青铜容器上的兽面纹装饰很有可能是来源于这种文化的。

在二里头遗址中曾多次发现刻画有各种现实的或想象的动物形象的陶片，其中就有龙纹和双身龙纹的纹样。双身龙纹的龙头居中，眼珠凸出，左右伸出蜿蜒的躯干，龙纹的线条内涂硃砂，眼眶内涂绿色。[1] 这类花纹显然是后来连体兽面纹的初型。

陶盉是二里头文化的典型陶器之一，它经常在墓葬中和铜爵成组出现。二里岗时期的铜盉其原型无疑是二里头文化的陶盉，因此，可以设想今后也许有可能在二里头文化中发现铜盉。二里头文化三期和四期的陶盉，器形基本相同，都是圆拱形顶，其上有一个斜耸的流管，一侧有椭圆形的盉口，其下为三个袋状款足，腹一侧有鋬。值得注意的是许多陶盉都在顶部流管的两侧各有一个圆形泥饼装饰，而二里岗时期的铜盉上也有同样的装饰，有的更在盉口的上方有长条形的鼻状纹饰，从而构成兽面纹中的主要器官。由此可知，二里头文化陶盉上的一对泥饼所代表的正是兽面的双目，它实在是后来独立兽面纹的最早的原始形式。

在二里头文化的墓葬中还曾发现二件兽面纹的青铜牌饰，[2] 器形作弧

---

① 中国科学院考古研究所洛阳发掘队：《河南偃师二里头遗址发掘简报》，《考古》1965 年第 5 期。

② 中国社会科学院考古研究所二里头工作队：《1981 年河南偃师二里头墓葬发掘简报》，《考古》1984 年第 1 期；中国社会科学院考古研究所二里头工作队：《1984 年秋河南偃师二里头遗址发现的几座墓葬》，《考古》1986 年第 4 期。

边长方形，两侧各有二个穿孔的纽，器表用绿松石片拼成对称的图案花纹，有明显的眼眶和突出的眼珠，颇类兽面纹样。

上述种种发现都表明商周青铜容器上的兽面纹很可能出自二里头文化。

在青铜容器上最早出现兽面纹大概是在二里岗时期。二里岗期商文化分为二里岗下层和二里岗上层，而青铜容器大都出于上层。近些年来，由于发现日多，二里岗期的青铜容器也被分为下层和上层两期①，或在二里岗上层中又分为偏早和偏晚②，甚至在二里岗上层和殷墟早期之间又分出一个转变期③。但是，总的说来，可以确认为二里岗下层的青铜容器数量较少，而且只有个别的器物上有兽面纹，而二里岗上层的青铜容器有兽面纹饰的比较普遍，纹样也富有特色。本文没有对二里岗期的青铜容器进行分期，而将这个时期的兽面纹作为一个整体，从它的变化上来推求其发展的顺序。

二里岗期青铜容器上的兽面纹有三种型式，即独立兽面纹、歧尾兽面纹和连体兽面纹，花纹的表现方法多为刻划范文、刻划模文和模范合作文，只有少数是堆雕模文。二里岗期的兽面纹以歧尾兽面纹最为普遍，特征也最明显，其表现方法也均为刻划范文和刻划模文等初级的制作技法。连体兽面纹多用堆雕模文的制作技法，大都施于二里岗期年代偏晚的青铜容器上，由此可以看出向殷墟时期兽面纹演化的轨迹。

殷墟时期的青铜容器发现很多，就殷墟发掘出土的也约千件，关于它们的年代早晚，目前虽有分为三期和四期的④，但只是区划的不同，在序列上没有颠倒的。李济的意见与之有很大的不同，上文已有说明。本文按三期说划分，属于第一期的有小屯 M232、M331、M333、M388 所出诸器，属于第二期的自以妇好墓所出的数量多而又最为典型，属于第三期的则有

---

① 杨育彬：《郑州二里岗期商代青铜容器的分期和铸造》，《中原文物》特刊，1981 年；金岳：《河南新郑望京楼铜器断代》，《考古》1983 年第 5 期。

② 湖北省博物馆：《盘龙城商代二里岗期的青铜器》，《文物》1976 年第 2 期。

③ 金岳：《中国商代前期青铜容器分期》，《考古学集刊》第 6 集，中国社会科学出版社 1989 年版。

④ 郑振香、陈志达：《殷墟青铜器的分期与年代》，《殷墟青铜器》，文物出版社 1985 年版；杨锡璋、杨宝成：《殷墟青铜器礼器的分期与组合》，《殷墟青铜器》，文物出版社 1985 年版。

后岗祭祀坑、殷墟西区和大司空村殷代晚期墓所出的器物。

殷墟第一期青铜容器上的兽面纹还保存了较多的二里岗期的传统，但堆雕模文的连体兽面纹数量增加，而且出现了浮雕模文的制作方法和分解兽面纹等新的纹样。殷墟第二期的兽面纹有很大的发展，刻划范文和刻划模文的制作技法几乎完全被抛弃，大量使用堆雕模文和浮雕模文的制作方法，普遍用雷纹作为兽面纹的地纹。兽面纹的式样也极富于变化，独立的兽面纹和连体兽面纹还通过分解、融合、相互渗透、转化，演变出多种新的型式。至于二里岗期的歧尾兽面纹已从这个时期青铜容器的装饰纹样中基本消失了。殷墟第三期的兽面纹，其型式几乎都是前一时期已经出现过的，没有大的发展和创新，似乎是进入了一个停滞的时期。

西周时期的青铜容器由于发现日多，大都可以根据其出土的坑位、铜器的形制、组合等确定其年代的早晚，有的还可以根据铭文推断其所属的王世。因此，西周青铜容器上的兽面纹可以据以排定，从中探讨其特点。为了便于研究对照，我们也采用了若干传世的可以确定王世的青铜器上的兽面纹样。

西周早期的青铜容器无论在器形和纹饰上都继承了殷墟时期的传统，兽面纹装饰也是如此。不过，西周时期的兽面纹还有它自身的特点，它既有趋向朴实无华的一面，也有追求缛丽纤巧的一面；既有趋向简化的一面，又有力求创新的一面。在西周早期的青铜容器中出现一种简朴式的风格，反映在兽面纹上，大都将独立兽面纹和连体兽面纹作为一条纹饰带置于铜器的口沿下，兽面纹的线条简洁洗练，地纹也往往被省略。这种风格的兽面纹多见于成康时期的铜器上。然而昭王时期的铜器上又出现极华丽的兽面纹饰，如器身通体饰雷纹衬底的连体兽面纹，屈躯舞爪，双角及躯干都附加花边，表现出这个时期的风尚。简化的趋势在半分解的连体兽面纹上表现最为充分，这类兽面纹的躯干和脚爪部分在殷墟时期还是相当写实的，但进入西周以后，却变成抽象的装饰性图案。至于创新，主要表现于兽面纹的局部变化等方面，比如殷墟时期的兽面纹多在两侧配置夔纹，而西周时期多改为当时流行的鸟纹。又如昭王时期的兽面纹中出现了长角逶迤的新形式。变化最大的当数吴方彝盖上的全分解的连体兽面纹，呈现出向窃曲纹演化的倾向，而这已是西周的中期了。随着这种创新，在殷周青铜容器装饰纹样中占据最重要地位的兽面纹也就最终消失了。

本文选用殷周青铜容器 133 件，将其上的兽面纹分为 4 型 40 式，力求表现其发展和演变的过程，附以图（图七）、表（表一），以供青铜器断代研究的参考。

本文的兽面纹图谱是请张孝光同志设计的，插图大部分是韩慧君同志画的。

表一　　　　　　　　　殷周青铜容器兽面纹型式登记表

序号	器名	器形	兽面纹型式	其他纹饰	著录和本文图例
1	弦纹盉（郑州省中医院）	拱顶，耸流，袋足	I 1 式		《中原文物》81/2
2	盉（黄陂李家嘴 M2:20）	拱顶，耸流，袋足	I 1 式		《文物》76/2
3	盉（中牟黄店）	拱顶，耸流，袋足	I 1 式，II 1 式		《文物》80/12
4	盉（布伦戴奇藏品）	拱顶，耸流，袋足	I 1 式		Loehr，1968；图一：1
5	尊（小屯 M333 R2060）	侈口，束颈，斜肩，圈足	I 2 式	目纹，弦纹	李济，1972；图一：2
6	方卣（小屯 M331 R2066）	圆口，长颈，方腹，圈足	I 2 式，IV 1 式	夔纹，三角纹	李济，1972；图一：4；图六：1
7	司𢀒母大方壶（807）	方口，有肩，直腹，圈足，有盖	I 2 式，III 13 式，III 16 式	鸟纹，蝉纹	《殷墟青铜器》；图一：6；图五：7
8	妇好方罍（866）	方直口，圆肩，平底，双耳，有盖	I 3 式，III 14 式	夔纹，圆涡纹，蕉叶纹	《殷墟青铜器》；图一：7；图五：13
9	妇好长方扁足鼎（813）	长方形，双立耳，扁夔形四足	I 3 式	夔纹	《殷墟青铜器》；图一：5
10	妇好瓿（830）	敛口，圆腹，圈足，有盖	I 3 式	夔纹	《殷墟青铜器》；图一：10
11	利簋	敞口，直腹，两耳，圈足，方座	I 3 式	夔纹	《文物》77/8；图一：8

序号	器名	器形	兽面纹型式	其他纹饰	著录和本文图例
12	德簋	敞口，直腹，双耳，圈足，方座	Ⅰ3式	夔纹，鸟纹	《美集录》A220
13	父乙尊（屯溪 M1：90）	侈口，鼓腹，圈足	Ⅰ3式	夔纹，鸟纹	《考古学报》59/4；图一：11
14	祖丁尊（云塘 M20：2）	侈口，鼓腹，圈足	Ⅰ3式	鸟纹，弦纹	《文物》80/4；图一：9
15	亚鱼鼎（殷墟西区 M713：27）	直口，双立耳，深腹，分档，三柱足	Ⅰ4式	夔纹	《考古》86/8；图二：1
16	鼎（长安马王村）	直口，双立耳，深腹，分档，三柱足	Ⅰ4式	夔纹	《考古》63/8
17	司母辛大方鼎（789）	长方形，双立耳，圆柱形四足	Ⅰ4式，Ⅲ9式	乳钉纹	《殷墟青铜器》；图四：13
18	戍嗣子鼎（H10：5）	敞口，双立耳，深腹，凹柱足	Ⅰ4式，Ⅲ11式		《殷墟青铜器》；图二：2；图五：2
19	妇好中型圆鼎（757）	敞口，双立耳，深腹，三柱足	Ⅰ5式	夔纹，三角纹	《殷墟青铜器》；图二：6
20	妇好中型圆鼎（760）	同上	Ⅰ5式	同上	《殷墟青铜器》；图二：3
21	妇好偶方彝（791）	长方形，斜肩，双附耳，圈足，有盖	Ⅰ5式，Ⅲ11式	夔纹，鸟纹，鸮纹	《殷墟青铜器》；图二：5，图五：6
22	妇好封口盉（859）	拱顶，耸流，单鋬，三袋足	Ⅰ5式，Ⅳ2式	目雷纹，三角纹	《殷墟青铜器》；图六：3
23	簋（陇县韦家庄）	敞口，深腹，双耳，圈足，方座	Ⅰ5式，Ⅲ11式	夔纹	《陕青》（三）
24	癸古方尊	圆侈口，方体，方圈足	Ⅰ5式	鸟纹，蕉叶纹	《青铜器纹饰》；图二：4
25	旟鼎	敞口，深腹，双立耳，三凹柱形足	Ⅰ5式，Ⅳ4式		《陕青》（三）

序号	器名	器形	兽面纹型式	其他纹饰	著录和本文图例
26	司夅母大圆尊（867）	大侈口，折肩，高圈足	I 6 式，IV3 式	夔纹，三角纹，目纹	《殷墟青铜器》；图二：7；图六：4
27	德方鼎	方口折沿，双立耳，四圆柱形足	I 6 式	夔纹	《青铜器纹饰》；图二：8
28	牛首尊（郑州H1：3）	大侈口，斜肩，深腹，高圈足	I 7 式，III 1 式	小圆圈纹，弦纹	《文物》83/3
29	牛首尊（郑州H1：4）	大侈口，斜肩，深腹，高圈足	I 7 式，III 1 式	弦纹	《文物》83/3；图二：11；图四：2
30	尊（小屯 M331 R2070）	大侈口，折肩，圈足	I 7 式，III 5 式，III 8 式	夔纹，目纹，弦纹	李济，1972；图四：12、14
31	尊（小屯 M331 R2071）	大侈口，折肩，圈足	I 7 式，III 5 式	夔纹，弦纹	李济，1972；图四：7
32	罍（小屯 M388 R2061）	敞口，斜肩，深腹，圈足	I 7 式，III 2 式，III 3 式	小圆圈纹	李济，1972；图四：6、11
33	司母辛四足觥（803）	四足兽形，单鋬	I 7 式	夔纹，虎纹	《殷墟青铜器》，图二：10
34	鬲（华县桃下）	敞口，双立耳，分裆，三柱足	I 7 式		《陕青》（一）
35	伯矩鬲	折沿，双立耳，分裆，柱足，有盖	I 7 式		《古青铜器选》
36	甗（扶风刘家）	敞口，双耳，深腹，袋足，柱状足根	I 7 式，III 15 式		《陕青》（三）
37	甗（岐山贺家 M113）	敞口，双耳，深腹，袋足，柱状足根	I 7 式		《陕青》（三）
38	缶（妇好墓805）	方口，斜肩，深腹，平底	I 8 式	蛇纹，蝉纹	《殷墟青铜器》；图二：9
39	方彝	方形，直腹，圈足，四坡形盖	I 8 式	夔纹	《美集录》A367

序号	器名	器形	兽面纹型式	其他纹饰	著录和本文图例
40	𬭚方鼎	方口折沿，双立耳，四柱形足	I 9 式	夒纹	Van Heusden，1952
41	日己方彝	方形，直腹，圈足，四坡形盖	I 10 式	鸟纹	《陕青》（二）；图二：13
42	日己方尊	圆口，方腹，圈足	I 10 式	鸟纹	《陕青》（二）
43	日己方舩	前流，方腹，单鋬，圈足，兽头盖	I 10 式	夒纹，鸟纹	《陕青》（二）
44	厚趠方鼎	方口，折沿，双立耳，四圆柱足	I 11 式		《青铜器纹饰》；图二：14
45	𤲶方鼎	方口，折沿，双立耳，四圆柱足	I 11	龙纹，弦纹	d'Argence，1977
46	丙鼎（小屯M17：4）	圆口，双立耳，深腹，三柱足	I 12 式		《殷墟青铜器》
47	方鼎（郑州H1：8）	方口折沿，双立耳，深腹，四柱足	II 1 式	乳钉纹	《文物》83/3；图三：3
48	鼎（黄陂李家嘴M2：55）	敞口，折沿，双立耳，深腹，三圆锥形空足	II 1 式		《文物》76/2；图三：4
49	鬲（辉县M110：1）	敞口，折沿，立耳，分裆，锥状袋足	II 1 式	双线人字纹	《辉县报告》
50	方鼎（郑州杜岭）	方形，折沿，双立耳，深腹，四柱形空足	II 2 式	乳钉纹	《文物》75/6；图三：1
51	爵（郑州白家庄M3：1）	前流后尾，折腹，平底，三棱形足	II 3 式		《文参》55/10；图三：5
52	觚（郑州铭功路M4：3）	侈口，细腰，圈足	II 3 式	弦纹	《考古》65/10
53	觚（郑州H1：12）	大侈口，细腰，圈足	II 4 式	小圆圈纹，弦纹	《文物》83/3；图三：7
54	觚（郑州 H1：13）	大侈口，细腰，圈足	II 4 式	小圆圈纹，弦纹	《文物》83/3

续表

序号	器名	器形	兽面纹型式	其他纹饰	著录和本文图例
55	觚（黄陂李家嘴 M1：21）		Ⅱ4式	回纹	《文物》76/2
56	觚（小屯 M331 R2012）	侈口，细腰，圈足	Ⅱ4式	小圆圈纹	李济，1964；图三：9
57	爵（小屯 M333 R2030）	前流后尾，双柱，单鋬，折腹，平底，三足	Ⅱ4式	小圆圈纹	李济，1966；图三：2
58	鼎（郑州白家庄 M2：4）	敞口，折沿，双立耳，深腹，三锥形足	Ⅱ5式		《文参》55/10；图三：11
59	鼎（郑州铭功路 M2：2）	敞口，折沿，双立耳，深腹，三圆锥空足	Ⅱ5式		《考古》65/10
60	爵（郑州铭功路 M2：21）	前流后尾，双柱，束腰，平底，三细足	Ⅱ5式		《考古》65/10
61	斝（郑州东里路 M39：1）	侈口，双柱，折腹，圜底，单鋬，三棱足	Ⅱ5式		《中原文物》81/2
62	鼎（黄陂李家嘴 M1：2）	敞口，折沿，双立耳，深腹，三锥形空足	Ⅱ5式		《文物》76/2
63	觚（黄陂李家嘴 M1：19）	侈口，粗腰，圈足	Ⅱ5式	弦纹	《文物》76/2
64	斝（黄陂李家嘴 M2：10）	侈口，双柱，折腹，平底，三棱形空足	Ⅱ5式		《文物》76/2；图三：6
65	爵（黄陂李家嘴 M2：11）	前流后尾，折腹，单鋬，双柱，三棱足	Ⅱ5式		《文物》76/2
66	爵（黄陂李家嘴 M2：12）	前流后尾，流上有棱牙，单柱，平底，三棱足	Ⅱ5式		《文物》76/2

序号	器名	器形	兽面纹型式	其他纹饰	著录和本文图例
67	鼎（黄陂李家嘴 M2∶35）	敞口，折沿，双立耳，深腹，三锥形空足	Ⅱ5 式		《文物》76/2
68	鼎（小屯 M232 R2049）	敞口，双立耳，深腹，三锥状空足	Ⅱ5 式		李济，1970；图三∶10
69	斝（小屯 M388 R2017）	大侈口，细腰，圈足	Ⅱ5 式	弦纹，目纹	李济，1964；图三∶8
70	斝（郑州白家庄 M3∶5）	侈口，细腰，圈足	Ⅱ5 式	小圆圈纹，目纹	《文参》55/10
71	斝（郑州白家庄 M3∶8）	侈口，粗腰，圈足	Ⅱ5 式	小圆圈纹	《文参》55/10；图三∶17
72	斝（辉县 M110∶2）	侈口，双柱，折腹，平底，三空足	Ⅱ5 式		《辉县报告》
73	斝（黄陂李家嘴 M1∶13）	侈口，折腹，单鋬，三锥状空足	Ⅱ5 式	小圆圈纹	《文物》76/2；图三∶14
74	鼎（小屯 M333 R2053）	敞口，深腹，双立耳，三扁夔形足	Ⅱ5 式	夔纹，小圆圈纹	李济，1970；图三∶13
75	斝（小屯 M238 R2007）	大侈口，细腰，圈足	Ⅱ5 式	目纹，弦纹，小圆圈纹	李济，1964；图三∶12
76	簋（扶风云塘 M20∶8）	敞口，圆腹，双耳，圈足	Ⅱ5 式		《陕青》（三）
77	斝（郑州白家庄 M2∶7）	侈口，双柱，折腹，平底，单鋬，三棱形空足	Ⅱ6	弦纹	《文参》55/10；图三∶18
78	爵（郑州白家庄 M2∶8）	前流后尾，直腹，平底，三棱形足	Ⅱ6 式		《文参》55/10
79	爵（黄陂李家嘴 M1∶17）		Ⅱ6 式		《文物》76/2；图三∶15

续表

序号	器名	器形	兽面纹型式	其他纹饰	著录和本文图例
80	斝（黄陂李家嘴 M1：11）	侈口，双柱，折腹，平底，单鋬，三棱形足	Ⅱ6式		《文物》76/2
81	方鼎（郑州 H1：2）	方口折沿，双立耳，深腹，四圆柱足	Ⅱ6式	乳钉纹	《文物》83/3；图三：16
82	罍（郑州白家庄 M2：1）	直口，短颈，斜肩，深腹，圈足	Ⅱ6式	蛙纹，回纹，弦纹	《文参》55/10；图三：19
83	鼎（郑州 H1：1）	圆口折沿，双立耳，深腹三柱足	Ⅲ1式		《文物》83/3，图四：3
84	罍（黄陂李家嘴 M1：7）	直口，短颈，斜肩，深腹，圈足	Ⅲ2式	弦纹	《文物》76/2
85	罍（黄陂李家嘴 M1：8）	直口，短颈，斜肩，深腹，圈足	Ⅲ2式	弦纹	《文物》76/2，图四：1
86	簋（黄陂李家嘴 M2：2）	敞口，折沿，深腹，圈足	Ⅲ2式	弦纹	《文物》76/2；图四：5
87	羊首罍（郑州 H1：5）	直口，短颈，斜肩，深腹，圈足	Ⅲ3式	目纹，弦纹	《文物》83/3；图四：8
88	罍（小屯 M232 R2056）	敞口，直颈，折肩，深腹，圈足	Ⅲ3式	目弦，弦纹	李济，1972；图四：4
89	罍（小屯 M333 R2059）	侈口，收颈，斜肩，深腹，圈足	Ⅲ3式	弦弦	李济，1972；图四：9
90	卣（郑州 H1：11）	直口，长颈，深腹，圈足，有盖，提梁	Ⅲ4式	蛇纹，回纹，小圆圈纹	《文物》83/3；图四：10
91	罍（小屯 M331 R2058）	敞口，收颈，斜肩，深腹，圈足	Ⅲ6式	弦纹	李济，1972，图四：15
92	瓿（小屯 M232 R2057）	敛口，短颈，圆腹，圈足	Ⅲ7式	目纹，弦纹	李济，1972；图四：18

续表

序号	器名	器形	兽面纹型式	其他纹饰	著录和本文图例
93	壶（小屯 M238 R2074）	椭圆口，长颈，深腹，双耳，圈足	Ⅲ9 式	夔纹，目纹	李济，1972，图四：17
94	卣（小屯 M238 R2065）	圆口，细长颈，圆腹，圈足，提梁	Ⅲ9 式	夔纹，菱形纹	李济，1972；图四：16
95	司彗母大圆罍（857）	侈口，双柱，折腹，单鋬，三刀形足	Ⅲ10 式	蕉叶夔纹，三角纹	《殷墟青铜器》；图五：4
96	簋（妇好墓 833）	敞口，圆腹，圈足	Ⅲ11 式		《殷墟青铜器》；图五：9
97	共鼎（殷墟西区 GM907：3）	敞口，双立耳，深腹，三柱足	Ⅲ11 式	三角纹	《殷墟青铜器》；图五：3
98	德鼎	折沿，双立耳，深腥，三柱足	Ⅲ11 式	夔纹	《青铜器纹饰》；图五：1
99	堇鼎	折沿，双立耳，深腹，三柱足	Ⅲ12 式		《青铜器纹饰》；图五：10
100	折觥	前流后鋬，方腹，圈足，兽头盖	Ⅲ12 式	夔纹	《陕青》（二）；图五：5
101	折尊	侈口，鼓腹，圈足	Ⅲ12 式	夔纹，蕉叶纹	《陕青》（二）
102	折方彝	方形，鼓腹，圈足，四坡盖	Ⅲ12 式	夔纹	《陕青》（二）
103	令方彝	方形，鼓腹，圈足，四坡盖	Ⅲ12 式，Ⅲ16 式	鸟纹	《美集录》A646
104	荣子方彝	方形，鼓腹，圈足，四坡盖	Ⅲ12 式	鸟纹	《美集录》A648
105	妇好方彝（825）	方形，直腹，圈足，四坡盖	Ⅲ13 式	夔纹，鸟纹	《殷墟青铜器》；图五：16
106	王姁方尊	圆侈口，方体，圈足	Ⅲ13 式	鸟纹，蕉叶纹	Pope，1967
107	匜觥	前流后鋬，方体，圈足，兽头盖	Ⅲ13 式	鸟纹	Pope，1967

续表

序号	器名	器形	兽面纹型式	其他纹饰	著录和本文图例
108	妇好小圆鼎（775）	敞口，双立耳，深腹，三柱足	Ⅲ14 式	三角纹	《殷墟青铜器》；图五：12
109	亚盥鼎（殷墟 PNM172：2）	圆口，双立耳，深腹，三柱足	Ⅲ14 式		《殷墟青铜器》；图五：8
110	折斝	敞口，收颈，分档，双柱，单鋬，三足	Ⅲ14 式	弦纹	《陕青》（二）；图五：11
111	父丁鬲（殷墟西区 GM102：1）	敞口，双立耳，弧档，三袋足	Ⅲ15 式		《殷墟青铜器》；图五：14
112	父己甗	敞口，双耳，深腹，三袋足，柱状足根	Ⅲ15 式		《陕青》（三）
113	父丁簋	敞口，圆腹，双耳，圈足	Ⅲ15 式		《陕青》（三）
114	簋（扶风刘家）	敞口，圆腹，双耳，圈足	Ⅲ15 式		《陕青》（三）
115	司㲋母癸大方尊（806）	方形，大侈口，折肩，高圈足	Ⅲ16 式，Ⅳ6 式	蕉叶纹	《殷墟青铜器》；图六：14
116	四瓣花纹觯（妇好墓783）	侈口，收颈，圈足，有盖	Ⅲ16 式	四瓣花纹	《殷墟青铜器》
117	鼎（淳化史家源）	圆口折沿，双立耳，深腹，三环耳，柱足	Ⅲ16 式	夔纹，牛首纹，弦纹	《考古与文物》80/2；图五：15
118	作册大鼎	方形，双立耳，直腹，四柱状足	Ⅲ16 式	乳钉纹	Pope 1967
119	方彝（小屯 M238 R2067）	方形，直腹，圈足，四坡盖	Ⅳ2 式	夔纹	李济，1972；图六：8
120	方彝（西北岗 M1022 R1077）	方形，直腹，圈足，四坡盖	Ⅳ2 式	夔纹	李济，1972

序号	器名	器形	兽面纹型式	其他纹饰	著录和本文图例
121	妇好扁圆壶（863）	椭圆口，长颈，深腹，双耳，有盖	Ⅳ3 式	夔纹	《殷墟青铜器》；图六：5
122	吴方彝盖	四坡形，有脊棱	Ⅳ3 式		《青铜器纹饰》；图六：6
123	妇好大方尊（792）	大侈口，折肩，深腹，高圈足	Ⅳ4 式，Ⅳ5 式	夔纹，三角纹	《殷墟青铜器》；图六：7、15
124	妇婞尊	大侈口，鼓腹，圈足	Ⅳ4 式		《文物》78/5；图六：13
125	㜣方鼎	方口，折沿，双立耳，四柱形足	Ⅳ4 式	乳钉纹	《古青铜器选》
126	商尊	侈口，鼓腹，圈足	Ⅳ4 式	夔纹，蕉叶纹	《陕青》（二），图六：11
127	商卣	椭圆口，鼓腹，圈足，提梁	Ⅳ4 式	夔纹	《陕青》（二）
128	何尊	侈口，鼓腹，圈足	Ⅳ4 式	蛇纹，蕉叶纹	《陕青》（四）
129	滕侯鼎	圆角长方形，双附耳，鼓腹，四柱足，有盖	Ⅳ4 式	夔纹，鸟纹	《考古》84/4；图六：10
130	大盂鼎	敛口，折沿，双立耳，弛腹，三柱足	Ⅳ4 式		《青铜器纹饰》；图六：12
131	鼎（扶风刘家）	敞口，双立耳，深腹，三柱足	Ⅳ4 式	三角纹	《陕青》（三）
132	妇好大方罍（752）	方形，侈口，长颈，折腹，双柱单鋬，四刀形足	Ⅳ6 式	夔纹，蕉叶纹	《殷墟青铜器》；图六：9
133	母乙觯（殷墟SM53：27）	椭圆口，侈口，束颈，鼓腹，圈足，有盖	Ⅳ6 式	夔纹	《殷墟青铜器》；图六：2

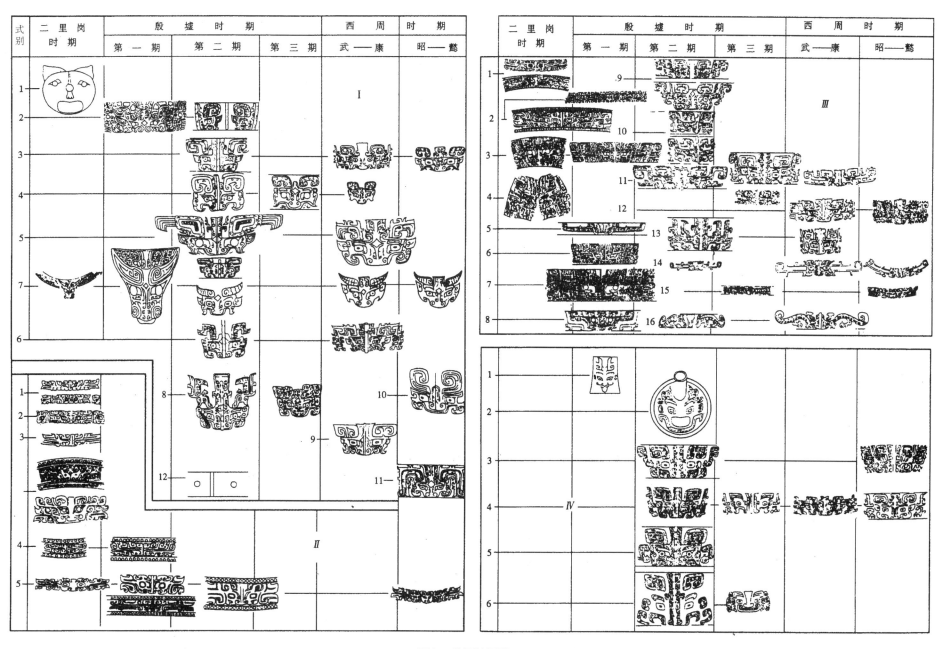

图七　兽面纹图谱

参考书目

1. 《宣和博古图》。

2. 容庚：《商周彝器通考》，哈佛燕京学社 1941 年。

3. 容庚、张维持：《殷周青铜器通论》，科学出版社，1958 年版。

4. 李济、万家保：《殷墟出土青铜瓠形器之研究》，1964 年版。

5. 李济、万家保：《殷墟出土青铜爵形器之研究》，1966 年版。

6. 李济、万家保：《殷墟出土青铜斝形器之研究》，1968 年版。

7. 李济、万家保：《殷墟出土青铜鼎形器之研究》，1970 年版。

8. 李济、万家保：《殷墟出土伍拾叁件青铜容器之研究》，1972 年版。

9. 张光直等：《商周青铜器与铭文的综合研究》，1973 年版。

10. 上海博物馆青铜器研究组：《商周青铜器纹饰》，文物出版社 1984 年版。

11. 中国科学院考古研究所：《美帝国主义劫掠的我国殷周青铜器集录》，科学出版社 1962 年版。

12. 中国社会科学院考古研究所：《殷墟青铜器》，文物出版社 1985 年版。

13. 《中国古青铜器选》，文物出版社 1976 年版。

14. 陕西省考古研究所等：《陕西出土商周青铜器》（一），文物出版社 1979 年版。

15. 陕西省考古研究所等：《陕西出土商周青铜器》（二），文物出版社 1980 年版。

16. 陕西省考古研究所等：《陕西出土商周青铜器》（三），文物出版社 1980 年版。

17. 陕西省考古研究所等：《陕西出土商周青铜器》（四），文物出版社 1984 年版。

18. 中国科学院考古研究所：《辉县发掘报告》，科学出版社 1956 年版。

19. 陈梦家：《西周铜器断代》（一）—（六），《考古学报》1955 年第 9 期—1956 年第 4 期。

20. 唐兰：《西周青铜器铭文分代史征》，中华书局 1986 年版。

21. 郑振香、陈志达：《殷墟青铜器的分期与年代》，《殷墟青铜器》，文物出版社 1985 年版。

22. 杨锡璋、杨宝成：《殷墟青铜器礼器的分期与组合》，《殷墟青铜器》，文物出版社 1985 年版。

23. 杨育彬：《郑州二里岗期商代青铜容器的分期和铸造》，《中原文物》特刊，1981 年。

24. 金岳：《河南新郑望京楼铜器断代》，《考古》1983 年第 5 期。

25. 金岳：《中国商代前期青铜容器分期》，《考古学集刊》第 6 集，中国社会科学出版社 1989 年版。

26. 中国科学院考古研究所洛阳发掘队：《河南偃师二里头遗址发掘简报》，《考古》1965 年第 5 期。

27. 中国社会科学院考古研究所二里头工作队：《1981 年河南偃师二里头墓葬发掘简报》，《考古》1984 年第 1 期。

28. 中国社会科学院考古研究所二里头工作队：《1984 年秋河南偃师二里头遗址发现的几座墓葬》，《考古》1986 年第 4 期。

29. 杨育彬等：《近几年来在郑州新发现的商代青铜器》，《中原文物》1981 年第 2 期。

30. 赵新来：《中牟县黄店、大庄发现商代铜器》，《文物》1980 年第 12 期。

31. 河南文物工作队第一队：《郑州市白家庄商代墓葬发掘简报》，《文物参考资料》1955 年第 10 期。

32. 郑州市博物馆：《郑州市铭功路西侧的两座商代墓》，《考古》1965 年第 10 期。

33. 河南省博物馆：《郑州新出土的商代前期大铜鼎》，《文物》1975 年第 6 期。

34. 河南省文物研究所、郑州市博物馆：《郑州新发现商代窖藏青铜器》，《文物》1983 年第 3 期。

35. 中国社会科学院考古研究所安阳工作队：《安阳殷墟西区一七一三号墓的发掘》，《考古》1986 年第 8 期。

36. 新乡市博物馆：《介绍七件商代晚期青铜器》，《文物》1978 年第 5 期。

37. 湖北省博物馆：《盘龙城商代二里岗期的青铜器》，《文物》1976 年第 2 期。

38. 安徽省文化局文物工作队：《安徽屯溪西周墓葬发掘报告》，《考古学报》1959 年第 4 期。

39. 梁星彭、冯孝堂：《陕西长安、扶风出土西周铜器》，《考古》1963 年第 8 期。

40. 陕西周原考古队：《扶风云塘西周墓》，《文物》1980 年第 4 期。

41. 临潼县文化馆：《陕西临潼发现武王征商簋》，《文物》1977 年第 8 期。

42. 淳化县文化馆：《陕西淳化史家塬出土西周大鼎》，《考古与文物》1980 年第 2 期。

43. 滕县博物馆：《山东滕县发现滕侯铜器墓》，《考古》1984 年第 4 期。

44. 林巳奈夫：《殷周青铜器纹饰之研究》，1986 年。

45. Benhard Karlgren, *New Studies on Chinese Bronzes.* BMFEA No. 9, 1937.

46. Bernhard Karlgren, *Notes on the Grammar of Early Bronze Decor*, BMFEA No. 23, 1951.

47. Max Loehr, *Ritual Vessels of Bronze Age China.* 1968.

48. Willem Van Heusden, *Ancient Chinese Bronzes of the Shang and Chou Dynasties*, 1952.

49. Rene—Yvon Lefebvre d'Argence, *Bronze Vessels of Ancient China in the Avery Brundage Collection*, 1977.

50. J. A. Pope and others, *The Freer Chinese Bronzes*, Vol. I, 1967.

（本文为陈公柔、张长寿合著。原载《考古学报》1990 年第 2 期）

新干出土鼎形器的比较研究

1989 年江西新干发现的商代大墓共有随葬青铜礼器 50 件，器形有鼎、鬲、甗、簋、豆、卣、罍、壶、瓿、瓚 10 种。① 其中鼎形器有 30 件，占礼器总数的 60%，由此可知，鼎形器在新干青铜礼器中的地位，也可以说是商代南方青铜器的代表。新干出土的鼎形器包括方鼎、圆鼎、扁足鼎等几种形式，这几种鼎形器也都见于中原地区同时期的墓葬和窖藏，而且还有共存关系。因此，将新干出土的各类鼎形器和中原地区所出的做一比较，或将有助于判定新干青铜器的年代和了解商代南方青铜器的特征。

先说方鼎。新干出土的方鼎共有 6 件，其中最引人注目的是双耳伏虎大方鼎（标本 008）。这件大方鼎和郑州发现的二里岗时期的大方鼎器形十分相似，已为很多专家学者在讨论中提到。此方鼎口近方形，深腹平底，双耳外侧有槽，耳上各伏一虎，四个柱状足透底中空。腹四壁饰"凹"字形乳丁纹，口下一周兽面纹，四足上部饰浮雕式羊角兽面。口长 58 厘米、宽 49.3 厘米、通高 97 厘米（图一：1）。对于这件方鼎的年代，或认为属二里岗期晚期，② 也有认为属二里岗上层和殷墟早期之间的过渡期。③ 类似的方鼎郑州已发现过 4 件，两件出于张寨，④ 两件出于回族食品厂的窖藏。⑤ 这几件方鼎的相同之处是，鼎的大小相若，鼎体都作方斗形，长宽比例大体相近。主体花纹的格局相同，都是"凹"字形的乳丁纹，而口下一周兽面纹隔断了两侧的乳丁纹。兽面纹都是单线阳纹，中央是一组

① 江西省文物考古研究所等：《江西新干大洋洲商墓发掘简报》，《文物》1991 年第 10 期。
② 彭适凡等：《关于新干大洋洲商墓年代问题的探讨》，《文物》1991 年第 10 期。
③ 詹开逊等：《从新干商墓看吴城文化的性质》，《南方文物》1992 年第 2 期。
④ 河南省博物馆：《郑州新出土的商代前期大铜鼎》，《文物》1975 年第 6 期。
⑤ 河南省文物研究所等：《郑州新发现商代窖藏青铜器》，《文物》1983 年第 3 期。

完整的兽面纹，两侧各加半个兽面纹，四隅各由相邻的两个侧壁合成一个兽面纹。但是，在花纹的式样上也有一些差别。郑州方鼎上的兽面纹，两端都作歧尾的形式（图四：3），这是二里岗时期极其有特点的纹样，[①] 而新干方鼎上的兽面纹两侧的尾部都是向上卷的。另外，郑州方鼎的四足上大都饰单线阳纹的歧尾兽面纹（图四：2），而新干方鼎却饰浮雕式羊角兽面纹。这些也许是认定新干方鼎年代略晚的根据。但是，郑州窖藏与方鼎共存的大圆鼎和牛首尊上的兽面纹也是尾向上卷的，牛首尊和羊首罍的肩上都有凸起的牛首和羊首的浮雕装饰（图五：1—3），可见二里岗时期的青铜器上已出现卷尾兽面纹和浮雕凸饰。事实上，新干方鼎和郑州方鼎最主要的不同点就在于双耳上的伏虎，而这是所有中原地区商代青铜器上不曾有过的，也是商代南方青铜器最主要的特征之一。

其次为双层底方鼎（标本013），长方形口，斗状，双层平底，在一长壁上横开一门。腹壁上下饰卷尾兽面纹，两边饰单目歧尾纹，四足圆柱形。口长21.4厘米、宽18厘米、通高27厘米、门宽6.8厘米、高4.3厘米（图一：2）。这种鼎是用来烧炭火以加热食物的，被称为炋鼎，有圆鼎，也有方鼎。[②] 新干的这件鼎大概是所见此类鼎中年代最早的。这件鼎的铸造方法与伏虎大方鼎的分铸铸接成型的方法不同，而是采用浑铸加铜芯撑的方法，以保证鼎腹、火膛和鼎底之间的距离。[③] 这件方鼎的花纹也是颇具特色的，它的格局和伏虎大方鼎基本相同，也是"凹"字形，但不用乳丁纹而用单目歧尾纹，而口下的一周花纹并不切断两边的纹饰带。采用相同的花纹格局的还有另一件方鼎（标本009）。

另外两件方鼎（标本011、012）形制基本相同，都是口部近方形，深腹斗状，双耳上各伏一虎，四足圆柱形，透底中空。四壁的花纹格局呈"回"字形，以后者为例，外圈四周为联珠纹，内侧为一周夔纹，共10个，左右对称，上层的中央有凸起的短扉，夔纹的式样很特别，以目代首，曲体卷尾。内圈四周也以联珠纹为框，中为兽面纹，两侧的尾部向上

① 陈公柔、张长寿：《殷周青铜容器上兽面纹的断代研究》，《考古学报》1990年第2期。

② 周永珍：《西周时代的温器》，《考古与文物》1981年第4期。

③ 苏荣誉、彭适凡：《新干青铜器群技术文化属性研究——兼论中国青铜文化统一性和独立性》，《南方文物》1994年第2期。

卷（图一：3）。四足的上部饰浮雕式兽面纹，口沿外侧饰极有特色的燕尾纹，特别是双耳上的伏虎，和大方鼎一样，充分显示出南方青铜器的特色。

中原地区同时期的方鼎，除了郑州发现的方鼎外，其他可供比较的材料很少，年代比较接近的是殷墟的妇好墓。[①] 妇好墓出土的方鼎共 5 件，

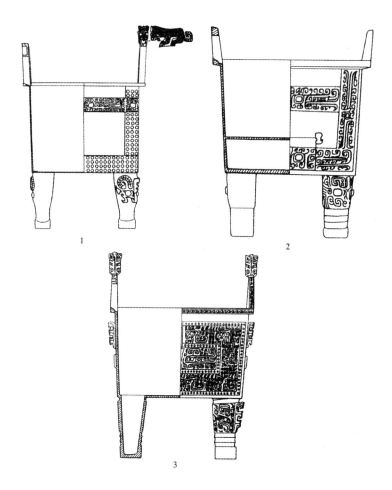

图一　新干鼎形器的形制和纹饰

1. 伏虎大方鼎（008）　2. 双层底方鼎（013）　3. 伏虎方鼎（012）

---

①　中国社会科学院考古研究所：《殷墟妇好墓》，文物出版社 1980 年版。

其中两件司母辛大方鼎（图七：1）都是长方形的，长宽比例明显大于新干的方鼎。花纹的格局虽然仍是"凹"字形乳丁纹，但却有了较明显的变化。一是口下一周兽面纹不再切断两边的乳丁纹而是横置其上。二是兽面纹的式样不再采用歧尾兽面纹，而且多以雷纹为地纹。三是双耳之外侧不再有空槽，四足上下粗细一致。这种长方形的方鼎和新干的方鼎有明显的不同，而且在随后的商周时期成为中原地区方鼎的主要形式。妇好墓的另外 3 件方鼎，两件为妇好扁足方鼎，一件为妇好小方鼎，都是长方形的，前者饰大兽面纹和倒夔纹，后者饰雷纹底的对鸟纹。由此可见妇好墓的方鼎和新干的方鼎无论在形制上和花纹格局、花纹式样上都有很大的不同，无疑是不同时期之间的差别。

新干出土的鼎形器其主流是扁足鼎，共有 14 件，占总数的 45%。形式也较多，可分为 4 种。第一种是虎形扁足鼎，共 9 件，其中 7 件双耳上有伏虎。这种鼎都是浅圆腹，圜底，双立耳，耳上各伏一虎，三足为扁圆状的卷尾虎形，背上有脊，腹下有足。腹部饰三组尾向上卷的兽面纹，中间以高扉棱为鼻梁，上下界以联珠纹，双耳外侧饰对龙纹，唇沿外侧饰燕尾纹。标本 014，口径 39.3 厘米、通高 62.4 厘米（图二：3）。标本 015，口径 26.5 厘米、通高 38.7 厘米。标本 019，器形相同而腹部饰斜角目雷纹，口径 27.4 厘米、通高 40.7 厘米。第二种为夔形扁足鼎，共 2 件，深圆腹，圜底，双耳，耳上各立一凤鸟，三足为扁平卷尾夔形。腹部饰一周三组兽面纹，上下界以联珠纹。标本 026，口径 16.7 厘米、通高 27.4 厘米（图二：2）。第三种为鱼形扁足鼎，共 2 件，浅圆腹，圜底，双立耳，三足为扁平鱼形尖尾足，鱼身饰鳞纹，腹饰一周三组卷尾兽面纹。标本 024，口径 13.3 厘米、通高 16.7 厘米（图二：4）。第四种为夔形矮扁足鼎，1 件。标本 023，浅腹，圜底，双立耳，三足宽短，为扁平的夔形。腹部饰一周斜角目雷纹，上下界以联珠纹。口径 10.5 厘米、通高 11 厘米（图二：1）。

中原地区同时期的扁足鼎也有发现，有的还和方鼎、圆鼎同出。郑州窖藏出扁足鼎 2 件，浅圆腹，圜底，双立耳，腹部一周云雷纹，上下界以联珠纹。其中一件（标本 H1：9）口径 19 厘米、通高 31.7 厘米（图四：1）。殷墟小屯 M333 出有一件扁足鼎（R.2053），深圆腹，双立耳，三足为扁平尖尾夔形，腹上一周三组歧尾兽面纹，上下界以联珠纹，口径16.8厘米、通高19.4厘米（图六：1）。妇好墓出了4件扁足鼎，其中3件为妇好鸟足鼎，为半球腹圜底，双立耳，三足为钩喙垂尾的立鸟形，腹部饰一周三组卷尾兽面纹。其中一件（1150）口径12厘米、通高约13.7厘米。另一件为夔足鼎（1173），口径24.9厘米、通高31.6厘米（图七：4）。

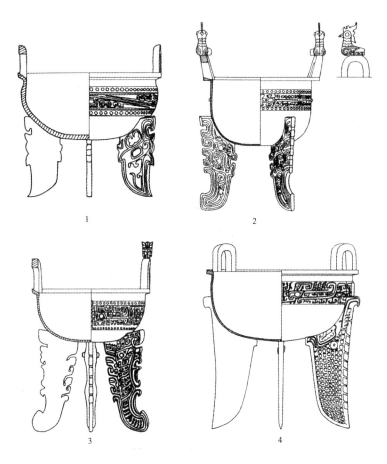

图二　新干鼎形器的形制和纹饰

1. 夔形矮扁足鼎（023）　2. 夔形扁足鼎（026）　3. 虎形扁足鼎（014）　4. 鱼形扁足鼎（024）

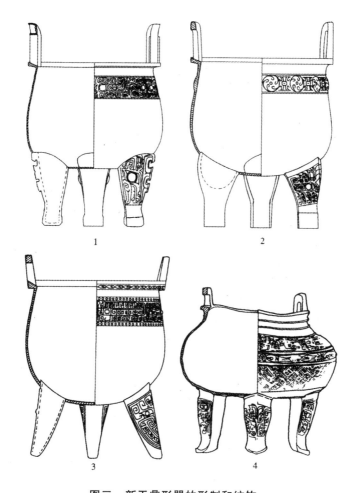

图三　新干鼎形器的形制和纹饰

1. 柱足圆鼎（001）　　2. 柱足圆鼎（003）　　3. 锥足圆鼎（004）　　4. 瓿形鼎（030）

　　比较上述南北两组扁足鼎，可见新干的扁足鼎式样较多，有浅腹、有深腹，有虎形足、有夔形足，更有鱼形足。大部分的鼎在双耳上有伏虎或立鸟，花纹则以向上卷尾的兽面纹为主。中原地区所出的扁足鼎，相对而言就略显单调。郑州和殷墟早期的扁足鼎与新干的比较接近，特别是殷墟M333的扁足鼎和新干的标本026在形制和纹饰上尤为相似。而妇好墓的扁足鼎无论器形和花纹都和新干的相去较远。关于新干出土的这类扁足

鼎，或以为是南方的古代居民将中原的浅腹扁平鬶足鼎加以改造而成,[1]
或以为虎形足鼎目前仅见于赣江流域，可能此处是这类鼎的发祥地。[2] 前
一种意见大概是囿于中原青铜文化对南方影响的成见，后一种意见根据新
干出土扁足鼎的实际，当然不限于虎形足鼎，提出扁足鼎起源于南方，中
原的扁足鼎是受了南方的影响，倒是颇有见地的。

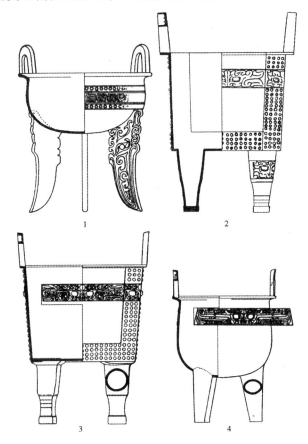

图四　郑州鼎形器的形制和纹饰

1. 扁足鼎（H1:9）　2. 方鼎（H1:8）　3. 方鼎（H1:2）　4. 圆鼎（H1:1）

---

① 彭适凡：《江西新干商代青铜礼器的造型与装饰艺术》,《南方文物》1993 年第 2 期。

② 苏荣誉、彭适凡：《新干青铜器群技术文化属性研究——兼论中国青铜文化统一性和独立性》,
《南方文物》1994 年第 2 期。

　　新干出土的圆鼎共8件，分两种形式。一种是柱足圆鼎，共4件，其中最大的一件（标本001）深腹圜底，双立耳，外侧为空槽，三足上部较粗，中空。口下饰一周三组单线阳纹的卷尾兽面纹，两侧各补一个目纹，与邻组一侧的目纹合成一个兽面纹，三足上部有阳纹兽面纹，口径44.1厘米、通高70.2厘米（图三：1）。另一件（标本003）器形相同，而口下饰一周圆涡纹和四瓣纹相间的纹饰带，足上部也饰兽面纹，口径32.1厘米、通高44.9厘米（图三：2）。另一种是锥足圆鼎，也是4件。其中一件（标本004）深腹圜底，双立耳，三足圆锥状，中空。口下饰一周三组卷尾兽面纹，两侧各补一目，上下界以联珠纹，双耳外侧饰鳞纹，口沿外侧饰燕尾纹，三足饰蕉叶兽面纹，口径27厘米、通高37.1厘米（图三：3）。

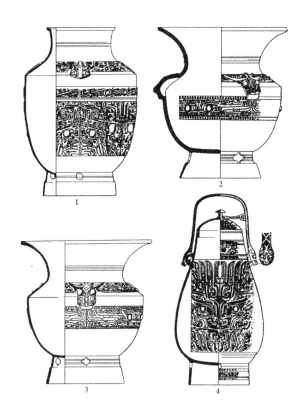

图五　郑州窖藏出土的罍、尊、卣

1. 罍（H1∶5）　2. 尊（H1∶3）　3. 尊（H1∶4）　4. 卣（H1∶11）

中原地区同时期的圆鼎，郑州窖藏有一件柱足圆鼎（标本 H1：1），深腹圜底，立耳外侧有空槽，三柱状空足，上粗下细，口下饰一周单线阳纹的卷尾兽面纹，口径 52 厘米、通高 77.3 厘米（图四：4）。这件圆鼎与新干的标本 001 基本相同，只是足上无纹。妇好墓出圆鼎 22 件，绝大部分都是上下等粗的柱足圆鼎（图七：2），与新干的柱足圆鼎相去较远，只有一件亚弜大圆鼎（808）三足上粗下细，足根兽面纹双角的形式（图七：3）与新干标本 001 比较接近。锥足圆鼎以偃师二里头遗址出土的一件年代最早。① 郑州和妇好墓都不见有锥足圆鼎，倒是殷墟第一期的 M232 出土一件锥足鼎（R.2049），深腹，双立耳，三锥足中空，口下一周歧尾兽面纹，口径 15.8 厘米、通高 20.6 厘米（图六：2），② 与新干的锥足圆鼎近似。

新干还出土了两件较为特殊的瓶形鼎，敛口，弧肩，鼓腹，底近平，双耳，三短足，足横断面为半圆管状。其中一件(标本 030）口径 16.6 厘

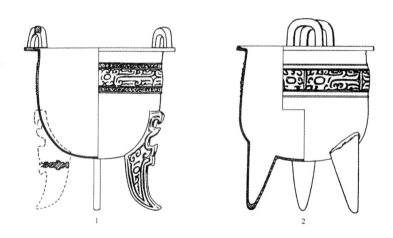

图六　安阳小屯的鼎形器

1. 扁足鼎（R.2053）　　2. 锥足圆鼎（R.2049）

---

① 中国社会科学院考古研究所二里头工作队：《河南偃师二里头遗址发现新的铜器》，《考古》1991 年第 12 期。

② 李济、万家保：《殷墟出土青铜鼎形器之研究》，1970 年版。

米、通高29.3厘米（图三：4）。这种鼎原是瓿形器，经去其圈足，用钻孔法安装分铸的三足，再接铸双耳，改造成为独特的瓿形鼎。[①] 这种瓿形鼎在中原地区没有可供比较的资料，而在南方地区，相同的鼎足在屯溪西周墓中出土的具有南方地区特征的鼎形器上仍有发现。可见，这种鼎足在南方起源较早，而且一直沿用至西周时期，成为南方青铜器的特征之一。

　　通过上述的比较，对于新干鼎形器的认识，可以举出以下几点。

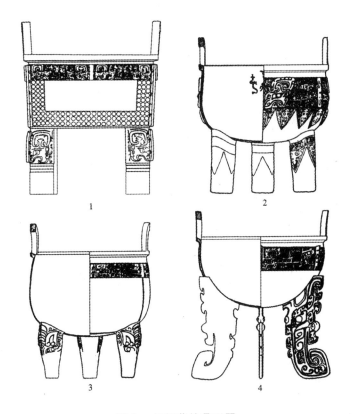

图七　妇好墓的鼎形器

1. 司母辛大方鼎（789）　2. 妇好墓圆鼎（821）　3. 亚弜圆鼎（808）　4. 扁足鼎（1173）

　　① 苏荣誉、彭适凡：《新干青铜器群技术文化属性研究——兼论中国青铜文化统一性和独立性》，《南方文物》1994年第2期。

第一，鼎形器是新干青铜礼器中最主要的器类，占总数的一半以上。郑州的商代墓葬和窖藏中，鼎形器都没有这样大的比重，妇好墓出土的鼎形器数量与新干相等，但只占礼器总数的七分之一。反过来说，郑州、安阳商墓中普遍发现的觚、爵，尤其是妇好墓，这两种器形几占全部礼器的半数，而在新干的青铜器中竟全无踪迹。这充分显示出南方地区商代青铜礼器的特点。

第二，新干鼎形器中主流是扁足鼎，数量多，式样繁，较之中原地区，明显占优。因此可以认为这种鼎很有可能是先从南方地区发展起来的。

方形鼎中，大方鼎（标本008）和郑州所出非常相似，但仅此一件，数量上不如中原，有可能是接受了中原的影响。其他几件方鼎的形式都不见于中原地区，而双层底鼎更属创新，可见方鼎此时在南方得到发展。此时的方鼎和妇好墓的长方鼎有明显的区别，表明两者不是同一时期的器物。

锥足圆鼎最早见于中原的二里头文化，但在二里岗时期，乃至妇好墓中，这种鼎均不多见。新干的锥足圆鼎也许是受了中原的影响，但在鼎形器中似不占重要地位。新干的柱足圆鼎情况大体相同，它们与妇好墓的以柱足圆鼎为主体的情况是有很大的不同的。

以旧器改制的瓿形鼎是新干青铜器的独创，而半管状的矮鼎足一直流传到西周时期，成为南方地区鼎形器的一个重要特征。

第三，在鼎形器的双耳上加动物装饰是新干青铜器的一大特色。这种装饰只用于方鼎和扁足鼎上，而不见于圆鼎上。6件方鼎中有3件耳上有伏虎；14件扁足鼎，7件耳上有伏虎，两件耳上有凤鸟（此外，还有一件四足甗，双耳上有鹿），占了鼎形器的五分之二，尤其是耳上伏虎占了绝对多数。这种情况在中原地区的青铜器上向所未见。它的含义或者不仅仅是在于装饰，也有可能是代表南方某个民族的某种图腾崇拜。

第四，新干鼎形器最主要的装饰纹样是单线的尾部向上卷的兽面纹。这类纹饰在郑州窖藏的许多青铜器上多有发现，有的还较新干的更加繁缛。但是，像中原地区二里岗期青铜器上最流行的歧尾兽面纹，在新干的鼎形器上除双层底方鼎有点近似外，几乎不得一见。这是两者在装饰纹样上最大的差别。

用联珠纹作为主要纹饰带的边框，这是两者共同的装饰手法。

新干鼎形器口沿外侧常见的燕尾纹是中原地区青铜器上所不见的，应是南方青铜器上独有的纹样。

第五，就新干所出的鼎形器而言，大概和郑州窖藏出土的青铜器最为接近。两者所出的大方鼎十分相像，而且共存的柱足圆鼎和扁足鼎也很相似。新干鼎形器上最常见的卷尾兽面纹和足根上的浮雕兽面纹也都见于窖藏的圆鼎、牛首尊等器上，而窖藏的羊首罍和卣（图五：1、4），其花纹的繁缛程度较之新干的鼎形器尤有过之。这表明两者在文化上或互有影响，在年代上或大体相当。

第六，鉴于新干鼎形器在很多方面表现出南方青铜器的某些特征，因此，通过多方面的比较研究，全面揭示商周时期南方青铜器的特点，逐步确立其发展序列是十分必要的。

（此文英译本原载 *Journal of East Asian Archaeology*，Vol. 2，1—2，2000）

沣西的先周文化遗存

本文试图陈述在沣西地区探索和认定先周文化遗存的历程。

本文所说的先周文化是指周武王克商建立西周王朝统治以前的周人的文化遗存，而沣西地区则相传是周都丰京所在。

根据《史记·周本纪》的记载，西伯断虞、芮之质而应天受命，"明年，伐犬戎。明年，伐密须。明年，败耆国。……明年，伐邘。明年，伐崇侯虎。而作丰邑，自岐下而徒都丰。"《诗·文王有声》也称："文王受命，有此武功，既伐于崇，作邑于丰。"《史记·周本纪》《集解》引："徐广曰：丰在京兆鄠县东。"《正义》称："《括地志》云：周丰宫，周文王宫也，在雍州鄠县东三十五里。"

中国科学院考古研究所（1977 年改属中国社会科学院）从 50 年代初开始就曾多次派人在长安、户县两县，沿沣河两岸反复调查丰京遗址，结果表明：沣河西岸的客省庄、马王村、张家坡、大原村、冯村、西王村一带，西周遗址分布最密集，内涵最丰富。而在随后的发掘中，揭露了大面积的居住址和大型的夯土建筑基址，发掘了数以千计的墓葬，还发现多处青铜器窖藏。从张家坡发掘的两座唐证圣元年（695 年）和景龙二年（708 年）的墓葬，所出墓志称"葬于长安县丰邑乡"和"葬于丰邑乡马邬原，"[1] 可知此地于唐代亦称丰邑乡。因此，可以推定这一带应该就是丰京遗址。如果这个认识不错，那么，这一带也应该有先周文化遗存。

中国科学院考古研究所在沣西地区的第一次大规模的发掘是于 1955—1957 年进行的，发掘地点集中在客省庄和张家坡，资料整理和研究结果详

---

① 中国科学院考古研究所：《西安郊区隋唐墓》，科学出版社 1966 年版。

见《沣西发掘报告》。① 根据报告，张家坡西周居住址和墓葬的地层关系和年代序列为：1. 早期居住遗址；2. 第一期墓葬；3. 第二期墓葬；4. 第三期墓葬；5. 晚期居住遗址和第四期墓葬；6. 第五期墓葬。客省庄的西周文化层也可以分为两期，大约相当于张家坡的西周早期和晚期居住遗址。第一期墓葬的年代根据随葬青铜器的特征，被推定为成康时期，因此，报告推定早期居住遗址的年代要更早些，而其起始的年代也许在文王作邑于丰之时。

既然如此，则在早期居住遗址中应当有一部分先周文化遗存。但是，限于当时的认识，也缺乏典型的地层和典型的单位把它们区别出来。不过，在早期居住遗址出土的遗物中，特别是陶器中，也发现了一些这样的线索。

在客省庄西周早期的陶器中有一件陶鬲（标本 T32:2B），夹砂粗红陶，直口，深腹，口下两侧有一对扁平的錾，三足呈袋状，饰细绳纹（图一：1）。这种鬲和常见的西周陶鬲在型式上有明显的不同。张家坡西周早期居住遗址中也发现有这种鬲的残片，但未能复原。在客省庄西周早期地层中，还发现一些很有特征的陶器，如尊（标本 T43:5B），宽沿，长颈，折肩，深腹，平底，腹饰绳纹（图一：6）。罐（标本 T43:5B），小口，直颈，斜肩，折腹，平底，肩两侧有一对直立的罐耳，颈部磨光，腹饰绳纹（图一：4）。另外，还有甗，能分别复原其上部（图一：7）和下部，但未能对接成全器。

在张家坡西周早期居住遗址中，也发现了一些类似的陶器，除上述提到的陶鬲外，还有罐（标本 H301），也是小口，直颈，折肩，平底，肩两侧有一对立耳，腹饰绳纹和锯齿纹（图一：3），与客省庄的罐相同。同坑所出的有鬲（标本 H301），口沿外撇，束颈，深腹，三空足之间的腹部向内深陷，饰较细的绳纹（图一：2）。簋（标本 H301），敞口，厚唇，深腹，矮圈足，腹饰绳纹（图一：5）。还有鼎（标本 H301），夹砂粗红陶，平口沿，器身作深腹尖底罐状，三足为方柱形实足，饰绳纹（图一：8）。在客省庄西周早期地层中也发现有鼎（标本 T43:5B），敛口折沿，口沿上

_____
① 中国科学院考古研究所：《沣西发掘报告》，文物出版社 1962 年版。

有半环状立耳，深腹，底近平，残存二足，腹饰绳纹。

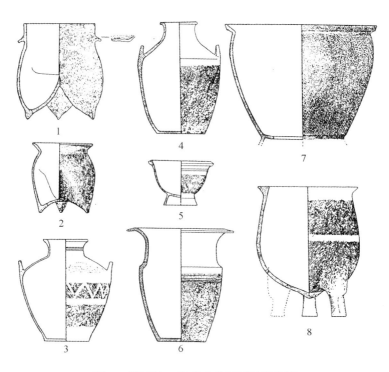

图一　张家坡、客省庄的西周早期陶器

1. 鬲（客 T32∶2B）　2. 鬲（张 H301）　3. 罐（张 H301）　4. 罐（客 T43∶5B）　5. 簋（张 H301）　6. 尊（客 T43∶5B）　7. 瓿（客 T43∶5B）　8. 鼎（张 H301）

上述陶器是我们在整理资料时注意到的一些线索，我们不能确认它们就是先周文化的遗存，这就要求我们在以后的工作中从地层上去证实先周文化遗存。

1959—1960 年，我队在马王村试掘，在客省庄南地的探方（T13）内发现了一组有打破关系的西周早期遗迹，即 H10 打破了 H11。[①]

H10 是一个西周早期的灰坑，坑内出土 26 块陶范，其中有一块簋的

---

① 中国科学院考古研究所沣西发掘队：《陕西长安户县调查与试掘简报》，《考古》1962 年第 6 期。

外范，表面刻有雷纹地的夔龙纹。但是，除了陶范以外的其他遗物，特别是陶器的情况，简报概未论及。

H11 是一座深土窑式的房屋遗迹，坑口椭圆形，长 7.6 米、宽 6.5 米、深 5.2 米，坑底有一条斜坡通道，东壁有烧火的小龛，西、北两壁各有一个壁龛。这类深土窑式的西周早期房屋在张家坡也曾发现过。H11 出土的陶片很多，器形有鬲、甗、瓮、罐、盆、尊、簋 等，但都未能复原。鬲的残片较多（图二：4、9），其中一件为平沿外折、直颈，高分裆，三足残，器表饰横向细绳纹，三足的腹上部各刻一个"田"字形符号（图二：9）。也有高领、口两侧有鋬的鬲。甗有侈口、方沿，也有敞口、带锯齿状花边口沿的（图二：2、5）。罐有高领、肩部磨光的（图二：6）。盆或簋的残片也较多，均为泥质陶，器表多加磨光，腹上印云雷纹、菱形纹、回纹、方格纹等（图二：1、3、7、8、10）。

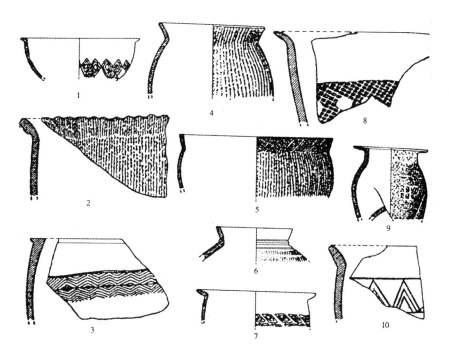

图二　马王村 T13H11 出土的西周早期陶器

1、3、7、8、10. 盆（或簋）　2、5. 甗　4、9. 鬲　6. 罐

这一组打破关系，相对年代明确，H11 的陶片也很有特色，可惜的是缺乏 H10 的对比材料，因而不易确定 H11 的绝对年代。但是，无论如何，H11 的陶片可以认为是西周早期中年代相对较早的遗存。

1967 年，我队在张家坡村附近配合基本建设，发掘了西周墓葬及车马坑等共 136 座，其中的 M89 是一座很独特的墓葬，它的随葬陶器与沣西第一期的西周早期墓葬有明显的区别。[①]

M89 是一座长方形土坑竖穴墓，长 3 米、宽 1.8 米，方向 265 度。一椁一棺，墓底有腰坑，二层台上有一个俯身殉葬人（图三）。此墓的随葬器物很少，只有一件陶鬲和一件陶罐。陶鬲为夹砂灰陶，高领，袋足，高裆，器内分隔为三等分，口两侧有凸起的横錾，器表饰细绳纹（图三：2）。陶罐为泥质黑陶，小口，短颈，圆肩，平底，通体磨光，肩部有两周划纹（图三：1）。

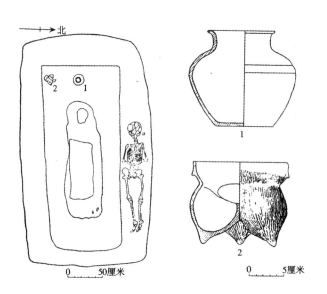

图三　67SCCM89 平面图和随葬陶器
1. 罐（M89:1）　　2. 鬲（M89:2）

---

① 中国社会科学院考古研究所沣西发掘队：《1967 年长安张家坡西周墓葬的发掘》，《考古学报》1980 年第 4 期。

M89 的发现很重要，特别是随葬的陶鬲。第一，这件陶鬲和同年发掘的其他西周早期墓葬出土的陶鬲型式不同，也和《沣西发掘报告》中的第一期墓葬的陶鬲不同。第二，它和客省庄西周早期遗址出土的标本 T32∶2B 陶鬲在型式上是相同的。第三，这种陶鬲过去在宝鸡斗鸡台的早期瓦鬲墓中曾发现过，[①] 被认为是早周（先周）文化遗存。因此，1967 年的报告在讨论分期和年代时，将 M89 单独划分为第一期，而把相当于《沣西发掘报告》中的第一期墓葬，推后为第二期墓葬，M89 的年代则被推定为克商前作邑于丰的时期。这样，在沣西地区就建立起由作邑于丰的先周时期直至西周末年的完整的周文化的编年序列。

对于这个先周文化的判断，在随后的工作中又经历了多次检验。

1983 年，我队在张家坡配合沣河毛纺厂基本建设时，发掘了一座先周时期的墓葬，编号为 83 沣毛 M1。[②] 这是一座长方形土坑竖穴墓，长 3.3 米、宽 1.56 米、深 3.2 米，方向 261 度。墓内有生土二层台，墓底有腰坑，葬具为一椁一棺，随葬器物有陶鬲一件，放在头前二层台上，陶罐、铜鼎、铜簋各一件，放在头端棺椁之间（图四）。此墓的随葬陶器组合也是一鬲一罐。陶鬲为夹砂灰陶，高领，三足为乳状袋足，饰绳纹（图四∶4）。此鬲与上述张家坡 M89 所出的陶鬲型式相同而口部两侧无錾。陶罐为泥质灰陶，小口，圆肩，平底，肩部有一周方格纹（图四∶3）。铜器则是一鼎一簋组合，这是沣西地区先周时期墓葬中第一次发现青铜容器。铜鼎口部略呈桃形，双立耳，三柱足，口下一周雷纹地兽面纹，直身，卷尾，三足上部饰兽面突饰，内壁有铭文 3 字（图四∶1）。铜簋为敞口，深腹，无耳，高圈足，口下饰一周夔纹，间以三个兽面突饰，腹饰方格乳丁纹（图四∶2）。

沣毛 M1 的发现不仅有力地证实了由张家坡 M89 得出的推论，而且还伴出有青铜容器，从而大大丰富了对先周文化的认识。

---

① 苏秉琦：《斗鸡台沟东区墓葬》第 124 页插图 37，1948 年版。

② 中国社会科学院考古研究所丰镐发掘队：《长安沣西早周墓葬发掘记略》，《考古》1984 年第 9 期。

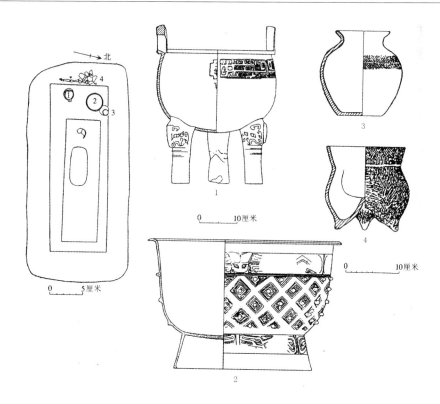

图四　83 沣毛 M1 平面图和随葬器物

1. 铜鼎　2. 铜簋　3. 陶罐　4. 陶鬲

　　同年冬，我队又在客省庄发掘了 83SCKM1。[①] 这也是一座长方形的土坑竖穴墓，长 3.8 米、宽 2.1 米，方向 80 度。墓内有生土二层台，墓底有腰坑，葬具一椁一棺；两侧二层台上各有一个殉葬人（图五）。此墓前些年曾被扰乱。据称 1979 年曾出过几件青铜器。墓内现存的器物有陶鬲、铜戈和铜弓形器等。陶鬲出于头前二层台上，夹砂灰褐陶，高领，三乳状袋足，口沿两侧有錾，饰绳纹（图五：1）。此鬲与张家坡 M89 和沣毛 M1 所出陶鬲相同。同出的两件铜戈，它们的内部有透雕的凤鸟纹装饰（图

---

　　① 中国社会科学院考古研究所丰镐发掘队：《长安沣西早周墓葬发掘记略》，《考古》1984 年第 9 期。

五：14、15），这种铜戈常见于安阳殷墟的殷墓中，[①] 而从不见于西周时期
的文化遗存中，加以还出土铜弓形器（图五：13），从而为确定此墓的年
代提供了很有力的佐证。

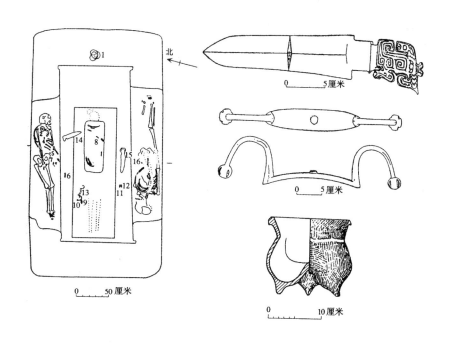

图五　83SCKM1 平面图和部分随葬器物

1. 陶鬲　2. 石璧　3. 贝　4. 蛤蜊　5、6. 骨管　7、16. 碎玉片　8. 玉饰　9—12. 铜镞
13. 铜弓形器　14、15. 铜戈

　　值得注意的是上述三座墓葬中都出土了高领袋足鬲，事不过三，绝非
偶然。我们特别强调这一点，是因为它表明了高领袋足鬲是这个时期先周
文化最富有特征的典型器物，因此，我们可以以这种鬲为标志来识别与之
共存的其他的先周文化遗存。

　　1996 年 5 月"夏商周断代工程"启动，"丰镐遗址的分期断代"被列
为"武王伐纣年代研究"课题的诸专题之一。这个专题的学术目的是：通

　　① 中国社会科学院考古研究所安阳工作队：《1969—1977 年殷墟西区墓葬发掘报告》图六四：
12；图六五：5；图版六六：3，《考古学报》1979 年第 1 期。

过丰镐遗址的分期断代区分出先周文化和西周文化的界线，并从相关的地层中采集系列测年样品，用放射性碳素测年的方法，确定武王伐纣的年代范围。这个专题就交由中国社会科学院考古研究所丰镐发掘队负责。

1997 年春，我队在张家坡沣河毛纺厂东墙外的马王村乳品厂院内发掘，在探方 T1 内揭露出一组典型的地层关系，即西周早期的文化层（T1:4）叠压在先周文化的灰坑（H18）之上。[①] H18 出土的陶器中有典型的高领袋足鬲，也有三足之间的腹部内陷的"瘪裆鬲"，此外，还有甗、簋、盆、罐、尊、壶等各种器物。

按照地层关系和出土器物的分析，H18 被分属第一期，年代被认为是文王迁丰至武王伐纣之间，相当于先周文化的晚期阶段。叠压在 H18 之上的第四层（T1:4）属第二期，其年代相当于商周之际至成王时期。

从这组典型地层关系中采集到的系列样品有木炭，也有碳化小米，经常规 ^{14}C 测试的结果，与树轮曲线校正匹配拟合，得出武王克商之年在公元前 1050—前 1020 年之间。[②]

1997 年 10 月，"夏商周断代工程"办公室在西安组织召开了"先周文化学术讨论会"，与会专家们现场考察了上述探方的典型地层关系的剖面，仔细检验了 H18 等各单位出土的陶器和其他遗物，确认了上述的发掘结果，从而在沣西地区的先周文化上取得了共识。

我们在沣西地区经过 40 年的不断工作和探索，终于较好地解决了先周文化的认识问题。然而，对于先周文化的研究来说，这仅仅是一个开始。我们将在这个基础上进一步扩大资料的积累，加深研究，并延伸至先周文化的较早的阶段。

（原载《考古与文物》2000 年第 2 期）

---

① 中国社会科学院考古研究所沣西发掘队：《1997 年沣西发掘报告》，《考古学报》2000 年第 2 期。

② 中国社会科学院考古研究所考古科技实验研究中心：《放射性碳素年代测定报告（二五）》，《考古》1999 年第 7 期。

论井叔铜器

——1983—1986 年沣西发掘资料之二

　　陈梦家在《西周铜器断代》中把免簋、免簠、免尊、免盘、趞觯、守宫盘 6 器称为井叔组或免组，认为它们可以作为断代的标准，指出其中的右者井叔尤关重要。①

　　上述 6 器中只有免簋、免尊和趞觯的铭文中提到了井叔，如果加上传已毁于兵火的舀鼎，共得 4 器。前三者，井叔都是以右者的身份出现的。舀鼎的铭文中两次提到井叔，铭文的第一段记述井叔赐舀赤金菅，舀因以作鼎。第二段记录舀因以匹马束丝换五夫事，讼于井叔，经井叔判定，舀获胜诉。在此铭中，井叔是以王朝重臣的身份出现的。

　　1959 年，陕西蓝田县发现一批铜器，其中有两件弭叔簋，② 铭文记录在册命弭叔的仪式中也是由井叔充任右者，与免簋诸器完全相同。

　　在以上诸器的铭文中，井叔无论是右者抑或王朝重臣，都是宾格，而不是作器的器主。

　　1984—1985 年，中国社会科学院考古研究所沣西发掘队在陕西长安张家坡发掘出井叔家族墓地，获得多件井叔自作的铜器。这些发现大大丰富了井叔组铜器的内容，而且有力地加强了它们作为断代标准的作用。这些新发现的井叔铜器有：

　　井叔钟（图一）2 件，出于 M163 中。形制相同，大小有别，是 3 件一组甬钟中的两件。铭文相同，行款略异。铭文称"井叔叔采乍朕文祖穆公大钟"，表明器是井叔采为其祖穆公所作。据推测，井叔采是井叔家族

---

①　陈梦家：《西周铜器断代》（六），《考古学报》1956 年第 4 期。

②　段绍嘉：《陕西蓝田县出土弭叔等彝器简介》，《文物》1960 年第 2 期。

墓地中位于 M163 旁边的那座规模最大的双墓道"中"字形大墓 M157 的主人。①

井叔鼎（图二）1 件，出自单墓道"甲"字形墓 M152 中。这是一件带炭盘的三高足浅腹小鼎，鼎内有铭文 2 行，首行为"井叔乍"，第二行锈蚀不清，可能是宝障彝或旅彝之类。同墓出土的还有 1 件带流鼎，其上有一个"井"字铭记。此外，该墓还出土了 3 件盨盖，盖上各有铭文 5 行40 字（图三），其文如下：

图一　井叔钟（M163：35）

① 中国社会科学院考古研究所沣西发掘队：《长安张家坡西周井叔墓发掘简报》，《考古》1986年第 1 期。

图二　井叔鼎（M152∶15）及铭文拓本

图三　达盨盖（M152∶36）铭文拓片

佳三年五月既生霸
壬寅，王在周，执驹于
滆痋，王乎觴趩召达，
王易达驹，达拜稽首，
对扬王休，用乍旅盨。

我们认为这几件盨原本是墓主人生前的用器，也就是说，M152 的墓主人就是作井叔鼎的井叔，其名为达。盨铭中提到的觴趩，也许就是趩觯的趩。

井叔方彝（图四）1 件，出于单墓道 "甲" 字形墓 M170 中。方彝的

图四　井叔方彝（M170:54）及盖、器铭文拓本

形制与郿县出土的盉方彝①完全相同。器内和盖上各有一行铭文：

井叔乍旅彝。

可知 M170 的墓主人也是一位井叔。

井叔杯（图五）1 件，出自 M165。这是一座竖穴墓，而且打破了

① 李长庆、田野：《祖国历史文物的又一次重要发现——陕西郿县发掘出四件周代铜器》，《文物》1957 年第 4 期。

M152。杯为圆筒形，两侧有半环状杯耳。杯底有铭文二行，首行为"井叔乍"，二行首字为"饮"，第二字锈蚀不清。由于 M165 的墓葬形制在等级上与 M157、M152、M170 有较大的差别，所以我们认为 M165 的墓主人虽然随葬有井叔的用器，可能只是井叔的亲属而不是井叔本人。

图五　井叔杯（M165∶14）及铭文拓本

上述井叔钟、井叔鼎、井叔方彝、井叔杯等都是经科学发掘出土的，它们有确切的坑位，有共存的其他器物，因此，作为断代的标准，它们具有更重要的意义。

陈梦家在论述井叔组铜器时，曾经指出：所谓井叔并不是都指同一人，这一辈有井叔，上一辈下一辈都可以有井叔。张家坡井叔家族墓地的发现完全证实了他的论断。我们曾经根据井叔家族墓地的排列形式和墓葬形制的变化提出它们的相对年代的意见，即 M157 最早，M152 其次，M170 最晚。[①] 如果各墓所出的铜器均为各墓主所自作，则可将所出井叔铜器的相对年代确定如次：

————————

① 张长寿：《关于井叔家族墓地——1983—1986 年沣西发掘资料之一》，陕西省考古研究所、半坡博物馆纪念建所、建馆三十周年国际学术讨论会（1988 年，西安）论文。《考古学研究》，三秦出版社 1993 年版。

井叔钟—井叔鼎、达盨盖 ⎡ 井叔方彝
　　　　　　　　　　　　⎣ 井叔杯

　　至于传世铜器铭文中所称的井叔和张家坡井叔家族墓地的关系，我们曾根据舀鼎铭文中所显示的井叔的地位和权势，推测他也许就是双墓道大墓 M157 的墓主人井叔采。① 免簋诸器的右者井叔，有可能是井叔采，但假如趞觯中的趞就是达盨盖中的牆趞，那么，也有可能是下一辈的井叔达。舀鼎、趞觯、达盨盖的铭文都有完整的年、月、月相、干支，而且年份相接，它们分别是：元年六月既望乙亥、二祀三月初吉乙卯、三年五月既生霸壬寅，按理说，无论趞觯是和舀鼎还是和达盨盖属同一王世，它们之间的历日应相符合，但结果是均不能密合，这个问题只能留待研究西周年历的专家们去解决。②

　　在传世的铜器中还有几件与井叔家族有关系的，这就是季龏簋和井季夐尊、卣。簋铭为"季龏肇乍厥文考井叔宝障彝"，尊和卣的铭文为"井季夐乍旅彝"。三器都饰大鸟纹，冠羽和尾羽都有所谓的联璧，属于我们所称的Ⅱ4 式大鸟纹。③ 从器主和纹饰来判断，显然是一时一家之器。唐兰疑井季是井白、井叔之弟，④ 是没有注意到井季夐尊、卣和季龏簋的关系。陈梦家认为季龏即井季夐，为井叔之后，年代约在昭、穆时。我们认为季龏和井季夐有可能是兄弟行，如此，则其文考一辈的井叔或是在井叔采的文祖穆公之前的。

　　在传世铜器中更有在井叔之前冠以"奠"字的，如奠井叔钟、奠井叔甗、奠井叔康盨、奠井叔蔑父鬲等，学者多有误认奠井叔为井叔的。郭沫若认为奠井康鼎的康即奠井叔康盨中的奠井叔康，亦即舀鼎中的井叔。⑤

---

　　① 中国社会科学院考古研究所沣西发掘队：《长安张家坡西周井叔墓发掘简报》，《考古》1986 年第 1 期。

　　② 据《商周青铜器铭文选》（三），舀鼎，懿王元年为公元前 941 年，六月庚申朔，十六日得乙亥。趞觯，懿王二年为公元前 940 年，三月丙辰朔，前一日为乙卯，先天一日。达盨盖，孝王三年为公元前 922 年，五月辛未朔，本月无壬寅。

　　③ 陈公柔、张长寿：《殷周青铜容器上鸟纹的断代研究》，《考古学报》1984 年第 3 期。

　　④ 唐兰：《西周青铜器铭文分代史征》卷五中长由盉后附录井季夐尊，中华书局 1986 年版。

　　⑤ 郭沫若：《两周金文辞大系图录考释》康鼎，科学出版社 1958 年版。

唐兰认为免尊中的井叔当是奠井氏。[1] 陈梦家也认为免组的井叔与奠井叔康可能是一人。其实，尽管奠井叔康可以简化为奠井康，奠井叔蒦父可以简称为奠叔蒦父，而"奠"字却是不能省略的，由此可见奠井不就是井，两者是有区别的。我们在张家坡井叔家族墓地发现的井叔诸器，没有一件是冠以"奠"字的，即便是仅有井字铭记的带流鼎也是如此。陈梦家在论及井氏和奠井、井叔和奠井叔的相对早晚时说，是先有井氏而后食邑于奠而改称奠井，由奠井而省称奠；称奠井应稍后于单称井叔的。这个判断是很正确的。至于所谓的咸井叔，我们已经指出是由于误读了趩觯的铭文所致。[2] 不过，除了奠井叔外，确实还有一个丰井叔。1978 年在陕西扶风齐村发现 1 件丰井叔簋，[3] 铭文为："丰井叔乍白姬障簋，其万年子子孙孙永宝用"。由此可知，奠和丰都是用以标志出自井叔的别支。

由上述有关诸器试将井叔的世系排列如次：

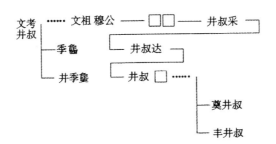

井叔铜器大都是西周中期的，但是究竟属于哪一个或哪几个王世，其说不一。如曶鼎，郭沫若以为鼎铭第二段的效父即效父簋之效父，又误以效父簋之休王为孝王，故列为孝王器。[4] 唐兰比较曶鼎和师虎簋铭文所记的年月日辰，两者均作元年六月既望，而干支相差一天，认为是同年之器，而曶鼎又有王在周穆王大室，所以确定曶鼎是共王器，认为共王初

① 唐兰：《西周青铜器铭文分代史征》免尊，中华书局 1986 年版。
② 中国社会科学院考古研究所沣西发掘队：《长安张家坡西周井叔墓发掘简报》，《考古》1986 年第 1 期。
③ 罗西章：《陕西扶风发现西周厉王㝬簋》，《文物》1979 年第 4 期。
④ 郭沫若：《两周金文辞大系图录考释》曶鼎，科学出版社 1958 年版。

年，主要用事者乃是井叔。[1] 陈梦家同样根据舀鼎和师虎簋两器，而结论恰恰与唐兰相反，他认为既然同是元年六月既望，而干支和王所在的地点均不相同，表明两者的元年并不属于同一王世，师虎簋的右者是井白，是共王时人，则舀鼎中井叔用事的元年应是懿王元年。[2] 关于井白，最早见于穆王时器的长由盉，由于两件趞曹鼎的互证，一般都认为井白是共王时人。现在发现的有关井白的铜器较多，单是有纪年的就有元年的师虎簋、五年的卫鼎、七年的趞曹鼎、十二年的永盂和走簋，此外，还有豆闭簋、师毛父簋、利鼎、殺簋盖、师夻父鼎、师癭簋盖等。井白或称司马井白，大都是以右者的身份出现，据五年卫鼎和永盂，可知井白至少从五年至十二年间还是执政五大臣之首，可见在共王时期主要用事者乃是井白而不是井叔。不过，上述诸器中的井白是否都是指同一人，抑或像井叔那样也有好几辈，则不得而知。但从纪年诸器而言，都集中于元年至十二年，很可能是同一人。

如此，则舀鼎应是懿王元年器，当时的用事者是为井叔。如果我们在前文关于井叔钟相当于舀鼎的推测不错，那么，井叔钟也是懿王时器，M157 的年代可能在懿王的后半期。免簋、免尊和趞觯有可能与舀鼎同时，也有可能与 M152 的井叔鼎和达盨盖同时，或在孝王时。至于 M170 所出的井叔方彝应晚于 M152，或相当于孝王的晚期。

关于井叔的封邑，由于张家坡井叔家族墓地的发现，可以推测也许就在当时的丰邑附近，井叔的别支丰井叔的得名或即由于继承了井叔在丰的食邑。奠井叔则是另外就封于免尊中王在奠那个地方的别支。奠的所在过去已有很多讨论，就无须多说了。

（原载《文物》1990 年第 7 期）

---

① 唐兰：《永盂铭文解释》，《文物》1972 年第 1 期。
② 陈梦家：《西周铜器断代》（六），《考古学报》1956 年第 4 期。

师酉鼎和师酉盘

保利艺术博物馆新收藏一件师酉鼎。此鼎微敛口，浅腹而倾垂，底近平，双附耳，三柱足，口下有一周窃曲纹，腹部有一周凸弦纹（图一）。鼎内壁有铭文，"隹王四祀九月初吉丁亥，王各于大室，使师俗召师酉……酉敢拜稽首，对扬皇天子不显休，用乍朕文考乙白宄姬宝隣鼎……"共10行92字（图二）。

图一　四年师酉鼎

此鼎铭可注意的有两点。一是王年、月序、月相、干支俱全，可为排比金文历谱和推断西周王年提供新的资料。二是可与传世的师酉簋比照，探讨它们和询簋、师询簋之间的关系。

李学勤先生和朱凤瀚先生先后对此鼎做了考释。他们都认为师酉鼎是西周中期器，并指出其纹饰已出现向窃曲纹转变的因素。他们都利用鼎铭的历日资料推定王年。李学勤先生认为鼎是孝王四年（公元前 888 年）器，当年九月辛巳朔，丁亥为初七日，合于初吉①。朱凤瀚先生则认为鼎

图二　四年师酉鼎铭文 X 光照片（依朱凤瀚）

铭虽合于孝王四年，也合于恭王四年（公元前 919 年），当年九月壬午朔，丁亥为初六日，也合于初吉。而考虑到其他的因素，他认为定为恭王四年器较为稳妥②。两人的推定相差二世三十一年。他们都探讨了师酉鼎和师

---

① 李学勤：《师酉鼎历日说》，内部资料。
② 朱凤瀚：《师酉鼎与师酉簋》，《中国历史文物》2004 年第 1 期。

酉簋、询簋的关系。按师酉簋和询簋在形制上明显不同，师酉簋为鳞纹三足簋，而询簋则是瓦纹圈足簋①。李学勤先生根据器形的不同，重申询簋早于师酉簋的意见，将询簋定为恭王十七年（公元前906年）器，师酉簋则是厉王元年（公元前877年）器②。朱凤瀚先生根据师酉簋和询簋铭文中的称谓关系，认为师酉和师询为父子关系，从而将师酉簋定为孝王元年（公元前891年）器，师询簋为夷王元年（公元前885年）器，询簋则为厉王十七年（公元前861年）器。两人的意见年代早晚正相颠倒。

此前，我在友人闻广教授处获见其先大人闻宥先生收藏的四年师酉盘拓本一纸，此铭未见著录，器形不明，也不知所在。今得闻广教授同意，将盘铭发表，谨致谢意。铭凡10行100字，内重文2字（图三），释文如下。

唯四年三月既生霸甲戌，
王在吴，各吴大室，公族鸣
鳌入右师酉，立中廷，王乎
馘册命：师酉，飤乃且啻官
邑人、虎臣，西门夷、鼍夷、秦
夷、京夷、夒新。易女赤市、
攸勒，敬夙夜勿废朕命。
师酉拜稽首，对扬天子不显
休令，乍朕文考宗姬宝般，酉
其万年子子孙孙永宝用。

此盘铭与师酉簋几乎完全相同，王均在吴，各太庙（室），右者、册命者均为同一人，册命的内容都是飤乃祖啻官邑人。簋是元年器，而盘是四年器，可知是隔年之后重又铸盘。

① 王世民、陈公柔、张长寿：《西周青铜器分期断代研究》，文物出版社1999年版。
② 李学勤：《西周青铜器研究的坚实基础——读〈西周青铜器分期断代研究〉》，《文物》2000年第5期。

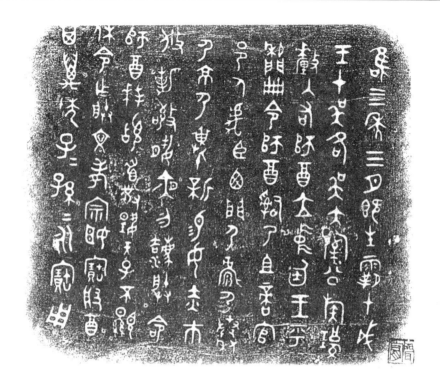

图三　四年师酉盘铭文拓本

　　师酉盘和师酉鼎都是四年器，而且都是王年、月序、月相、干支俱全，然而两者的历日不能相接，表明它们不是同一王世之器。

　　李学勤先生和朱凤瀚先生在排谱中所采用的都是"夏商周断代工程"推定的西周王年①，我们依次检验了恭王、懿王、孝王、夷王、厉王诸王的年谱，恭王四年（公元前919年）、孝王四年（公元前888年）自不待言，懿王四年（公元前896年）、夷王四年（公元前882年）也不能合，只有厉王四年（公元前874年）可以合历，是年建丑，三月壬戌朔，甲戌为月之十三日②，合于既生霸。如此，师酉盘宜是厉王四年器。

　　根据师酉盘检验的结果，再来考察师酉诸器的年代，如将师酉鼎推定

　　① 夏商周断代工程专家组：《夏商周断代工程1996—2000年阶段成果报告（简本）》，世界图书出版公司2000年版。
　　② 张培瑜：《中国先秦史历表》，齐鲁书社1987年版。

为恭王四年器，则鼎、盘相隔四个王世，共四十五年，间距太长了，不如将鼎定为孝王四年，则两器相隔二世十四年，较为合理。如此，师酉三器的王世和年代可以推定如下。

　　　四年师酉鼎 孝王四年（公元前888年）
　　　元年师酉簋 厉王元年（公元前877年）
　　　四年师酉盘 厉王四年（公元前874年）

　　其次是师酉簋和师询簋、询簋的关系和年代早晚的问题。师酉簋是传世品，尚有图像，而师询簋仅存器铭摹本，只是因为师酉簋铭文中的"文考乙白宄姬"和师询簋铭文中的"剌且乙白同益姬"，很多学者认为师酉和师询是父子关系。迨1959年在蓝田寺坡村发现询簋①，根据铭文中的"文且乙白同姬"，确认询即师询，加以师酉和询都被册命"啻官𩛥邑人、虎臣"，更增强了子袭父职的认识。所以，陈梦家先生在考释询簋时说："宋世出土师询簋，与此为一人所作，称其祖妣为'乙白、同益姬'，而此器作'乙白、同姬'。另有师酉簋称其父母为'乙白、宄姬'，容庚以为师酉、师询乃父子（《商周》上55页），是正确的②。"又在考释师酉簋时说："师酉之父为乙白，母为姬；据询簋及师询簋，师询之祖为乙白，祖母为姬，故知乙白、师酉、师询为祖孙三代，师酉与师询是父子。师酉与师询为父子，故其官职世袭。"所以他推定师酉簋为孝王元年器，询簋是夷王十七年器，师询簋为厉王元年器③。朱凤瀚先生的意见基本相同，而且从推定师酉鼎为恭王四年器出发，认为"师酉不大可能是师询之后辈"，"师询为师酉之子的可能性还是较大的"，所以他推定师酉簋为孝王元年器，师询簋为夷王元年器，询簋为厉王十七年器④。
　　然而，也正是由于询簋的发现，使我们得以从器物形态学的角度来审视询簋和师酉簋的关系。询簋属于环耳圈足簋，这种簋一般都有盖，器、

① 段绍嘉：《陕西蓝田县出土弭叔等彝器简介》，《文物》1960年第2期。
② 陈梦家：《西周铜器断代（上册）》195器，中华书局2004年版。
③ 陈梦家：《西周铜器断代（上册）》173器，中华书局2004年版。
④ 朱凤瀚：《师酉鼎与师酉簋》，《中国历史文物》2004年第1期。

盖全身都饰瓦纹，腹两侧有一对兽头耳，双耳衔环（图四）。同样的簋还有师虎簋、豆闭簋、乖伯簋、无㠱簋、即簋等①。其中师虎簋、豆闭簋铭文中的井伯也见于五祀卫鼎和永盂；乖伯簋铭文中的益公既见于询簋，也见于永盂。这些器大都被认为属于西周中期偏早的恭王、懿王时期②。

师酉簋则不同，它是在圈足下附加三个矮兽足的三足簋，器口、盖口和圈足饰窃曲纹或鳞纹，器腹和盖面饰瓦纹（图五）。类同的簋有谏簋、元年师旋簋、师㝦簋、颂簋、师寰簋、不㚟簋、散车父、梁其簋、元年师兑簋、三年师兑簋、此簋等③。这是三足簋中最常见的型式，是西周中、晚期最典型的器形。李学勤先生把上述的簋大都推定在厉王、宣王时期，他还肯定地说：师酉簋"怎样也早不过西周中期后段，是不能排到询簋前面的"，"师询簋也不可排在中期后段以下"，应当排在恭王元年④。现在，由于师酉盘铭的发现，师酉诸器应是西周中期后段至西周晚期器，询簋和师询簋确实是无法排在他们后面的。

问题还得从头说起。当初确认师酉和师询是父子，都是由器铭的称谓

图四　询簋

图五　师酉簋

---

①　王世民、陈公柔、张长寿：《西周青铜器分期断代研究》簋25—31，文物出版社1999年版。

②　李学勤：《西周青铜器研究的坚实基础——读〈西周青铜器分期断代研究〉》，《文物》2000年第5期。

③　王世民、陈公柔、张长寿：《西周青铜器分期断代研究》簋65—89，文物出版社1999年版。

④　李学勤：《西周青铜器研究的坚实基础——读〈西周青铜器分期断代研究〉》，《文物》2000年第5期。

引起的。师酉簋作〝文考乙白、宄姬〞。师酉鼎与之相同，而师酉盘则省作"文考宗姬"。师询簋作"剌且乙白、同益姬"，而询簋则作"文且乙白、同姬"。两者的祖考都称"乙白"，而各自的妇名并不相同。朱凤瀚先生对"宄"、"同"、"益"分别做了解释①，但终究无法证明"宄姬"就是"同姬"或"同益姬"，那么，与她们婚配的也不会是同一个"乙白"。

至于子袭父职说，师酉簋册命师酉"𤔲乃且啻官邑人、虎臣"，师酉盘的册命也如是说，表明师酉确是继袭其祖辈之职。而师询簋和询簋则不是。师询簋的王命称"不显文武，膺受天命……乃圣且考克左右先王乍厥爪牙……今余隹𤔲亹乃令，令女甶雝我邦小大猷……"，并赐夷臣三百人。询簋的王命称："不显文武受命，则乃且奠周邦。今余令女啻官邑人，先虎臣后庸……"。可知师询的祖辈（或即文祖乙白）父辈为周王之爪牙，奠周邦，元年师询簋只是称时王重申乃令，令师询"甶雝我邦小大猷"，至十七年询簋，始令询"啻官邑人，先虎臣后庸"。如是继袭世职，当如师酉簋称"𤔲乃且（考）啻官邑人、虎臣"，遑论袭师酉之职。

看来，师询和师酉两人年世有先后，各有各的家世，他们本不是一家人，只要把强行捏合的父子配解除，所有问题就迎刃而解了。

最后，附带说一下师察簋和师㝮簋。

师察簋与询簋同出于蓝田寺坡村，共出者几十余器，其中一组为弭叔器，有鬲、簋、盨等，师察即是弭叔。其余除询簋外，均无铭。询簋与师察组器同出，或是同一家族之物。

师察簋属于矮三足簋形式（图六），口下及盖缘饰一周窃曲纹，腹饰瓦纹。铭文七行 72 字。陈梦家先生根据铭文中"井叔内右师察"，认为右者井叔，见于免尊、免簋一组铜器，故可定为懿王（或孝王）时器"②。井叔铜器也见于陕西长安张家坡西周墓地，其年代大致相当③。

① 朱凤瀚：《师酉鼎与师酉簋》，《中国历史文物》2004 年第 1 期。

② 陈梦家：《西周铜器断代（上册）》（第 147 器），中华书局 2004 年版。

③ 张长寿：《论井叔铜器》，《文物》1990 年第 7 期。

图六　师察簋　　　　　　　　　　图七　师耤簋

　　师耤簋1963年出于蓝田辋川①，距寺坡村13公里。器形与师察簋相同而失盖（图七）。器铭自称弭伯，或即师察簋铭文中"用楚弭伯"之弭伯。弭伯器、弭叔器俱出蓝田，弭之封地，当即在此地"②。

　　现将以上论及诸器按早晚排序如下。

　　　　元年师询簋　恭王元年（公元前922年）
　　　　十七年询簋　恭王十七年（公元前906年）
　　　　弭伯师耤簋　懿王、孝王时期
　　　　弭叔师察簋　懿王、孝王时期
　　　　四年师酉鼎　孝王四年（公元前888年）
　　　　元年师酉簋　厉王元年（公元前877年）
　　　　四年师酉盘　厉王四年（公元前874年）

（原载《新世纪的中国考古学：王仲殊先生八十华诞纪念论文集》，
科学出版社2005年版）

　　①　陕西蓝田县文化馆：《记陕西蓝田县出土的西周铜器》，《陕西省城固、宝鸡、蓝田出土和收集的青铜器》，《文物》1966年第1期。
　　②　陈梦家：《西周铜器断代（上册）》（第147器），中华书局2004年版。

首阳斋藏◇刀鼎

　　胡盈莹、范季融先生收藏的中国古代青铜器自去年十月至今在上海博物馆和香港中文大学文物馆等地轮回首展，并出版《首阳吉金》图册，引起学术界极大的兴趣。展品共70件（组），始起二里头文化迄于秦汉，各个时期都有重要的代表性精品，如舌簋，牛卣，山父丁鼎、盨，芮伯簋，应侯簋，蔡侯鼎，秦公鼎、簋等，这充分显示胡、范两位的收藏理念，并为研究中国古代青铜文化提供了极为重要的比对资料。

　　展品中有一件鼎（《首阳吉金》第31号），器通耳高22.3厘米、口径20.5厘米。歛口方唇，双立耳，垂腹，三细柱足，口下饰一周垂冠回首斜体卷尾龙纹。腹内壁有铭文两字，第一字为菱形，第二字为刀形。

　　陈梦家先生在《西周铜器断代》中著录一件中父丁盘[1]，铭文三行30字（图一）：

　　　　弔皇父易中贝，中扬弔休，
　　　　用乍父丁宝障彝，孙子其
　　　　永宝弔休，万年不望。◇刀。

　　铭文末二字与上述展品铭文完全相同，陈梦家先生释为"◇刀"。中父丁盘曾为陈介祺收藏[2]，现不知下落。器铭引自《三代吉金文存》[3]，亦见《小校经阁金文拓本》[4]，各书铭文均为六行，行款何以致歧，原器不

---

[1]　陈梦家：《西周铜器断代》（第53器），中华书局2004年版。
[2]　邓实：《簠斋吉金录》盘五，1918年。
[3]　罗振玉：《三代吉金文存》（17·15·3），1937年。
[4]　刘体智：《小校经阁金文拓本》（9·76.2），1935年。

图一　中父丁盘铭文拓本
（《三代》17·15·3）

见，无以验证，或是陈先生误记。陈梦家先生认为"◇刀"乃是族名，并在文后列举具有相同铭记的传世诸器。

陈先生举出《三代吉金文存》著录的三件同铭的父丁簋①，铭文两行8字：

◇刀乍父丁
宝隣彝

第一器器铭见《殷周金文集成》10572（图二 a）②，"乍"字反书。此器流传不明，也不知所在。第二器器铭亦见《殷周金文集成》3649（图二 b），该书称，器为许延暄旧藏，现为瑞士苏黎世某私人收藏③。《尊古斋所见吉金图》有其图像④，侈口方唇，直腹，圈足，双兽首半环形耳，垂珥。口沿下及圈足各饰一周圆涡纹间四瓣目纹（图三 a）。第三器器铭亦见《殷周金文集成》3650（图二 c）。该书称，器为荣厚旧藏而不及现藏地⑤。《殷周金文集成（修订增补本）》增补"李荫轩旧藏，现藏上海博物馆"⑥。此器图像见于《冠斝楼吉金图》⑦，器形与上一器相同，而纹饰各异，口沿下及圈足各饰一周兽面纹（图三 b）。梅原末治颇疑器铭为"后代附加"，实无可疑。又按《殷周金文集成（修订增补本）》所说，查《李荫轩所藏中国青铜器》（李氏自印中英文对照本，1988年），

① 罗振玉：《三代吉金文存》（6·40·6—8），1937年。
② 此点承王世民先生指出。《集成》归入类别不明之器。
③ 中国社会科学院考古研究所：《殷周金文集成》（3649），中华书局1984—1994年版。
④ 黄濬：《尊古斋所见吉金图》（1·40），1936年。
⑤ 中国社会科学院考古研究所：《殷周金文集成》（3650），中华书局1984—1994年版。
⑥ 中国社会科学院考古研究所：《殷周金文集成（修订增补本）》（3650），中华书局2007年版。
⑦ 荣厚：《冠斝楼吉金图》（上21），1947年。

原书未见，据《殷周金文集成（修订增补本）》"器物著录专刊索引"，李氏藏器目录中未见此器①。李荫轩和邱辉先生确曾将他们收藏的青铜器捐赠给上海博物馆，而陈佩芬先生的《夏商周青铜器研究——上海博物馆藏品》中也无此器。可见此器既未经李荫轩收藏，也未入藏上海博物馆，《殷周金文集成（修订增补本）》所记失实。此器现不知所在。

　　陈梦家先生指出以上三件父丁簋与中父丁盘同族名、同考名，当是一人所作。不过，陈先生失记著录于《三代吉金文存》的另一件父丁簋②，该器铭一行 5 字：

　　乍父丁◇刀（图二 d）

　　器为避暑山庄旧藏，现藏台北故宫博物院③。器铭亦见《殷周金文集成》3429④，图像见于《武英殿彝器图录》⑤、《商周彝器通考》⑥。器高 12 厘米、口径 14.1 厘米。歙口，有子口，鼓腹，圈足外撇，双兽首半环形耳，垂珥。口下饰一周兽面纹。失盖（图四 a）。此器族名、考名与上述诸器相同，亦为一人所作。

　　在查对父丁簋的过程中，发现上海博物馆收藏有一件同族名的戉簋⑦，器腹内有铭文三行 17 字：

　　戉乍且庚隣
　　簋，子＝孙＝其万
　　年永宝用。◇刀。（图五）

　　器高 15.5 厘米、口径 24 厘米。侈口，垂腹，圈足外撇，双兽首半环

　　① 中国社会科学院考古研究所：《殷周金文集成（修订增补本）》"器物著录书刊索引"，中华书局 2007 年版。

　　② 罗振玉：《三代吉金文存》（6·27·4），1937 年。

　　③ 台北故宫博物院：《商周青铜粢盛器特展图录》（图版 43），1985 年版。

　　④ 中国社会科学院考古研究所：《殷周金文集成》（3429），中华书局 1984—1994 年版。

　　⑤ 容庚：《武英殿彝器图录》（73），1934 年。

　　⑥ 容庚：《商周彝器通考》（253），1941 年。

　　⑦ 陈佩芬：《夏商周青铜器研究》（311），上海古籍出版社 2004 年版。

形耳，垂珥。口沿下饰一周垂冠回首曲体卷尾龙纹（图四 b）。此器铭文亦见《殷周金文集成》3865，该书称，此前未见著录，现藏上海博物馆[1]。《殷周金文集成（修订增补本）》称，器为潘祖荫、李荫轩旧藏，是先经李氏收藏，后归上海博物馆。[2]

a

b

c

d

图二　父丁簋铭文拓本

a.《三代》6·40·6　b.《三代》6·40·7　c.《三代》6·40·8　d.《三代》6·27·4

① 中国社会科学院考古研究所：《殷周金文集成》（3865），中华书局 1984—1994 年版。

② 中国社会科学院考古研究所：《殷周金文集成（修订增补本）》（3865），中华书局 2007 年版。

图三　父丁簋

a. 父丁簋《尊古斋所见吉金图》1·40　　　　b. 父丁簋《冠斝楼吉全图》上 21

图四　父丁簋和彧簋

a. 父丁簋《商周彝器通考》253　　　　b. 彧簋《夏商周青铜器研究》311

　　1975 年陕西扶风庄白村发现一批青铜器，有彧方鼎、彧簋，同出的还有彧鼎、彧甗、白彧饮壶、白雍父盘等器①。而传世有录簋、录彧卣、录白彧簋等器②，器铭均与伐淮夷、白雍父有关，应是同一家族之器。根据器铭中的祖考称谓，其世次为：

　　辛公—乙公—甲公录、录彧（录簋"文且辛公"、录彧卣"文考乙

① 罗西章、吴镇烽、雒忠如：《陕西扶风出土西周伯彧诸器》，《文物》1976 年第 6 期。
② 中国社会科学院考古研究所：《殷周金义集成》（4122、3863、5420、4302），中华书局 1984—1994 年版。

公")—戜（戜方鼎甲"文且乙公、文姏日戊"、戜方鼎乙"文考甲公、文母日庚"）。

图五　戜簋铭文拓本（《夏商周青铜器研定》311）

　　至于◇刀戜簋与其他戜器则有两点不同。第一，前者有族徽铭记，而他器均无。第二，前者的祖辈称谓与他器不合。所以，◇刀戜簋应是◇刀族器群，而不宜归入录戜家族器群。

　　关于◇刀诸器的年代，容庚先生认为台北故宫收藏的父丁簋乃是商器[1]。陈梦家先生则将中父丁盘及诸父丁簋都定为西周成王时器[2]。按器形

_____

① 容庚：《商周彝器通考》（253）1941 年。
② 陈梦家：《西周铜器断代》（第 53 器），中华书局 2004 年版。

和纹饰判断，陈说较妥。◇刀𣪘簋的纹饰为顾龙纹，陈佩芬先生认为是西周穆王时器①，可以信从。如此，"◇刀"族徽铭记当流行于西周早期至西周中期之初。

己丑立春

（原载《中国古代青铜器国际研讨会论文集》，2010 年）

①　陈佩芬：《夏商周青铜器研究》（311），上海古籍出版社 2004 年版。

论梁带村芮国墓地

陕西省考古研究院等单位于 2005 年 4 月至 2007 年底在韩城梁带村先后发掘了 5 座两周之际的大型墓葬，并分别发表了简报和报告。资料显示，根据墓葬形制和随葬器物的规格，这些大型墓葬应分属不同的级别。

一 芮国墓地各大型墓的特点

1. 等级最高的是 M27[①]。该墓为双墓道。棺外有荒帷，周围有铜鱼、玛瑙珠等组成的串饰，棺顶上置 8 件铜翣。随葬青铜礼器有 7 鼎 6 簋等 24 件，其中尊、卣、觚、角为早期器形，簋有"芮公作为旅簋"铭文。乐器有甬钟 8 件和编磬等。金器有剑鞘、带饰等。玉器有七璜联珠佩饰等。此外，还有铁刃铜戈和铁刃铜削各一。

2. 其次是 M28[②]。单墓道。棺外有荒帷，周围有铜鱼、玛瑙珠等串饰，棺顶上放 4 件铜翣。随葬青铜礼器有 5 鼎 4 簋等 18 件，均不见铭文。乐器有甬钟 8 件，编磬 10 件。墓中出较多的铜铠甲片，不见玉佩饰一类玉器。

3. 其三为 M26[③]。单墓道。棺外有荒帷，周围有铜鱼、玛瑙珠等串饰，棺顶放 4 件铜翣。随葬青铜礼器有 5 鼎 4 簋等 20 多件，其中方鼎等 6 件为弄器。鼎、簋、甗、方壶有铭文，"中姜作为桓公尊鼎"，鬲的铭文有

---

① 陕西省考古研究院、渭南市文物保护考古研究所、韩城市文物旅游局：《陕西韩城梁带村遗址 M27 发掘简报》，《考古与文物》2007 年第 6 期。

② 陕西省考古研究院、渭南市文物保护考古研究所、韩城市景区管理委员会：《梁带村芮国墓地——二〇〇七年度发掘报告》，文物出版社 2010 年版。

③ 陕西省考古研究院、渭南市文物保护考古研究所、韩城市文物旅游局：《陕西韩城梁带村遗址 M26 发掘简报》，《文物》2008 年第 1 期。

三种，其中3件作"芮太子白作为万宝鬲子子孙孙永保用享"，1件作"芮太子白作为𣪘父宝鬲子子孙孙永保用享"，另1件作"芮太子作铸鬲子子孙孙永宝用享"①。未见乐器。玉器有七璜联珠佩饰及玉佩等。

4. 其四为M19②。单墓道。棺外有荒帷，周围有铜鱼、玛瑙珠等串饰，棺顶上有4件铜翣。随葬铜礼器有3鼎4簋等18件，鬲有铭文两种，其中3件作"芮太子作铸鬲子子孙孙永宝用享"，另1件作"芮公作铸鬲子子孙孙永宝用享"③。未见乐器。玉器有玉牌联珠项饰等。

5. 其五为M502④。单墓道。二层台及墓道近端散置拆卸的轮舆。棺外有荒帷，周围有铜鱼、石贝、蚌饰等组成的串饰，棺顶上放4件铜翣。随葬青铜礼器有3鼎2簋等11件，鼎不成列，其他均为明器，一鼎有铭，"毕白克肇作朕丕显皇祖受命毕公𩰩彝用追享于子孙永宝用"。未见乐器。玉器有项饰一串等。陶器多为泥器，仅得鬲、罐各一。木俑4件，分别置于墓室四角的二层台上。

二　大墓的坑位和布局

在梁带村遗址共探出大型墓葬7座⑤，现已发掘的5座，M502位于Ⅰ北区，其他4座均在Ⅰ南区，两区相距约200米。

南区4墓，M27居中靠北，M28在其东南，相隔39米，M26与M19东西并列，在M27的西南，相隔仅3米（图一）。M27、M26和M19都随葬芮国铜器，只有M28的随葬铜器不见铭文。但从墓穴比邻、墓葬习俗和随葬器物组合相近，可以推断它们都属同一芮国墓地。四墓之中M27规格

---

① 陕西省考古研究院、上海博物馆：《金玉华年——陕西韩城出土周代芮国文物珍品》，上海书画出版社2012年版。

② 陕西省考古研究院、渭南市文物保护考古研究所、韩城市文物旅游局：《陕西韩城梁带村遗址M19发掘简报》，《考古与文物》2007年第2期。

③ 陕西省考古研究院、上海博物馆：《金玉华年——陕西韩城出土周代芮国文物珍品》，上海书画出版社2012年版。

④ 陕西省考古研究院、渭南市文物保护考古研究所、韩城市景区管理委员会：《梁带村芮国墓地——二〇〇七年度发掘报告》，文物出版社2010年版。

⑤ 陕西省考古研究院、渭南市文物保护考古研究所、韩城市文物旅游局：《陕西韩城梁带村遗址M26发掘简报》，《文物》2008年第1期。

最高，应是墓地中辈分最长者，根据随葬铜器铭文，可以确认墓主人是一代芮公。M28 礼降一等，但仍随葬编钟、编磬，保持国君身份。发掘报告认为 M27 和 M28 很可能是前后相继的两代芮公①，其说可信。M26 和 M19 的随葬品中没有发现兵器，或以此可证两墓的墓主人均为女性，并推测 M27 和 M26 为芮公与夫人的异穴合葬墓②，而 M19 则为芮公的次夫人③。

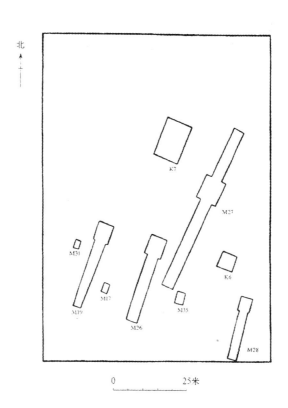

图一　芮国墓地Ⅰ南区大型墓葬分布图

（采自《梁带村芮国墓地》图四）

---

① 陕西省考古研究院、渭南市文物保护考古研究所、韩城市景区管理委员会：《梁带村芮国墓地——二〇〇七年度发掘报告》第 217 页，文物出版社 2010 年版。

② 陕西省考古研究院、渭南市文物保护考古研究所、韩城市文物旅游局：《陕西韩城梁带村遗址 M26 发掘简报》，《文物》2008 年第 1 期。

③ 陕西省考古研究院、渭南市文物保护考古研究所、韩城市景区管理委员会：《梁带村芮国墓地——二〇〇七年度发掘报告》第 216 页，文物出版社 2010 年版。

　　两周之际，公室墓地，自有常制。以晋侯墓地（图二）为例，凡晋侯
与夫人异穴合葬者，必双穴并列；有两位夫人者，则三穴并列，无一例
外①，未见有错穴合葬者。值得注意的是，M26和M19两墓都随葬有芮太
子铜器，前者出"芮太子白鬲"，后者出"芮太子鬲"。传世有同铭鼎，
容庚比较了两鼎，认为形制相同，故知芮太子名白②。鬲应相同。可见芮
太子乃是M26和M19两墓的主体。太子位比国君，随葬5鼎4簋，而略去
钟、磬，夫人中姜作器，谥称趩公，夫妻并穴合葬。据此，可以推测M26
和M19乃是芮太子和太子妃中姜的异穴合葬墓。

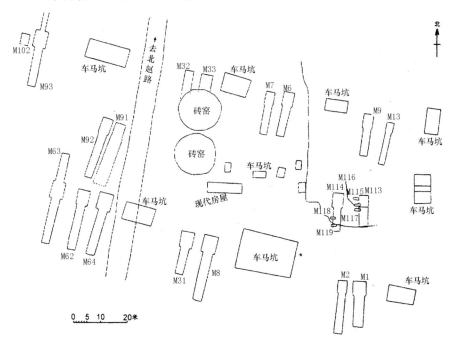

图二　晋侯墓地墓葬分布图
（采自《文物》2001年第8期《第六次发掘》图一）

　　①　北京大学考古文博院、山西省考古研究所：《天马——曲村遗址北赵晋侯墓地第六次发掘》，
《文物》2001年第8期。
　　②　容庚：《商周彝器通考》第299页，哈佛燕京学社1941年。

M502 独处北区西部，其与南区诸墓在葬俗上有较多的差异。随葬青铜器中除 1 件"毕伯鼎"外，其他均为明器；椁顶上随葬拆卸的轮舆；随葬有鬲、罐等未烧成的泥坯陶器；在二层台四角随葬木俑，凡此均不见南区各墓。发掘报告推测，M502 有可能也是一代芮君之墓，或以随葬品少，身份偏低，可能属大夫级别①。

其实，墓中所出的"毕伯鼎"已明确表明了墓主人的身世，该鼎为毕伯克为其皇祖受命毕公所作之祭器。所谓受命毕公乃是特定的称谓，专指辅佐文武的毕公高②。其后绝封，世系不传。其苗裔曰毕万，事晋献公，献公十六年（前 661 年）灭魏，以封毕万，为大夫，是为魏之始③。

现在，没有证据能够说明毕伯和芮国有什么关系，相反，由于 M502 远离南区诸墓，表明 M502 和芮国墓地完全没有关系。

三　芮史钩沉

芮国，姬姓，畿内诸侯国。《汉书·地理志》称："芮在冯翊临晋县"④，《史记·秦本纪》"德公元年，梁伯、芮伯来朝"《正义》引《括地志》云："南芮乡故城在同州朝邑南三十里，又有北芮城，皆古芮伯国"⑤，可知芮国在河西，且故城不止一处。芮、梁为邻国，梁，嬴姓，其地在冯翊夏阳。今芮国墓地在韩城梁带村，梁国遗址应更在其北。

最早提到芮国史实的是《诗经》中的"虞芮质厥成"⑥，《史记·周本纪》"虞芮之人有狱不能决"《正义》引《括地志》云："故虞城在陕州河北县东北五十里虞山之上，古虞国也。故芮城在芮城县二十里，故芮国也。虞、芮之君相与争田，久而不平，乃相谓曰：西伯仁人，盍往质焉，乃相与朝周。……乃相让所争地以为间原"。《括地志》称：间原在河东，

① 陕西省考古研究院、渭南市文物保护考古研究所、韩城市景区管理委员会：《梁带村芮国墓地——二〇〇七年度发掘报告》，文物出版社 2010 年版，第 217 页。
② 《史记·魏世家》，中华书局 2011 年版。
③ 《史记·魏世家》，中华书局 2011 年版。
④ 《汉书·地理志（上）》，中华书局 2011 年版。
⑤ 《史记·秦本纪》，中华书局 2011 年版。
⑥ 《毛诗注疏》，《十三经注疏》，中华书局 2009 年版。

与虞、芮接壤，而临晋在河西。以为注引《汉书，地理志》芮在临晋者，恐疏①。盖河东之芮非河西之芮。

《汉书·古今人表》称之为芮侯，以有别于芮伯。

事在文王受命之年。

武王克商，《书序》曰，"巢伯来朝，芮伯作旅巢命"。《孔传》曰，巢伯"殷之诸侯，南方远国，武王克商，慕义来朝。芮伯，周同姓，畿内之国，为卿大夫，陈威德以命巢"。《孔疏》，"仲虺之诰云，成汤放桀于南巢，或此巢是也"。"巢伯以武王克商，慕义来朝，王之卿大夫有芮伯者，陈王威德以命巢君。史叙其事，作旅巢命之篇"②。其文已亡。

《史记·周本纪》，"成王将崩，惧太子钊之不任，乃命召公、毕公率诸侯以相太子而立之。成王既崩，二公率诸侯，以太子钊见于先王庙，申告以文王、武王之所以为王业之不易，务在节俭，毋多欲，以笃信临之，作《顾命》。太子钊遂立，是为康王。康王即位，徧告诸侯，宣告以文武之业以申之，作《康诰》"③。《书·顾命》，"惟四月哉生魄，王不怿。甲子……（王）乃同召太保奭、芮伯、彤伯、毕公、卫侯、毛公、师氏、虎臣、百尹御事……越翼日乙丑，王崩"。《书·康王之诰》，"（康）王出在应门之内。太保率西方诸侯入应门左，毕公率东方诸侯入应门右……太保暨芮伯咸进……"④。

成康之际，芮伯为西方诸侯国，顾命六卿之一，班列召公之后，乃辅弼康王，致天下安宁，刑错四十余年不用。

《诗·桑柔》叙曰，"芮伯刺厉王也"⑤。《史记·周本纪》，"厉王即位三十年，好利，近荣夷公。大夫芮良夫谏厉王曰：王室其将卑乎，夫荣公好专利而不知大难。……荣公若用，周必败也。厉王不听，卒以荣公为卿士，用事"⑥。后七年，国人相与为畔，厉王奔彘。芮良夫者，《正义》

---

① 《史记·周本纪》，中华书局 2011 年版。

② 《尚书注疏》，《十三经注疏》，中华书局 2009 年版。

③ 《史记·周本纪》，中华书局 2011 年版。

④ 《尚书注疏》，《十三经注疏》，中华书局 2009 年版。

⑤ 《毛诗注疏》，《十三经注疏》，中华书局 2009 年版。

⑥ 《史记·周本纪》，中华书局 2011 年版。

曰，"芮伯也"。

今清华大学藏战国竹简中有《芮良夫毖》简册①。

进入春秋时期，芮国夹在秦晋两大国之间，多方受制。先是，《左传·桓三》（前709年）"芮伯万之母芮姜恶芮伯之多宠人也，故逐之出居于魏"。次年，《左传·桓四》（前708年）"秋，秦师侵芮，败焉，小之也"，"冬，王师、秦师围魏，执芮伯以归"。越六年，《左传·桓十》（前702年）"秋，秦人纳芮伯万于芮"②。秦人纳芮伯万于芮，乃是干涉他国政局的强力行径，此类事件春秋晚期屡见不鲜。就在此前一年，《左传·桓九》（前703年）"秋，虢仲、芮伯、梁伯、荀侯、贾伯伐曲沃"③。

此后，《史记·秦本纪》曰：德公元年（前677年）、成公元年（前663年），芮伯两次朝秦。至秦穆公二十年（前640年），芮国终为所灭④。

四　传世芮国铜器

根据《殷周金文集成》⑤收录，传世的芮国铜器共7类35器，列表如下。

表一　　　　　　　　　　传世的芮国铜器列表

序号	器名	铭文著录	图像著录	器形
1—3	芮公钟附钩（图三：1）	《集成》31、32、33	《通考》⑥952、976	《分期》⑦钟Ⅳ型1式
4、5	芮公鬲（图三：4）	《集成》711、712	《上博》⑧372	《分期》鬲Ⅲ型2式
6	芮公鬲	《集成》743		
7	芮叔鼎	《集成》1924		

①　李学勤：《新整理清华简六种概述》，《文物》2012年第8期。
②　《左传注疏》，《十三经注疏》，中华书局2009年版。
③　《左传注疏》，《十三经注疏》，中华书局2009年版。
④　《史记·秦本纪》，中华书局2011年版。
⑤　社会科学院考古研究所：《殷周金文集成》，中华书局1984—1994年版。
⑥　容庚：《商周彝器通考》哈佛燕京学社1941年。
⑦　王世民、陈公柔、张长寿：《西周青铜器分期断代研究》，文物出版社1999年版。
⑧　陈佩芬：《夏商周青铜器研究》，上海古籍出版社2004年版。

序号	器名	铭文著录	图像著录	器形
8—10	芮公鼎（图三：2）	《集成》2387、2388、2389	《通考》74	《分期》鼎Ⅳ型4式
11	芮公鼎	《集成》2475	《青全》① 6、121	《分期》鼎Ⅳ型5式
12、13	芮太子鼎	《集成》2448、2449	《通考》75	《分期》鼎Ⅳ型5式
14	芮太子白鼎	《集成》2496	《西清》② 2.24	《分期》鼎Ⅳ型5式
15	芮子仲殿鼎	《集成》2517	《上博》439	《分期》鼎Ⅳ型5式
16—18	芮公簋（图三：3）	《集成》3707、3708、3709	《通考》330	《分期》簋Ⅳ型2式
19—21	芮叔窥父簋	《集成》4065，2，4066，2，4067，2	《陕青》③ 4，124、125、126	《分期》簋Ⅳ型2式
22	芮伯多父簋	《集成》4109		
23	芮公簋（图三：5）	《集成》4531	《考古图》④ 3，41	
24、25	芮太子白簋	《集成》4537、4538	《故青》⑤ 199	
26	芮伯壶	《集成》9585	《通考》726	《分期》壶Ⅱ型2式
27—29	芮公壶（图三：6）	《集成》9596、9597、9598	《通考》727	《分期》壶Ⅲ型3式
30	芮姬壶	《集成》9630		
31、32	芮太子白壶	《集成》9644、9645	《通考》728	《分期》壶Ⅲ型2式
33	芮大成戈	《集成》11203		
34、35	芮公叔簋	《文物》86/8⑥	《文物》86/8	《分期》簋Ⅱ型2式

由上述材料，可知，第一，芮公簋有明确的出土年代和出土地点。据《考古图》所记，该器得于冯翊，北宋真宗咸平年间（998—1003年）同州民汤善德获于河滨以献。内府收藏。其地与《汉书·地理志》所记芮国

① 中国青铜器全集编辑委员会：《中国青铜器全集》1—16册，文物出版社1993—1998年版。

② 《西清古鉴》。

③ 陕西省考古研究所等：《陕西出土商周青铜器》（一）—（四），文物出版社1979—1984年版。

④ 《考古图》。

⑤ 故宫博物院：《故宫青铜器》，紫禁城出版社1999年版。

⑥ 王锡平、唐禄庭：《山东黄县庄头西周墓清理简报》，《文物》1986年第8期。

1. 芮公钟（《通考》图 952）

4. 芮公鬲（《上博》图 372）

2. 芮公鼎（《通考》图 74）

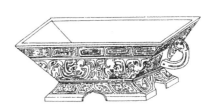

5. 芮公簠（《考古图》3.41）

3. 芮公簋（《通考》图 330）

6. 芮公壶（《通考》图 727）

图三　传世芮国铜器

地望相合，可以推定为芮国墓地所出。第二，芮国墓地 M27 出土 6 件芮公簋，为芮公自作器，也是该墓所出唯一的带铭铜器。传世芮国铜器中有 3 件芮公簋，铭虽有异，也是芮公自作之器。两者器形相同，都是三足型，圈足下附三兽足，双耳无珥，有盖，饰窃曲纹带和瓦纹，铭文均在器盖的捉手内。虽不能确认是同一代芮公之器，无疑是年代相近的。芮国墓地 M19 出土 1 件芮公鬲，是芮公自作之器。传世芮国铜器有 3 件芮公鬲，均为芮公为叔姬所作之媵器。两者形制相同，均为无耳、宽平口沿、平档鬲，铭文都在口沿上，可知年代相当。第三，传世芮国铜器中，以芮公器为最多，除上述簋、鬲外，还有钟、鼎、簋、壶，这些器类均见于芮国墓地诸墓的随葬铜器中，器形大都相同，其年代也应相近。就器形和组合论，芮公器应是西周晚期器。第四，芮国墓地 M26 出土 4 件芮太子白鬲，1 件芮太子鬲，M19 出土 3 件芮太子鬲，而后者与芮公鬲共出，而各鬲的器形相同，都是无耳、宽平口沿，平档，有月牙形扉棱，器表饰曲波纹。传世芮国铜器有芮太子鼎、芮太子白鼎、芮太子白簋、芮太子白壶，它们与芮太子鬲、芮太子白鬲应是同一人所作之器。第五，传世芮国铜器未见长铭，多为某作器，或作某某媵器，不能提供更多的信息。其中芮叔窭父簋出于陕西武功窖藏内①，三器均缺盖，而以"散叔散姬作伯媿媵簋"之盖易替，或芮叔窭父所娶为散叔散姬之女伯媿者。芮公叔簋出于山东黄县庄头墓中，两器，方座有盖，通体饰大鸟纹，近似孟簋②，首阳斋藏的芮伯簋，器形与纹饰与芮内公叔簋相同，它们的年代或当西周中期。

（原载《两周封国论衡》，上海古籍出版社 2014 年版）

---

① 卢连成、罗英杰：《陕西武功县出土楚簋诸器》，《考古》1981 第 2 期。
② 中国科学院考古研究所：《长安张家坡西周铜器群》，文物出版社 1965 年版。

金文历谱和西周王年

　　在西周铜器铭文中有很多记载年、月、日等历日资料，尤其是王年、月序、月相、干支齐全者，对于研讨西周历法、拟定金文历谱、推定西周列王的在位年数，具有重要的意义。1996 年，"夏商周断代工程"为此设立专题加以研讨。然而，要做好这项工作，就必须以西周铜器断代为基础，以西周历法为依据。早先也曾有人试图利用个别铜器铭文中的历日资料来排比历谱，推定王年，其结果不是由于铜器断代不当，就是依据古历不妥而终告失败。

　　对于西周青铜器断代的综合研究，实始于郭沫若在 20 世纪 30 年代出版的《两周金文辞大系考释》，他将传世的西周铜器按王世进行系统地整理研究，为西周铜器断代研究奠定了科学的基础。新中国成立以后，陈梦家发表《西周铜器断代》（一）—（六），他不但根据铭文中有关的事类、相关的人物等内容，分器组进行广泛的联系，而且从器物的形态和组合、花纹的变化等方面进行比较，从而把西周青铜器的断代研究提高了一大步。可惜全书未及完成而中止了。20 世纪 70 年代之后，西周青铜器有了更多的发现，周原、丰镐等地青铜器窖藏的频频发现，琉璃河燕国墓地、曲村晋侯墓地的发掘，为西周青铜器增添了很多重要的资料。唐兰尽其毕生研究的心得及其获见的新资料，写出《西周青铜器铭文分代史征》，为西周铜器断代作出了新的贡献。李学勤主编的《中国美术全集·工艺美术编·青铜器》上下卷，马承源主编的《中国青铜器全集》十六卷等书，也在西周铜器断代研究上有新的建树。20 世纪 90 年代中期，"夏商周断代工程"将西周青铜器的分期研究列为一个专题，王世民等在诸家研究的基础上，编写了《西周青铜器分期断代研究》，从考古类型学的角度，探讨各类器形及其主要纹饰的演变规律，将西周铜器区分为早、中、晚三期，特别是对王年、月序、月相、干支俱全的铜器提出分期断代意见，从而为金文历谱的排谱工作提供了一个比较可靠的年代基础。

西周实施什么样的历法，文献无征，现已不得而知。但是，可以一方面从西周金文本身的历日资料来获知当时历法的某些内容，另一方面从春秋经传中获知的鲁历来逆推西周历法的轮廓。从这两方面得知的西周历法的基本框架为：第一，西周实行阴阳合历，月有大小，经若干月加一连大月；第二，以朔或朏为月首，朏指新月初见；第三，以冬至所在月为岁首，即建子，但存在建丑的摆动；第四，年终置闰，称十三月，但失闰时有发生；第五，改元多为逾年改元，即新王即位次年称元年，但也有当年改元者[1]。

然而，西周时期，至少是早期和中期，尚处在观象授时阶段，这由金文中的纪时词语即月相词就可以证明。月相是历法的重要部分，纪日是和月相紧密联系的，要靠观测月相来确定日序。正确认识月相的纪日方法是研究年代的前提[2]。但恰恰在这个问题上，学者之间的意见最为分歧。

所谓纪时词语或月相词主要是指西周金文中的"初吉"、"既生霸"、"既望"、"既死霸"四个词汇，此外，文献中还有"朏"、"旁死霸"、"既旁生霸"等。对于这些纪时词语如何解释，各家意见不一，或以为一月四分，或以为定点，也有以为"初吉"不是月相，其他三个则是二分一段。

王国维首倡一月四分之说。他说："余揽古器物铭而得古之所以名日者凡四，曰初吉，曰既生霸，曰既望，曰既死霸。因悟古者盖分一月之日为四分，一曰初吉，谓自一日至七、八日也。二曰既生霸，谓自八、九日以降至十四、五日也。三曰既望，谓十五、六日至二十二、三日。四曰既死霸，谓自二十三日以后至于晦也"[3]。

---

① 夏商周断代工程专家组：《夏商周断代工程1996—2000年阶段成果报告》（简本），世界图书出版公司2000年版。

② 张培瑜：《西周年代历法与金文月相纪日》，《中原文物》1997年第1期。

③ 王国维：《生霸死霸考》，《观堂集林》卷一。

王说一出有赞成者，也有反对者，而将王说发挥得淋漓尽致的则是马承源。他在《西周金文和周历的研究》一文中详细地解释了月相诸说的异同，检验了董作宾的月相定点说和董氏拟合的《中国年历总谱》，认为定点月相说实际上是不存在的。他对周历归纳出若干认识，并用月相词语相对幅度推算方法论证一月四分说是可行的。他用同一王世的铜器组合历的方法，如颂鼎、兮甲盘、虢季子白盘组，郑季盨、趞鼎组，师毁簋、谏簋组，逆钟、师晨鼎、十三年痹壶组，师虎簋、吴方彝盖组，卫鼎、趞曹鼎组等，以及穆王以前的铜器，由下而上各组衔接，由此推断西周列王在位的年数，其成果完全集现在他所主编的《商周青铜器铭文选》中。他也指出有一些不合历的铜器，如元年师兑簋和三年师兑簋，四年痹盨和十三年痹壶之两不相合，必有一误。至于高王年的铜器，如廿六年番匊生壶、卅三年伯宽父盨、卅七年山鼎，与宣王、厉王历谱均不能合，他认为："古今历法，合乎今必不能通古，密于古必不能验今"，"那种以为纪年铭青铜器每一件都能合于西周历谱的想法，是不符合实际的。"①

晋侯稣编钟发现之后，马承源又撰写专文讨论。他首先提出钟铭的历日资料与宣王历谱不合，铭文所记当是厉王三十三年（公元前 846 年）之事，而铭文中"二月既望癸卯"、"二月既死霸壬寅"日序颠倒，应是"二月既望壬寅"、"二月既死霸癸卯"之误刻，壬寅为二十二日，癸卯为二十三日，正合一月四分之说，可证此说必无可疑②。

月相定点说者根据文献所载，如《武成》之"二月既死霸，粤五日甲子"、"唯四月既旁生霸，粤六日庚戌"，《召诰》之"唯二月既望，粤六日乙未"、"唯三月丙午朏"等，认为月相词语必指固定的某一天，否则无从计日，因此，一月四分说不足为据。然而，各月相词语究竟固定在哪一天，定点说者也各不相同。

董作宾认为："初吉"为一日，"旁生魄"、"哉生魄"即"朏"为二日、三日，"既生霸"即"望"为十五日，"既望"为十六日、十七日，

---

① 马承源：《西周金文和周历的研究》，《上海博物馆集刊》第 2 期，上海古籍出版社 1983 年版。

② 马承源：《晋侯稣编钟》，《上海博物馆集刊》第 7 期，上海书画出版社 1996 年版。

"既死霸"和"初吉"相重,亦为一日①。

　　陈梦家认为:"初吉"即"朏",为月之三日,"既生霸"为十二、十三日,"既望"为十五、十六日,"既死霸"为月之一日②。

　　刘启益的定点说最晚出,他认为:"初吉"即"朏",为月之二日或三日,"既生霸"为朏后一日,为三日或四日,"既望"为望后一日,为十六、十七或十八日,"既死霸"即晦,为二十九或三十日③。他以其对月相词语的理解,利用西周铜器铭文中的历日资料,对西周历谱和王年进行排比和推定。他认为同一王世的两件纪年铜器,其朔日干支是衔接的,反之,则不衔接。他举证十二年永盂和十五年趞曹鼎历日相接,当属同一王世,而永盂、太师虘簋和大簋三者均为十二年器,且历日不相连接,必分属三个王世。根据这样确定的各个王世的纪年铜器,以前后相邻的二个王的铜器历日资料排比,即可获知前一王的在位年数,进而推定西周列王的在位年数和西周纪年的总年数④。

　　在诸月相词语中,争论最多的是"初吉",四分说与定点说虽然认识不同,但都肯定"初吉"是月相,而二分说则认为"初吉"并非月相。

　　黄盛璋首倡"初干吉日"说。他说"初吉"旧皆以为即朔日,王引之提出初吉在上旬,称"上旬凡十日,其善者皆谓之吉日",揆其意,初者即是初干,吉谓吉日,"初干吉日"谓上旬十日,包括朔日,均得称之为初吉⑤。他举出古代社会以干日三分一月,而吴王光鉴铭文有"吉日初庚"以证成其说,而论者或以"增字释经"目之。

　　刘雨则根据静簋铭文"隹六月初吉,王在荦京,丁卯,王令静嗣射学宫……雩八月初吉庚寅……",同铭两初吉之例,指出六月丁卯、八月庚寅两不相应,日序相差二十四日,可知"初吉"不是朔,也不是朏,更不是初干吉日。他认为:"初吉"者,大吉也,它不是月相,可以是月内的

---

　　① 董作宾:《四分一月说辨正》,《中国文化研究所集刊》2/1—4,1941年。
　　② 陈梦家:《西周铜器断代》(二),《考古学报》第十册,1955年。
　　③ 刘启益:《西周金文中月相词语的解释》,《历史教学》1979年第6期。
　　④ 刘启益:《西周纪年铜器与武王至厉王的在位年数》,《文史》第十三辑,中华书局1982年版。
　　⑤ 黄盛璋:《释初吉》,《历史研究》1958年第4期。

任何一天①。

　　"初吉"既然不是月相，则"既生霸"、"既望"、"既死霸"又何所指。黄盛璋提出二分一段说。他认为西周历法以"既望"分前后两半月，前半月为"既生霸"，后半月为"既死霸"，"既望"为十六、七日，三者皆为月相而非定点。"初吉"为初一到初十日，非月相，也非定点②。他指出，一月二分说，即以"既生霸"为前半月，"既死霸"为后半月，是刘朝阳在《周初历法考》中最早提出的，而日本的薮内清更提出二分二点说，即以"初吉"和"既望"为两个定点，表示新月初见与满月，"既生霸"、"既死霸"分别表示前后两个半月。他之不同于前二者之处在于认定"既望"非定点而表时段，为月之十六、七日，"初吉"非月相，也非定点，表月之上旬十日。他列举九组有关联的铜器铭文中的月相词语，就其历日资料加以排比，得到下列结果："初吉"为初一至初十日；"既生霸"上限在月初，可与"初吉"重合，下限可在十四、五日；"既死霸"在十八日或其后，下限可至月底；"既望"可以紧接"既生霸"，少则二日，为十六、七日，多则三日，至十八日。

　　但是，黄盛璋没有用他的二分一段、初干吉日说来具体排比历谱、推算王年，这项工作却是由陈久金来完成的。1996 年，"夏商周断代工程"设"西周历法和金文历谱"专题，由陈久金负责，在月相词语问题上，陈取二分一段、初干吉日说，在拟定金文历谱的方法上采用确立若干支点，以此作为构筑年代的框架，再以铜器历日资料充实历谱，推定王年③。这些支点包括以下几个方面。

　　1. 共和元年（公元前 841 年），这是金文历谱的基点，此后的宣王、幽王，他们的纪年明确无误。但是，宣王、幽王铜器其历日资料是否合历，也需核实，同时也可检验其法是否可行。如吴虎鼎铭曰，"隹十又八

---

　　①　刘雨：《金文"初吉"辩析》，《文物》1982 年第 11 期。
　　②　黄盛璋：《从铜器铭刻试论西周历法若干问题》，见《亚洲文明论丛》，四川人民出版社 1986 年版。
　　③　夏商周断代工程专家组：《夏商周断代工程 1996—2000 年阶段成果报告》（简本），世界图书出版公司 2000 年版。

年十又三月既生霸丙戌，王在周康宫夷宫，道人右吴虎，王命善夫丰生、司工雍毅，申刺王命……"，是宣王标准器①。宣王十八年为公元前810年，查《中国先秦史历表》②（以下简称《表》），是年十三月无丙戌，次年正月丁丑朔，丙戌为初十，合于既生霸，是年建丑。又传世的兮甲盘，学者公认是宣王时器，其铭曰，"佳五年三月既死霸庚寅，王初各伐狁狁……"。宣王五年为公元前823年，查《表》，是年三月丁卯朔，庚寅为二十四日，合于既死霸。

2. 晋侯鮇编钟与厉王历谱。晋侯鮇编钟为三十三年高王年器，铭文有四组连续的历日资料，而且包含了"初吉"、"既生霸"、"既望"、"既死霸"四个月相词语，对于金文历谱非常重要。铭文的历日资料如下：

佳王卅又三年正月既生霸戊午
二月既望癸卯
二月既死霸壬寅
六月初吉戊寅

西周晚期，周王在位年数超过三十三年的，只有厉王和宣王。马承源认为钟铭与宣王历谱不合，所记必是厉王三十三年事，而厉王在位年数应是三十七年。由共和元年往上推算厉王元年为公元前878年，厉王三十三年为公元前846年。查《表》，是年正月辛亥朔，戊午为初八日；二月辛巳朔，壬寅为二十二日，癸卯为二十三日；六月己卯朔，戊寅为朔前一日。马承源认为壬寅、癸卯日序颠倒，为误刻所致。如此，则所有历日均符合四分说。

陈久金也认为晋侯鮇编钟铭文所记为厉王三十三年事，厉王在位也是三十七年，但他取共和行政当年改元，厉王三十七年即共和元年。由此上推厉王元年为公元前877年，厉王三十三年为公元前845年。查《表》，

① 李学勤：《吴虎鼎考释——夏商周断代工程考古学笔记》，《考古与文物》1998年第3期。
② 张培瑜：《中国先秦史历表》，齐鲁书社1987年版。

是年依建丑，正月乙巳朔，戊午十四日，合于既生霸；二月甲戌朔，癸卯为辛卯之误，辛卯为十八日，合于既望；壬寅为二十九日，合于既死霸；六月壬申朔，戊寅为初七，合于初干吉日。

3. "天再旦"和懿王历谱。古本《竹书纪年》称，"懿王元年天再旦于郑"，天文学家认为"天再旦"为日出之际发生日食而形成的奇异天象。根据计算，确认此次日食发生于公元前899年4月21日。传世的师虎簋，根据器形和铭文可以确认是懿王时器，其铭曰，"隹元年六月既望甲戌，王在杜应，格于大室，井伯入右师虎……"。查《表》，公元前899年，六月丙辰朔，甲戌为十九日，可合于既望。由于懿王元年和厉王元年的确定，则懿、孝、夷三王的年数应限定在公元前899年至公元前877年之间。

4. 十五年趞曹鼎和恭王历谱。传世的十五年趞曹鼎，其铭曰，"隹十又五年五月既生霸壬午，龚王在周新宫，王射于射庐"，是恭王的标准器。1975年岐山董家铜器窖藏出土的三年卫盉、五年卫鼎、九年卫鼎也都被认为是恭王时器[1]。根据这一组历日资料，可以推定恭王元年为公元前922年，恭王在位23年。三年卫盉铭曰，"隹三年三月既生霸壬寅"，恭王三年为公元前920年，查《表》是年三月庚寅朔，壬寅为十三日。五年卫鼎铭曰，"隹正月初吉庚戌……隹王五祀"，恭王五年为公元前918年，查《表》，是年正月己酉朔，庚戌为初二。九年卫鼎铭曰，"隹九年正月既死霸庚辰"，恭王九年为公元前914年，查《表》是年正月丁巳朔，庚辰为二十四日。趞曹鼎恭王十五年为公元前908年，查《表》，是年五月己卯朔，壬午为初四。上述历日均合于二分一段初干吉日之说。

5. 鲜簋和穆王历谱。传世的鲜簋其铭曰，"隹王卅又四祀，隹五月既望戊午，王在芬京，啻于邵王"，应是穆王时器[2]。据《史记·周本纪》穆王在位55，如以恭王即位当年改元推算，穆王元年应为公元前976

----

① 岐山县文化馆、陕西省文管会等：《陕西省岐山县董家村西周铜器窖穴发掘简报》，《文物》1976年第5期。

② 李学勤、艾兰：《鲜簋的初步研究》，见《欧洲所藏中国青铜器遗珠》，文物出版社1995年版。

年，则穆王三十四年为公元前 943 年。查《表》，是年依建丑，五月壬寅朔，戊午为十七日，合于既望。又与卫盉、卫鼎同坑出土同人所铸的二十七年卫簋，被认为是穆王时器，其铭曰，"隹廿又七年三月既生霸戊戌"。按穆王二十七年为公元前 950 年，查《表》，是年依建丑，三月甲申朔，戊戌为十五日，可合于既生霸。

6. 静方鼎与昭王历谱。传世的静方鼎因铭文有"省南国"与安州六器相联系而被认为是昭王时器①。其铭曰，"隹十月甲子，王在宗周，令师中罤静省南国，设居，八月初吉庚申至，告于成周，月既望丁丑，王在成周大室，令静曰……"。此铭不记王年，而所述之事分属二年，上年省南国，次年告于成周。据古本《竹书纪年》，昭王十六年南伐楚荆，十九年丧六师于汉，卒于水中。今以静方鼎所记历日分属昭王十八年、十九年，由穆王元年上推昭王十八年为公元前 978 年，查《表》，是年十月癸亥朔，甲子为初二。昭王十九年为公元前 977 年，查《表》，是年八月戊午朔，庚申为初三，丁丑为二十日，与初吉、既望均可合。由此上推昭王元年为公元前 995 年。

西周早期的铜器铭文历日资料极少，因此只能用文献资料来连接金文历谱。文献中的历日资料主要有《武成》的"唯一月壬辰旁死霸"、"二月既死霸，粤五日甲子"、"唯四月既旁生霸，粤六日庚戌"，《召诰》的"唯二月既望，粤六日乙未"、"唯三月丙午朏"，《毕命》的"唯十又二年六月庚午朏"。《毕命》历日合于公元前 1009 年，该年为康王十二年，则康王元年为公元前 1020 年。《召诰》历日合于公元前 1036 年，该年为成王七年，则成王元年为公元前 1042 年。《武成》历日合于公元前 1046 年，该年为武王克商之年。

现在，对于金文月相词语持不同观点的代表，都以西周铜器的历日资料，按各自的方法拟合金文历谱并推定西周列王的在位年数，现把他们的研究结果列表如下（表一）。

---

① 李学勤：《静方鼎与周昭王历日》，见《夏商周年代学札记》，辽宁大学出版社 1999 年版。

表一

三家推定的西周王年对照表

	马承源①	刘启益②	陈久金③	备注
武王	3 年（公元前 1105—前 1103 年）	2 年（公元前 1075—前 1074 年）	4 年（公元前 1046—前 1043 年）	
成王	32 年（公元前 1102—前 1071 年）	7＋17 年（公元前 1073—前 1050 年）	22 年（公元前 1042—前 1021 年）	
康王	38 年（公元前 1070—前 1033 年）	26 年（公元前 1049—前 1024 年）	25 年（公元前 1020—前 996 年）	
昭王	19 年（公元前 1032—前 1014 年）	19 年（公元前 1023—前 1005 年）	19 年（公元前 995—前 977 年）	
穆王	45 年（公元前 1013—前 969 年）	41 年（公元前 1004—前 964 年）	55 年（公元前 976—前 922 年）	
恭王	27 年（公元 968—前 942 年）	19 年（公元前 963—前 945 年）	23 年（公元前 922—前 900 年）	陈，恭王即位当年改元
懿王	17 年（公元前 941—前 925 年）	24 年（公元前 944—前 921 年）	8 年（公元前 899—前 892 年）	
孝王	26 年（公元前 924—前 899 年）	13 年（公元前 920—前 908 年）	6 年（公元前 891—前 886 年）	
夷王	20 年（公元 898—前 879 年）	29 年（公元前 907—前 879 年）	8 年（公元前 885—前 878 年）	
厉王	37 年（公元前 878—前 842 年）	37 年（公元前 878—前 842 年）	37 年（公元前 877—前 841 年）	
共和	14 年（公元前 841—前 828 年）		14 年（公元前 841—前 828 年）	陈，共和行政当年改元
宣王	46 年（公元前 827—前 782 年）		46 年（公元前 827—前 782 年）	
幽王	11 年（公元前 781—前 771 年）		11 年（公元前 781—前 771 年）	

① 马承源主编：《商周青铜器铭文选》（三），文物出版社 1988 年版。
② 刘启益：《西周纪年铜器与武王至厉王的在位年数》，《文史》第十三辑，中华书局 1982 年版。刘启益在《文王受命至成王五年年表——读王国维〈周开国年表〉后记》，《传统文化与现代化》1996 年第 5 期，对原说略有修改，改武王克商为公元前 1070 年，除穆王减少五年外，其余仍依旧贯。
③ 夏商周断代工程专家组：《夏商周断代工程 1996—2000 年阶段成果报告》（简本），世界图书出版公司 2000 年版。

需要指出的是，"夏商周断代工程"的陈谱是一项多学科联合攻关的项目，所以，该谱与天文学、考古学和^{14}C测年技术的研究成果是互洽的，这正是它的优势所在。其次，二分一段说较为宽泛，所以容器也多，其所收文献资料6条、金文资料67条，共73条，但凡现下所见王年、月序、月相、干支四项俱全之器，均已包括在内。当然，也有未能洽合者，如走簋、休盘之既望为二十三日，师㝬簋之初吉为二十日，均已超出误差的允许范围。也有少数器可能定位不当，至于个别器之改字，更是谱家之大忌。最近，晋侯墓地出土的叔夨方鼎，铭文有"十又四月"①，表明我们对西周历法的认识尚有不尽相符之处。凡此，都需要修正改进。然而，最根本的问题恐怕仍然是对于"初吉"的认识。晋侯稣编钟全器之中"初吉"、"既生霸"、"既望"、"既死霸"四种月相词语共存，而且用法完全相同，何以独独"初吉"不是月相。这个问题不解决，其结论是很难让大家完全认同的。

（原载《考古》2002年第9期）

---

①　李伯谦：《叔夨方鼎铭文考释》，《文物》2001年第8期。

闻宥先生落照堂藏大盂鼎墨本跋

　　落照堂藏大盂鼎铭文旧拓本两纸，铭高 33 厘米，阔 33 厘米，其一左下方有"闻宥之钵"朱印（图一），其二印在右下方（图二）。

图一　落照堂藏大盂鼎拓本之一

大盂鼎清道光初出于岐山礼村（一说出郿县礼村），同治末，左宗棠以重金购得，转赠潘祖荫。李朝远先生著文论之甚详①。1951 年，潘氏后人潘达于先生将大盂鼎以及大克鼎捐赠上海博物馆②。1959 年，大盂鼎调归中国历史博物馆。

图二　落照堂藏大盂鼎拓本之二

《殷周金文集成》选录了两张大盂鼎的拓本。其一，是上海博物馆提供的，应是 1951 年以后的拓本。其二，是中国社会科学院考古研究所收藏的潘氏旧拓本，左下角铭文上有"潘氏郑盦藏金文印"朱印，则是

① 李朝远：《〈大盂鼎〉证补二三例》，《青铜器学步集》，文物出版社 2007 年版。
② 潘达于先生 2007 年去世，享年 102 岁。

1873 年鼎归潘氏以后的拓本。

郭沫若《两周金文辞大系图录》（1934 年）选用的大盂鼎拓本采自《周金文存》，也是潘氏旧拓本，左下方也有"潘氏郑盦藏金文印"章，不过《周金文存》是两段铭文分为两纸，而《大系图录》把它们合而为一了。1958 年新版的《两周金文辞大系图录考释》更换了大盂鼎的拓本，但仍是潘氏旧拓本，右下方有"伯寅所得"章，左侧有"于省吾印"、"契斋所得墨本"三枚印章（图三）。此拓本原由左右两半合成，而将右半的左侧裁去一条，因而两段文字之间的间隔与原器有异。

图三　《两周金文辞大系图录考释》（1958 年）选用的大盂鼎潘氏拓本

比较各本，最主要的不同在于铭文的倒数第三行，落照堂本作"易夷齍王臣十又二白", 而潘氏本和上博本均作"易夷齍王臣十又三白"。

最早著录大盂鼎铭文的是徐同柏《从古堂款识学》, 徐氏将海盐张石
瓟寄给他的"双钩本"作为附录置于全书的篇末。光绪三十二年(1906
年)吴昌绶刊行的《从古堂款识学》(蒙学报馆石印本)在"双钩本"之
后附有汪钟霖的大盂鼎精拓剪贴本, 汪氏题记曰"徐氏此书均依原拓双勾
填廓, 精审不差累黍, 惟盂鼎时方从岐山出土, 仅以张石瓟所寄勾本重
橅, 故编附卷尾。鼎后归乡先辈潘文勤。敝匧有精拓本, 兹为剪装补入,
庶成完璧。光绪丙午十二月, 吴县汪钟霖记"。张氏的"双钩本"和汪氏
的精拓本均作"易夷齍王臣十又二白"(图四)。徐同柏卒于咸丰四年
(1854年), 其所得的"双钩本"自是鼎归潘文勤之前的传拓。

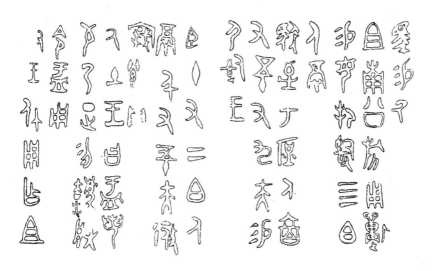

图四 《从古堂款识学》著录大盂鼎"双钩本"(局部)

吴式芬《攈古录金文》(光绪二十一年, 1895吴氏家刻本)著录的大
盂鼎铭文依原本每行分作两行, 也作"易夷齍王臣十又二白"。

刘心源《奇觚室吉金文述》(光绪二十八年, 1902自写刻本)著录的
大盂鼎拓本为剪贴本, 不拘原器款式, 也作"易夷齍王臣十又二白"。刘
氏称鼎为潘师器, 但其拓本与流传的潘氏拓本竟也不同。

刘体智《小校经阁金文拓本》(1935年)著录的大盂鼎拓本印于一页

的上下两叶，两段铭文之间不见隔行，而鼎文也作"易夷䚈王臣十又二白"。拓本左下方有印章，或是原拓藏主，惜印文模糊，不能辨认。刘氏拓本应是访求所得的传拓。

方浚益《缀遗斋彝器考释》（光绪二十五年，1899）著录的大盂鼎据拓本摹写，上述鼎文作"易夷䚈王臣十又三白"，而释文却作"十又二白"。方氏称，"右盂鼎……今归潘伯寅尚书。……余于尚书邸中审视数过，平生所见大鼎此为最巨矣"。方氏既于潘邸数见盂鼎，其所据摹写的原拓应得自潘氏，然不知释文何以致误。

吴大澂《恒轩所见所藏吉金录》（光绪十一年，1885 自刻本）、《愙斋集古录》（光绪二十二年，1896）两书均著录大盂鼎器铭，时鼎已归潘氏，前书绘有器形，铭文按拓本摹写，不依原器行款；后书拓本有"伯寅父审释彝器款识"章。两书均作"易夷䚈王臣十又三白"。

罗振玉《三代吉金文存》（1936 年）著录的大盂鼎拓本为剪贴本，也作"易夷䚈王臣十又三白"。

根据上述资料可以把大盂鼎拓本的流传分为三个阶段。第一阶段是从鼎的出土到鼎归潘氏，其间，据《缀遗斋彝器考释》，"当时颇有传拓"。鲍康《观古阁丛稿·为伯寅跋盂鼎册拓》称，"余曾乞其（周雨樵）打本"。左宗棠答袁筱坞书（同治十二年，1873）中所称的"盂鼎拓本"[①]，以及张石匏寄徐同柏的"双钩本"均是此阶段的传拓，其主要特征即是"易夷䚈王臣十又二白"。第二阶段是潘氏家族藏器时期，《愙斋集古录》、《周金文存》、《两周金文辞大系图录考释》、《殷周金文集成》各书中的潘氏旧拓均为此期的传拓，其主要特征则是"易夷䚈王臣十又三白"。至于如何由"十又二白"演化为"十又三白"，最合理的解释可能是潘氏获鼎后重新剔除锈斑，把"三"字最上面的一笔剔出，而潘拓的字迹较前清晰亦可为证。第三阶段即 1951 年鼎归上海博物馆以后时期，此后的拓本多为上海博物馆提供。

由此可以判定，落照堂藏大盂鼎拓本是鼎归潘氏之前的早期拓本，且是迄今所见未经剪贴的最完整的拓本，实属难得。落照堂独藏两纸，亦可

---

① 李朝远：《〈大盂鼎〉证补二三例》，《青铜器学步集》，文物出版社 2007 年版。

谓富矣。

吴宝炜《南公鼎文释考》著录有大盂鼎全形拓图①，极罕见，兹转录于后（图五）。其上铭文"十又三白"清晰可见，盖亦潘氏拓本也。

图五 大盂鼎全形拓（采自《南公鼎文释考》）

（本文为张长寿、闻广合著。原载《文物》2008 年第 10 期）

---

① 吴宝炜：《南公鼎文释考》，1929 年石印本。

跋落照堂藏毛公鼎拓本

——落照堂藏拓之二

　　落照堂藏毛公鼎拓本两纸。其一为毛公鼎全形拓。一足在前。左下角钤"闻宥"、"落照堂印"藏主印章（图一）。此拓本无陈氏印章，但比照北京图书馆藏、钤有"簠斋"诸印的全形拓①，选拓位置、角度以及锈斑均一致，其纸张、墨色又和下述落照堂藏毛公鼎铭文陈拓本相同，似为同时的陈氏传拓。其二为铭文拓本，由上、下两纸分拓合成。铭文高 48 厘米，阔 60 厘米。左下方有"簠斋"、"海滨病史"两印，右下方有"收秦燔所不及"章。其下藏主加钤"闻宥"、"落照堂印"（图二）。

　　毛公鼎铭文共 497 字，其中合文 7，重文 11，为铜器长铭之冠。鼎于清道光末年出于陕西岐山，先后为陈介祺、端方、叶恭绰等人收藏，现藏台北故宫博物院。

　　鲍康《跋毛公鼎摹拓本》称："咸丰壬子（1852 年），苏亿年载（鼎）人都时，陈寿卿尚供职词馆，以重资购藏，秘不示人。初出土时，余在秦，曾拓存一纸，顾不致，寿卿复拓赠一纸，此外无获睹者。李竹朋为余装池，遂分去其一。同治壬申（1872 年）潘伯寅始见之，爱弗置，属胡石查钩摹镌版以传，洵大快事。余乞拓十余纸，分饷同好，都人士尚有疑其赝者，余亦不与辨也"②。

　　鼎初出时鲍氏曾拓存一纸，或即王国维所称之"秦中旧拓"，今不复可见矣。

---

① 北京图书馆金石组：《北京图书馆藏青铜器铭文选编》，文物出版社 1985 年版。
② 鲍康：《观古阁丛稿》，清同治十二年（1873 年）刻本。

图一　落照堂藏毛公鼎全形拓

图二　落照堂藏毛公鼎铭陈拓本

吴大澂《愙斋集古录》在毛公鼎释文之后有题记称："因释其文，用西人石印法传之，为海内学者广其闻见，籍资考证。惜阮文达公之不及见也。毛公鼎为潍县陈寿卿丈介祺所藏，拓本至不易得，尤为可宝。光绪十有三年岁在丁亥（1887年）秋八月二十一日吴县吴大澂。"[1]

刘心原著《奇觚室吉金文述》在毛公鼎释文后称，"陈氏所藏古器，其精拓皆有价目可购得之，唯此鼎秘不示人，有以五十金购其打本，亦不能得。同辈以此妒之，至谤为赝鼎。此石印本胶州柯凤荪编修劼忞所赠，原式行数不可知也"[2]。

可见当时欲求毛公鼎陈拓之不易，时人所见多为石印本。关于陈介祺毛公鼎系列拓本，王国维在《毛公鼎跋》中说，"此鼎器小而字多，故拓墨不易。余见秦中旧拓与端氏新拓此鼎皆不佳，惟陈氏拓最精。陈氏所拓，又有四块与二块两种，初拓四块，后拓乃易为二块，故二块尤精"[3]。

所谓"四块"者即上、下、左、右分拓四纸，如北京图书馆藏拓。北图藏拓也有全形拓，上有"簠斋"、"十钟山房"、"海滨病史"、"十钟主人"、"收秦燔所不及"诸章。铭文拓则上下拼接成左、右两半，右侧有印鉴，字不清。据该书图版说明，右上方有罗振玉壬戌（1922年）五月为陈淮生题的字，其下有"上虞永丰乡人罗振玉字叔言亦字商遗"印章（图三）[4]。《殷周金文集成》选录的毛公鼎拓本之二即是此本，上下左右四纸分别制版，不相连接[5]。同为"四块"的还有《周金文存》[6]、《小校经阁金文拓本》[7]。此类拓本由于拓纸粘贴位置的高低，各行都有个别字的损益。最可注意的是史语所的藏本，右下一纸的右下方有"史语所藏金石拓片之章"。这个藏本的每一块都拓宽至相邻的一块，成为每纸有十八、

[1] 吴大澂：《愙斋集古录》，1896年。
[2] 刘心原：《奇觚室吉金文述》，1902年。
[3] 王国维：《观堂集林·别集卷二》，中华书局1959年版。
[4] 北京图书馆金石组：《北京图书馆藏青铜器铭文选编》，文物出版社1985年版。
[5] 中国社会科学院考古研究所：《殷周金文集成》2841B，中华书局1984—1994年版。
[6] 邹安：《周金文存》，1916年。
[7] 刘体智：《小校经阁金文拓本》，1935年。

十九乃至二十行铭文（图四）①。这个现象联系到落照堂的拓本，可以看到陈氏毛公鼎系列拓本由"四块"到"二块"的转型。

图三　北京图书馆藏毛公鼎陈拓本

所谓"二块"，实际上有两种，一种是上下分拓、左右连拓，另一种是左右分拓、上下连拓。王国维所说的"二块尤精"者，是专指后者，前一种王氏未之见也。

落照堂藏拓是目前所见毛公鼎铭拓中唯一的上下分拓、左右连拓的样本，它是史语所藏"四块"拓本的自然延伸，它的出现表明陈介祺把"四块"改为"二块"的另一种途径。由于左右分拓之被认为尤精，上下分拓遂被搁置而不为人知。因此，落照堂的拓本对于陈氏毛公鼎系列拓本

① 巴纳、张光裕：《中日欧美澳纽所见所拓所摹金文集编》毛公鼎（一），艺文印书馆1978年版。

的研究有极其重要的意义。

左右分拓的"二块"是和拓纸的剪口联系在一起的。凡左右分拓者必在拓纸的外侧靠中央的上下各剪一刀口，深约及十行，然后将除剪口内的拓纸平整地粘贴在鼎内壁上，分别捶拓。这由剪口上下的重出铭文可以证明。

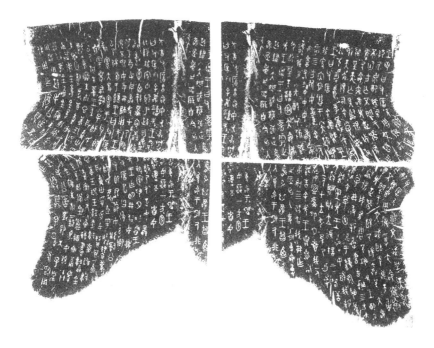

图四　史语所藏毛公鼎铭拓本

邓实《簠斋吉金录》著录的毛公鼎拓本分左右两纸，右半的右侧有"陈氏吉金"、左下角有"簠斋藏三代器"章，左半右下角有"簠斋藏古"章（图五），①。郭沫若《两周金文辞大系图录考释》选用的毛公鼎拓本即是此本②。巴纳书中著录的陈氏拓本，右半的右侧有"半生林下田间"、"海滨病史"两章，左下角有方4.5厘米的"陈介祺印"。左半的左侧有

①　邓实：《簠斋吉金录》，1918年。

②　郭沫若：《两周金文辞大系图录考释》，科学出版社1958年版。

图五　《簠斋吉金录》毛公鼎铭陈拓本

图六　《彙编》著录毛公鼎铭陈拓本

图七　《西周铜器断代》选用的毛公鼎拓本

"簋斋藏古"、"文字之福"两章，右下角有"陈□□"、"肇一"藏印（图六）①。同类拓本还有"中央研究院"历史语言研究所藏何柱国题"周毛公厝鼎"立轴。右半铭文左下方有"簋斋先秦文字"、"集秦斯之大观"两章，左半铭文左下方有"簋斋藏三代器"、"海滨病史"两章。立轴下方有器全形拓，一足在后，左下方有"平生有三代文字之好"章。立轴右侧有罗振玉和邹安两则题记②。日本习字教育财团收藏的"陈介祺旧藏毛公鼎拓本"③立轴，包括全形拓和铭文拓，全形拓一足在后，铭文拓分左、右两半。其上有"文字之福"、"簋斋藏三代器"、"海滨病史"、"平生有三代文字之好"、"收秦燔所不及"、"半生林下田间"、"十钟主人"、"簋斋"诸章。这类陈氏拓本由于剪口位置的差异，各本在错行以及重出的铭文上略有出入，但总体上是相同的。

---

①　巴纳、张光裕：《中日欧美澳纽所见所拓所摹金文集编》毛公鼎（二），艺文印书馆1978年。

②　"中央研究院"历史语言研究所：《青铜器全形拓特展》，2005年版。

③　现代中国艺术中心：《陈介祺展》，2005年版。

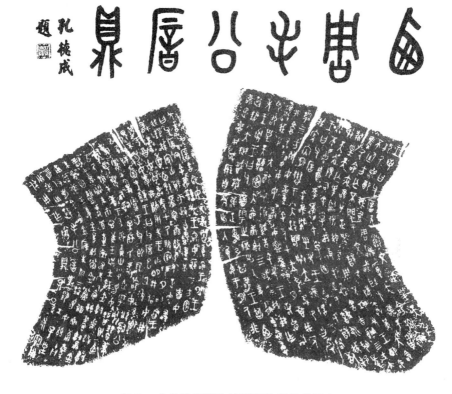

图八　台北故宫博物院印行的毛公鼎拓本

由此可知陈氏毛公鼎铭拓本的发展演变为：1. 北图"四块"本；2. 史语所"四块"本；3. 落照堂上下"二块"本；4. 簠斋左右"二块"本。

进入后陈介祺时代，"端氏新拓"未获得见，暂勿论。毛公鼎拓本由于拓纸剪口的改变，即由外侧剪开二口改为四边剪多处浅口，或折成小褶，从而改变了以往拓本错行和铭文重出的现象，成为文从行顺，拓面清新、方便阅读的拓本。《殷周金文集成》著录的考古研究所藏本，分左、右两纸，不错行，文不重出，其上均有"契斋所藏墨本"、"于省吾印"两章①。《西周铜器断代》选配的毛公鼎拓本也属此类，左半左下角有

---

① 中国社会科学院考古研究所：《殷周金文集成》2841A，中华书局1984—1994 年版。

"丁麟年有三代文字之好"章（图七）①。日本松丸道雄收藏的也是这一类②。

　　1998年，闻广访问台北故宫博物院，时任台北故宫博物院器物处长的张光远先生以院印的毛公鼎拓本相赠。印本为朱色，分左、右两半，文从行顺，其上有孔德成墨书题篆"西周毛公厝鼎"（图八），这应是毛公鼎拓本最晚近的印本。

　　　　　　　　　　（本文为张长寿、闻广合著。原载《文物》2009年第2期）

---

① 陈梦家：《西周铜器断代》（全二册），中华书局2004年版。
② 《甲骨文·金文》中国法书选Ⅰ，二玄社1990年版。

跋落照堂藏颂鼎颂盘拓本

——落照堂藏拓之三

　　闻宥先生落照堂藏颂鼎拓本两纸，一为全形拓，左下有"故宫博物院古物馆传拓金石文字之记"章，右下有"闻宥"、"落照堂印"两章（图一）。另一为铭文拓，全文分作四块，每块四行，左下侧也有"故宫博物院古物馆传拓金石文字之记"章，各块铭拓下侧均有"闻宥"印章，末一块加钤"在宥"章（图二）。此器现藏台北故宫博物院。

　　落照堂藏颂盘拓本，铭文高21厘米、宽25厘米，铭文151字，又重文2字，全文15行，行10字，第7行11字。铭文与颂鼎相同，增"无疆"、"永"三字，易"鼎"为"盘"，又第8行脱一"事"字（图三）。盘铭此前未曾著录，器流传不明，今也不知所在。

　　落照堂所藏颂鼎拓本，乃是故宫博物院古物馆传拓，所用印章，据称为1925年马衡任古物馆副馆长后所刻用。今北京故宫博物院和台北故宫博物院两地均不见此章，可推知此拓本应是1925年至九·一八抗日战争初期故宫古物装箱南迁之前[①]所拓。当时传拓大约是为展示故宫珍藏、供各界鉴赏和收藏，因此，所拓各器均为故宫收藏的珍品之精拓，各器均有全形拓和铭文拓，或分别为二纸，或合为一纸。落照堂所藏此类拓本除颂鼎外，还有散氏盘[②]、大鼎、析子孙父庚卣、亚醜杞妇卣、水陆攻战纹壶、新嘉量等共14器。

　　传世的颂器有鼎、簋、壶三种，落照堂又藏有未经著录的颂盘拓本，

---

① 那志良：《典守故宫国宝七十年》，紫禁城出版社2004年版。
② 台北"中央研究院"历史语言研究所编著的《青铜器全形拓特展》（2005年）收录的散氏盘也是故宫古物馆传拓，据称出自《故宫博物院器形拓本》。据那志良称，当时传拓的散氏盘每张售价50元，而他每月的薪水为15元。

对于颂器器群及其组合的探讨极有启发。

传世颂鼎共 3 器，分藏三地。器形相同，双立耳，三蹄足，腹部饰两周弦纹，而大小有别，显系列鼎。铭文相同，共 149 字，又重文 2 字，而行款各不相同。今分述之。

颂鼎一，现藏北京故宫博物院①。为清宫旧藏。通高 38.4 厘米、口径 30.3 厘米。铭文 14 行。《集成》（2827）著录，拓本为考古研究所就故宫原器墨拓，分拓两纸，每纸 7 行②。《故宫青铜器》著录的铭文拓本与《集成》相同，为一时所拓。《三代》著录的拓本也分作两纸，第一纸 7 行，第二纸 8 行，重出 1 行③。

颂鼎二，现藏台北故宫博物院④。为清宫旧藏。通高 25 厘米、口径 25.7 厘米。铭文 16 行。落照堂所藏拓本即是此器。铭文分拓四纸，每纸 4 行。《汇编》著录之拓本也分四纸，也有"故宫博物院古物馆传拓金石文字之记"章⑤，与落照堂藏本为一时所拓之本。《集成》（2828）、《三代》（4·38·1—2）收录的拓本也各分拓四纸，但均无印记。

颂鼎三，现藏上海博物馆⑥。为李香岩、费念慈旧藏。高 30.8 厘米、口径 32.8 厘米。铭文 15 行，拓本为整纸。《集成》（2829）收录的是考古研究所收藏的两罍轩拓本，《愙斋》收录的拓本有"吴大澂印"⑦。上博的拓本见《夏商周青铜器研究》。《三代》（4·39·1—2）著录的为剪贴本，依台北故宫器拓本分剪为四纸，第三纸为 3 行，其他各 4 行。

传世颂簋各家都认为是 5 器。《三代》列举八项不同的拓本⑧，陈梦家先生以为前二项为器盖双全，后六项为三器三盖，合为五器，并指出各器之流传⑨。《集成》依之。各器器形、纹饰、大小相同。器敛口、圆腹，

① 故宫博物院：《故宫青铜器》184，紫禁城出版社 1999 年版。
② 中国社会科学院考古研究所：《殷周金文集成》，中华书局 1984—1994 年版。
③ 罗振玉：《三代吉金文存》4·37·1—2，1937 年。
④ 台北故宫中央博物院联合管理处编辑：《故宫铜器图录》图上肆壹，1958 年。
⑤ 巴纳、张光裕：《中日欧美澳纽所见所拓所摹金文汇编》颂鼎（二），艺文印书馆 1978 年。
⑥ 陈佩芬：《夏商周青铜器研究》362，上海古籍出版社 2004 年版。
⑦ 吴大澂：《愙斋集古录》4·23—24，1896 年。
⑧ 《三代吉金文存》9·38—48，1937 年。
⑨ 中国科学院考古研究所：《美帝国主义劫掠的我国殷周青铜器集录》A245，科学出版社 1963 年版。

双兽耳，圈足，下附三小兽足，圆盖，子母口，盖顶有圆形提手。器口及盖沿饰一周窃曲纹，器腹及盖饰瓦纹，圈足饰垂鳞纹。通盖高30.1厘米、口径24.4厘米。各器铭文相同，共150字，又重文2字，器盖同铭，凡15行，行10字。铭文与颂鼎相同，唯第6行少"廿家"2字，第14行增"无疆"、第15行增"永"字，第12行易"鼎"为"簋"。以下对传世颂簋略加整理。

颂簋一，器盖双全，现藏美国堪萨斯市纳尔逊美术馆①，为张廷济、沈仲复、端方旧藏。《愙斋》（10·21）著录器、盖二铭，器铭为沙土蚀损，二铭均有"张叔未"、"张廷济印"章。吴大澂题记称，"此张叔未所藏簋，后为归安沈仲复中丞所得"②。《陶斋》（2·7—9）③、《三代》（9·38·2—40·1）均著录器、盖二铭。《集成》（4332）收录的是考古研究所藏猗文阁拓本。《美集录》（A245、R420）、《彙编》（2·15）所收的器像和拓本都取自纳尔逊美术馆。《大系》（录45）为该器器铭④。

颂簋二，器盖双全，现藏美国耶鲁大学美术馆⑤，为方莲卿、王梦麟、姚显光旧藏。《愙斋》（10·20）著录器、盖二铭，盖铭有"郑斋金石文"、"愙斋"印，吴大澂题记称："此嘉兴姚氏所藏颂簋，与陈氏一器同文，据川沙沈韵初所贻旧拓本编入。"《三代》（9·40·2—42,1）著录器、盖二铭，盖铭有"梦麟"印章。《小校》（8·93、8·97）著录器、盖二铭，器铭有翁大年题记："簋旧藏嘉兴王六榆家，此本为未归清仪阁时所拓。"⑥《集成》（4333）收录的是猗文阁拓本，器、盖各一。《大系》（录55、47）分别为其盖铭、器铭。

颂簋三，器盖双全，现藏山东省博物馆⑦，为刘喜海旧藏（图四）。

① 《美集录》A245、R。420·1—2。
② 吴大澂：《愙斋集古录》，1896年。
③ 端方：《陶斋吉金录》，1908年。
④ 郭沫若：《两周金文辞大系图录考释》，科学出版社1958年版。
⑤ 《彙编》张光裕序"颂簋（二），美国耶鲁大学美术馆 Yale University Art Gallery 藏器"。
⑥ 刘体智：《小校经阁金石拓本》，1935年。
⑦ 山东省博物馆（吕常凌主编）：《山东文物精萃》，山东美术出版社1996年版。

《山东金文集成》记其收藏甚详①。此前未见盖铭，《三代》（9·42·2—43，1）、《集成》（4334）、《大系》（录52）均是器铭。《小校》（8·98）器铭后有张廷济题记："右颂簋旧拓本为同里王任修所藏，廷济得此时，原器尚未归余斋。此纸虽不甚精到，然字画较今拓稍肥，因并存之。戊戌夏六月。"《铭文选》首录器、盖二铭（图五）②。《山东金文集成》（294）只录盖文，不及器铭。

　　颂簋四，有器无盖，现藏北京故宫博物院③。为刘鹗、冯恕旧藏，1956年由冯氏家属捐献。此器铭文"子孙"不重文。《集成》（4335）收录的是考古研究所就故宫原器墨拓，与《故宫青铜器》（191）为一时所拓。《三代》（9·43·2—44·1）收录的拓本有"铁云藏金"章。《小校》（8·99）拓本有"铁云藏金"、"苶臣藏簋"章。《大系》（录54）即此器。

图一　落照堂藏颂鼎全形拓本

　　① 山东省博物馆编：《山东金文集成》，齐鲁书社2007年版。该书称："（颂簋）民国时黄县丁幹圃收藏。器身解放后归胶东文物管理委员会，后转交给山东省博物馆。1954年，青岛市张秀琳将所藏颂簋盖捐献给山东省博物馆，颂簋始成完璧。"（第293页）

　　② 马承源主编：《商周青铜器铭文选》（三），文物出版社1988年版。

　　③ 故宫博物院：《故宫青铜器》191，紫禁城出版社1999年版。

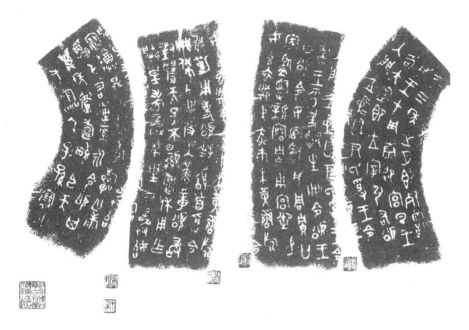

图二　落照堂藏颂鼎铭文拓本

颂簋五，《三代》（9·45·2—46·1）著录，右下侧有"张叔未"、"廷济"印。陈梦家先生认为此乃器铭。此器流传不明，今也不知所在。《集成》（4337）、《大系》（录50）拓本均采自《三代》。《小校》（8·91）左侧有"张叔未"、"廷济"印，铭文第4行有锈斑痕，与《三代》相同，自称为盖铭。

颂簋六，仅存盖，现藏日本黑川古文化研究所[①]。为顾寿康、邹安旧藏。《三代》（9·44·2—45·1）著录。《集成》（4336）、《大系》（录53）均采自《三代》。《彙编》著录有此盖拓本，并附铭文局部照片两幅，据称得自樋口隆康。

颂簋七，仅存盖，现藏上海博物馆[②]。为陈介祺、姚显光、刘体智

---

① 《彙编》颂簋盖（三）。

② 陈佩芬：《夏商周青铜器研究》（382），上海古籍出版社2004年版。

旧藏。《簠斋》（簠三）①、《愙斋》（10·19）著录的都是陈介祺拓本，前者有"簠斋藏三代器"、"宝汉楼主"、"海滨病史"、"半生林下田间"诸章，左侧有"适庐所藏"章；后者有"海滨病史"、"文字之福"、"簠斋藏三代器"、"平生有三代文字之好"诸章，吴大澂加钤"愙斋"章。《小校》（8·100）的拓本左下角有"善斋所藏"章。《集成》（4338）、《大系》（录51）都有"商氏吉金"、"于省吾印"。《三代》（9·46·2—47·1）拓本右下角有一"陈"字印。《夏商周青铜器研究》著录上海博物馆收藏的颂簋盖，却将山东省博物馆的颂簋盖铭拓本误作上博的盖铭。

图三　落照堂藏颂盘铭文拓本

颂簋八，《三代》（9·47·2—48·1）著录，为吴式芬旧藏，今不知

---

① 邓实：《簠斋吉金录》，1918年。

所在①。陈梦家先生认为是盖铭。《集成》（4339）拓本有"商氏吉金"、"于省吾印"。《大系》（录49）称是盖铭，《小校》（8·94）称是器铭，不知孰是。《窓斋》（10·22）录一盖铭，吴大澂题曰，"右颂簋旧拓本，得之西安苏亿年，不知器归何处"。该拓本第4行"乎"字作"平"，与他器不同，不知是否别有一器。

由上可知传世颂簋器盖双全的有3件，待配置的有器2盖3，如此，则颂簋必不止5件，有可能是6件甚至8件，这一点对推定颂器的组合很重要。

图四　山东省博物馆藏颂簋

传世颂壶共2件②。方形，长颈，鼓腹，圈足，两侧兽耳衔环，盖有子口。颈饰波浪纹，腹饰双身龙纹，圈足饰垂鳞纹，盖沿饰窃曲纹。器通盖高51厘米，口纵17.2厘米、横20.9厘米。铭文149字，又重文2字，

---

① 《集成》（4339）称，器在上海博物馆。承周亚先生函告，器不在上博。《集成》有误。

② 王国维：《观堂集林》，中华书局1959年版。书中《别集》卷二《颂壶跋》称颂壶有三。"一、国初在钱唐王太仆益朋家，后归仁和赵次闲，再归金山钱锡之。其二，仅存残盖，藏嘉兴张氏。第一器虽器盖俱全，然传世拓本皆有盖无器，即阮、吴二家著录之本亦然，缘器铭在腹内，当时不能拓墨故也。此一器乃西清古鉴中物，亦器盖俱全，人间从未有拓本，此拓虽有器无盖，亦足珍矣"。所不知者，嘉兴张氏藏之残盖。

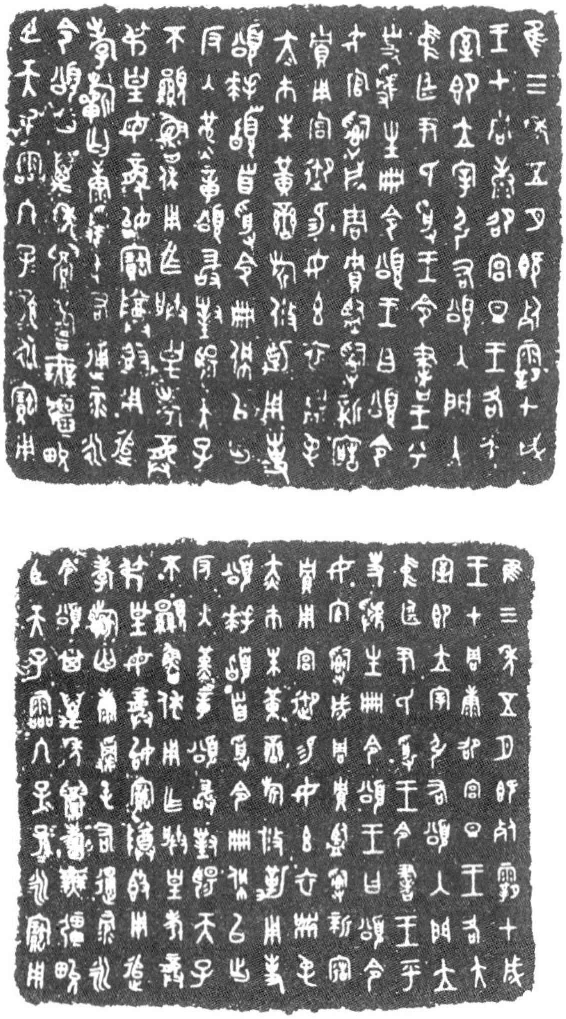

图五　颂簋铭文拓本（采自《商周青铜器铭文选》三）上：器铭 下：盖铭

器、盖同铭。盖铭在子口，37 行，器铭在腹内，21 行，有阳纹方格。铭文与颂鼎相同，易"鼎"为"壶"。

颂壶一，现藏台北 故宫博物院①，为承德避暑山庄旧藏。《青铜器全

---

① 《青铜器全形拓特展》颂壶。

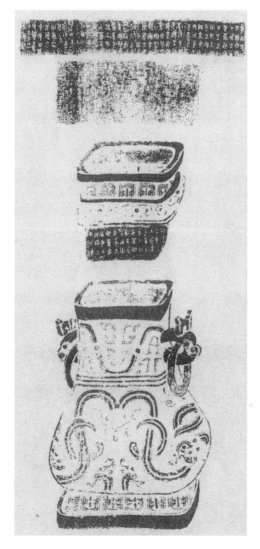

图六　台北故宫博物馆院藏颂壶全形拓及其铭文

（采自《青铜器全形拓特展》）

形拓特展》著录颂壶的全形拓及其铭文（图六）①。《集成》（9731）著录
器、盖二铭，为于省吾藏拓。盖铭第20行、第36行为5字，第31行为3

————————

① 颂壶全形拓及铭拓出自守山阁旧藏。

字，其他各行均为4字。器铭21行，每行7格。《小校》（8·98—99）与《彙编》均著录器、盖二铭，印章相同，为同一拓本。

颂壶二，现藏山东省博物馆①。为赵之琛、钱水西、莫远湖旧藏。《集成》（9732）著录的盖铭各行铭文均为4字，最末一行为5字，且"孙"字不重文。铭末有"莫远湖藏"印。《铭文选》（436）首录器铭，铭文行款与台北故宫藏器相同，而格线较浅。《集成》（增补本）增入器铭②。《小校》（8·95、97）两铭均为盖铭，前者误作鼎铭，铭后有张廷济题记："余得此拓，盖是海盐吴侃叔藏本，释文惜失去"。翁大年记曰："是拓张氏因佚去吴释，以与少峰，故册中跋语如此。今三颂轩尚有精本，而吴释从阮氏款识补录之，君暇曷借观。"

传世颂器包括3件列鼎，5件以上的簋（按簋多为偶数），2件方壶，1件盘，此外还应有1件匜（按盘匜相随），应是西周晚期一组典型的高等级的随葬铜礼器组合。试以晋侯墓地的实例对照。晋侯邦父的M64随葬铜礼器的组合为列鼎5、簋4、方壶2、盘1、匜1，而其两位夫人的随葬铜礼器则为鼎3、簋4或2，及壶、盘、匜（盉）③。晋侯墓地M93的随葬铜礼器为列鼎5、簋6、方壶2、盘1、匜1，其夫人墓则为鼎3、簋4以及方壶、盘、匜④。据此，颂器的原来组合或许为列鼎5、簋6、方壶2、盘1、匜1。现不见器铭者，唯匜耳。

颂器是纪年铜器，铭文有王年、月序、月相、干支。马承源认为颂器是宣王器，"据《年表》，宣王三年为公元前825年，五月戊申朔，廿七得甲戌，合既死霸之数"⑤。是为推算金文历谱的标准器之一。

（本文为张长寿、闻广合著。原载《文物》2009年第9期）

---

① 《铭文选》（三）（436）。

② 中国社会科学院考古研究所：《殷周金文集成》（修订增补本）（9732·2），中华书局2007年版。

③ 山西省考古研究所、北京大学考古学系：《天马——曲村遗址北赵晋侯墓地第四次发掘》，《文物》1994年第8期。

④ 北京大学考古学系、山西省考古研究所：《天马——曲村遗址北赵晋侯墓地第五次发掘》，《文物》，1995年第7期。

⑤ 《铭文选》（三）第303页。

跋落照堂藏端方簠拓十鬲

——落照堂藏拓之四

　　端方《陶斋吉金录》、《陶斋吉金续录》著录其收藏的鬲11件，前书8器为：1. 伯頵父鬲、2. 王作爂母鬲、3. 孟辛父鬲、4. 伯家父鬲、5. 王伯姜鬲、6. 姬芥母鬲、7. 同姜鬲、8. 仲姞鬲①；后书3器为：9. 番君酛伯鬲、10. 塱肇家鬲、11. 伯鬲②。各器均有图样、铭拓和尺寸，从器形说，除最后两器口沿上有双立耳外，其余多为西周晚期和春秋早期通行的口沿外折、腹部饰三条扉棱的式样。拓本大都是窄长的条状，也有弧形或方形的。尺寸都以汉建初尺度量，书前著有建初尺式样，可以据此换算成今制。端方藏鬲除最后一器外，各器铭文《殷周金文集成》均已收录，且间或注出现收藏地，可以比照③。

　　闻宥先生落照堂藏端方簠拓十鬲为：

　　1. 伯頵父鬲（图一），外径18厘米、内径13.3厘米、宽2.3厘米，铭"白頵父乍毕姬旜鬲其万年子孙永宝用亯"。

　　2. 王作爂母鬲（图二），外径18.3厘米、内径13.5厘米、宽2.4厘米，铭"王乍旴爂爂母宝爂彝"。

　　3. 孟辛父鬲（图三），外径18厘米、内径13.4厘米、宽2.3厘米，铭"□马孟辛父乍孟姞宝旜鬲其万年子=孙=永宝用"。

　　4. 伯家父鬲（图四），外径18.2厘米、内径13.4厘米、宽2.4厘米，铭"白家父乍孟姜勝鬲其子孙永宝用"。

---

①　端方：《陶斋吉金录》，1908年。
②　端方：《陶斋吉金续录》，1909年。
③　中国社会科学院考古研究所：《殷周金文集成》，中华书局1984—1994年版。

5. 王伯姜鬲（图五），外径 18 厘米、内径 13.4 厘米、宽 2.3 厘米，铭"王白姜乍障鬲永宝用"。

6. 姬芊母鬲（图六），外径 18.2 厘米、内径 13.5 厘米、宽 2.3 厘米，铭"姬芊母乍䜱鬲"。

7. 同姜鬲（图七），外径 18.3 厘米、内径 13.5 厘米、宽 2.4 厘米，铭"同姜乍障鬲"。

8. 仲姞鬲（图八），外径 18.2 厘米、内径 13.5 厘米、宽 2.3 厘米，铭"中姞乍羞鬲　华"。

9. 塑肇家鬲（图九），外径 18 厘米、内径 13.4 厘米、宽 2.3 厘米，铭"塑肇家铸乍鬻其永子孙宝"。

10. 伯鬲（图一O），外径 18 厘米、内径 13.3 厘米、宽 2.3 厘米，铭"白乍宀鼎"。

以上十鬲都是环形硃拓，从纸张、硃色、拓法而论，各器完全相同，当是一时所拓，且均为端方藏器，虽无印章，应是端方所拓无疑。以上诸拓均不见各家著录。

现将端方藏鬲列表如下。

表一　　　　　　　　　　　　　　端方藏鬲统计表

序号	器名	形制	纹饰	器高	口径	著录		落照堂藏拓	现藏地	备注
1	伯颊父鬲	折沿三棱	横鳞纹直棱纹	11.5	18.3	《陶斋》2·52	《集成》724	图一	故宫博物院	《集成》收10器
2	王作鑽母鬲	折沿三棱	大兽面纹	13.6	19	《陶斋》2·53	《集成》611	图二	下落不明	
3	孟辛父鬲	折沿三棱	波浪纹	12.9	13.2	《陶斋》2·54	《集成》738	图三	原中国历史博物馆	《集成》收3器
4	伯家父鬲	折沿三棱	横鳞纹直棱纹	12.7	13.6	《陶斋》2·55	《集成》682	图四	故宫博物院	
5	王伯姜鬲	折沿三棱	大兽面纹	13.6	17.9	《陶斋》2·56	《集成》607	图五	美国纳尔逊美术馆	《集成》收2器
6	姬芊母鬲	折沿三棱	曲折纹	11	14.1	《陶斋》2·57	《集成》546	图六	原中国历史博物馆	

续表

序号	器名	形制	纹饰	器高	口径	著录		落照堂藏拓	现藏地	备注
7	同姜鬲	折沿三棱	直棱纹弦纹	16	20.4	《陶斋》2·58	《集成》522	图七	下落不明	
8	仲婧鬲	折沿三棱	直棱纹弦纹	11.3	11.5	《陶斋》2·59	《集成》550	图八	下落不明	《集成》收12器
9	番君酊伯鬲	折沿三棱	曲折纹	12.5	11.8	《陶续》1·46	《集成》732		故宫博物院	《集成》收3器
10	罌肇家鬲	双立耳	回首龙纹	23.5	27.3	《陶续》1·48	《集成》633	图九	下落不明	
11	伯鬲	双立耳	弦纹	14.1	14.1	《陶续》1·49		图一〇	下落不明	

　　需要说明的是上表中现藏故宫博物院和原中国历史博物馆的诸鬲，除番君酊伯鬲见于《故宫青铜器》①外，其他都未见著录，本文借用他处收藏的相同器的图像作为参考。

图一　伯颖父鬲

图二　王乍赞母鬲

《殷周金文集成》收录伯颖父鬲10器（719—728），据称：上海博物

---

① 故宫博物院：《故宫青铜器》218，紫禁城出版社1999年版。

馆藏3器（722、725、727），故宫博物院藏2器（724为端方旧藏、726），南京大学藏1器（728铭佚"隣鬲"2字），瑞典远东古物馆藏1器（721），不知下落者3器（719、720、723）。据《夏商周青铜器研究》，上海博物馆只藏其中的两件[1]。"潘祖荫旧藏，后归李荫轩"者乃是《集成》725（图一一），而非《集成》727，该器现不知下落。

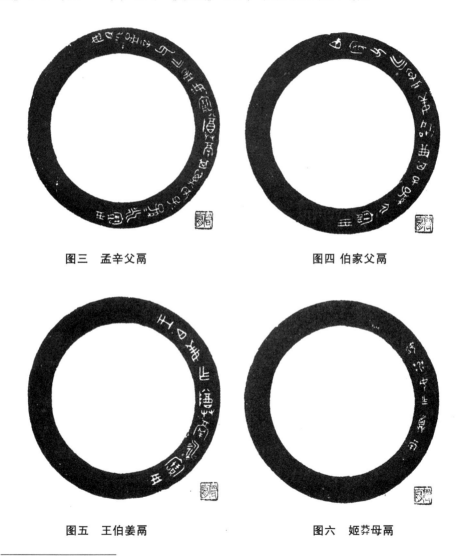

图三　孟辛父鬲　　　　　　　　　　　图四　伯家父鬲

图五　王伯姜鬲　　　　　　　　　　　图六　姬芥母鬲

---

①　陈佩芬：《夏商周青铜器研究》371，上海古籍出版社2004年版。

　　《殷周金文集成》收录孟辛父鬲3器（738—740）：738为端方旧藏。739现藏广州市博物馆①，该器铭"乍"反书，"永"字佚，图像见于《商周彝器通考》②（图一二）。

　　《殷周金文集成》收录王伯姜鬲2器（606、607）：607为端方旧藏，现藏美国堪萨斯城纳尔逊美术馆③（图一三）。606据称在上海博物馆，但不见《夏商周青铜器研究》著录。

　　《殷周金文集成》收录仲妘鬲12器（547—558），据称：故宫博物院藏4器（548、549、551、552），上海博物馆藏2器（547、554），湖南省博物馆藏1器（555），美国波士顿美术馆藏1器（553）④（图一四），日本泉屋博古馆藏1器（558）⑤，其余3器包括端方旧藏的550均不知下落。上海博物馆的两器也不见《夏商周青铜器研究》著录。

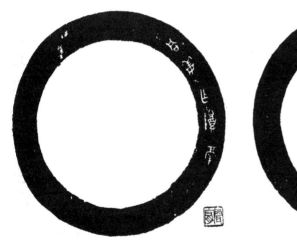

图七　同姜鬲

图八　仲妘鬲

　　① 中国社会科学院考古研究所：《殷周金文集成》（修订增补本）739，中华书局2007年版。
　　② 容庚：《商周彝器通考》附图161，上海人民出版社2008年版。
　　③ 中国科学院考古研究所：《美帝国主义劫掠的我国殷周青铜器集录》A130，科学出版社1963年版。
　　④ 中国科学院考古研究所：《美帝国主义劫掠的我国殷周青铜器集录》A129，科学出版社1963年版。
　　⑤ 容庚：《商周彝器通考》附图159，上海人民出版社2008年版。

图九　塑肇家鬲

图一〇　伯鬲

　　落照堂藏端方砖拓十鬲所用拓纸都有统一的规格，纸幅宽 34 厘米（约合一市尺），裁成高 26—27 厘米（约合八市寸）的长方形，只有同姜鬲和伯鬲纸高 30.5—31 厘米，当是裁余的纸尾。拓本全都用极少见的砖红拓成，都是环形拓，而且大小一致，外径约为 18—18.3 厘米，内径为 13.3—13.5 厘米。按端方藏鬲器形、大小有别，器铭所在位置各异，而砖拓十鬲如此一致，显然是刻意为之。

　　《陶斋吉金录》著录的 8 件鬲形制相同，都是口沿外折，沿面平而较宽，这种鬲一般都被认为是西周晚期或春秋早期的，其铭文有的在口沿面上，有的则在颈部内壁。器铭在口沿上的，只需将拓纸平铺粘贴在口沿之上，用墨椎拓，即可获得该器铭的环形拓，外径即是器的外口沿，内径即是器的内口沿，两者之间即是口沿的宽度。如王作赞母鬲，砖拓以及《三代》、《集成》著录的都是环形拓。也有只截取有铭文的部分，如《陶斋吉金录》的王作赞母鬲拓本呈半圆形。此外，姬莽母鬲、同姜鬲也是这种情形，表明这些器铭也都是在口沿之上的。

　　铭文在器颈内壁的，则需将鬲侧放，用拓纸随着鬲的转动粘贴在颈壁铭文处，墨拓后，于铭末处截断，由于颈短，故拓本呈一窄长条形。一条完整的拓本，其长度即是颈的圆周。《陶斋吉金录》的伯颛父鬲、孟辛父鬲、伯家父鬲、王伯姜鬲、仲姞鬲，其拓本或作一窄长条，或分作两条。

《殷周金文集成》收录上述诸鬲的拓本均作一窄长条。但是也有例外，如唐兰收藏伯颡父鬲拓本①即为四分之三的环形拓，可见铭文在颈内壁的也可以做成环形拓，正如端方藏的伯颡父鬲既有窄长条的墨拓本（《集成》724），又有落照堂藏的环形砗拓本。准此，落照堂藏孟辛父鬲、伯家父鬲、王伯姜鬲、仲姞鬲诸器的环形砗拓本都是这样做成的。不同的是墨拓本是直行，砗拓本是弧行，但是，这种变化没有影响器铭原来的款式。

图一一　伯颡父鬲

（采自《夏商周青铜器研究》371）

图一二　孟辛父鬲

（采自《商周彝器通考》附图161）

　　《陶斋吉金续录》著录的塑肇家鬲和伯鬲都是双立耳鬲，通常都被认为是西周中期的。这种鬲没有外折的宽沿，也没有短颈，其铭文都铸在器的内壁。塑肇家鬲铭 3 行 11 字，《陶续》、《三代》、《小校》各书的拓本相同。伯鬲铭 2 行 4 字，《陶续》和落照堂藏的墨拓本（图一五）相同，而他书未见著录。而落照堂藏两器的砗拓本均为环形拓。按此二鬲自身不具环形拓的条件，砗拓本很可能是逐行甚至是逐字移植后合成的，而这就彻底改变了器铭原来的行款格式。

---

① 中国社会科学院考古研究所：《殷周金文集成》719，中华书局 1984—1994 年版。

图一三　王伯姜鬲（采自《美帝国主义
劫掠的我国殷周青铜器集录》A130）　　　图一四　仲姞鬲（采自《美帝国主义
劫掠的我国殷周青铜器集录》A129）

图一五　落照堂藏伯鬲铭文墨拓片（原大）

　　端方何以要搞这么一套砳拓十鬲，特别是改变了器铭行款的塑肇家鬲
和伯鬲，迹近作伪！端方既刊行《陶斋》、《陶续》，砳拓岂非授人以柄。
端方收藏极富，杞禁铜器、毛公鼎、大保玉戈等都曾为其所藏，砳拓十鬲
揆其本意或在追美陈介祺所藏十钟，也未可知。

　　　　　　　　　　（本文为张长寿、闻广合著。原载《文物》2010 年第 5 期）

后　记

中国社会科学院要为所属的学部委员和荣誉学部委员出版各自的专题文集，书名自定。我从 20 世纪发表的旧文中选出 7 篇，加上 21 世纪的新作 11 篇，合为一集，书名《丰邑行》，以示我在沣西从事考古工作的历程。书既编成略作后记如下。

山东是殷末周初青铜文化遗存最丰富的地区之一，益都苏埠屯和滕州前掌大就是两处最重要的墓地。根据考古发现结合文献记载，我认为苏埠屯墓地很可能是薄姑的文化遗存，前掌大墓地的北区很可能是商奄的文化遗存。殷末周初，山东地区最大的政治变动就是三监叛乱、东夷大反以及齐鲁的分封，结果是周公东征，三年毕定。师尚父封于营丘，曰齐；周公之子封于曲阜，曰鲁。而齐、鲁乃是薄姑、商奄之故地。我还以为，如果增入鹿邑长子口墓地的材料，或能更加凸显周初该地区的政治态势。

对殷商文化进行分期研究，无论是用陶器资料或青铜器资料，都是一项重要的工作。我一直把二里头文化的青铜器看作殷商早期的遗存，直到发现偃师商城，发掘了该城的宫殿基址，才觉得需要修正这个认识。但在选登此文时，我未作任何修改，一仍其旧，"立此存照"，以示我当时曾有过这样一段的认识。

提起南方青铜文化的研讨时，不禁深深怀念原上海博物馆马承源馆长，是他组织、推动此项研究，在他主持下在上海召开了吴越地区青铜文化国际研讨会。马馆长仙逝后，上海博物馆继续推动此项研究，由湖南省博物馆主办，研讨本地区的青铜文化。湖南素以传出商代铜器著称，尤以宁乡黄材为甚，近年又发掘了炭河里遗址，更加激活了湖南商周时期青铜文化的研究。

纹饰是青铜器研究的一个重要方面，入选的两篇有关铜器花纹的文章是我和陈公柔先生合写的。我们从陈梦家先生的《西周铜器断代》中得到启示，试图从铜器花纹的型式演变中，为铜器断代提供参考。事实表明，这种方法还是可以收到一定效果的。

《金文历谱和西周王年》是我参加"夏商周断代工程"十年的一个认识。虽说"工程"对此已建立起框架结构，但我仍认为把"初吉"排除在月相词之外是不妥的。由于古人对历法的实施不可尽知，而今人对古历的解释未可尽信，要想取得共识，还需假以时日。

21世纪以来，我淡出考古实际，乃得与闻广先生合作整理其先大人收藏的青铜器拓本。先是，因张家坡墓地玉器鉴定事，由李春昱先生介绍得识闻广先生，至今已二十余年矣。因学术而结缘，遂成良友，也有幸焉。

2012 年 8 月 23 日